Schratz / Iby / Radnitzky · Qualitätsentwicklung

Michael Schratz / Manfred Iby / Edwin Radnitzky

Qualitätsentwicklung

Verfahren, Methoden, Instrumente

Beltz Verlag · Weinheim und Basel

Michael Schratz, Jg. 1952, Dr. phil., Professor für Schul-
pädagogik. Leiter des Instituts für Lehrer/innenbildung und
Schulforschung an der Universität Innsbruck.

Manfred Iby, Jg. 1956, Dr. phil., Mag. rer.nat./soc.oec.,
Lehrer an berufsbildenden höheren Schulen, Trainer und Berater
(Personal- und Organisationsentwicklung).

Edwin Radnitzky, Jg. 1953, Mag. phil., Bundesministerium
für Unterricht und kulturelle Angelegenheiten Wien
(Abteilung Forschung – Planung – Internationale Kooperation),
Lehrerfortbildner, Schulentwicklungsberater.

Besuchen Sie uns im Internet
http://www.beltz.de

Gesetzt nach den neuen Rechtschreibregeln
Lektorat: Peter E. Kalb

© 2000 Beltz Verlag · Weinheim und Basel
Herstellung: Klaus Kaltenberg
Satz: Satz- und Reprotechnik GmbH, Hemsbach
Druck: Druckhaus Beltz, Hemsbach
Umschlaggestaltung: Federico Luci, Köln
Umschlagabbildung: Michael Seifert, Hannover
Printed in Germany

ISBN 3-407-25230-7

Inhaltsverzeichnis

Teil 2:
Methoden und Instrumente zur Selbstevaluation

Lehren und Lernen

Lebensraum Klasse/Schule

Schulpartnerschaft und Außenbeziehungen

Schulmanagement

Professionalität und Personalförderung

Einleitung:
Qualitätsentwicklung mit Programm

Arbeiten Sie an einer guten Schule? Bist du mit deinem Unterricht zufrieden? Würden Sie Ihrer Freundin empfehlen, ihr Kind ebenfalls in diese Schule zu schicken?

Die Antworten kommen meist spontan. Erst bei der Frage nach einer genaueren Begründung tritt oft eine längere Pause ein. Bald schon stellen sich sehr grundsätzliche Fragen: Was zeichnet denn nun eigentlich eine »gute Schule« aus? Was sind Merkmale »guten Unterrichts«? Und überhaupt: Welche Qualifikationen sollen Kinder und Jugendliche heutzutage erwerben, damit sie für die Zukunft gerüstet sind?

Sicherlich haben Sie sich solche Fragen auch bereits gestellt. Gewiss haben Sie sich Antworten zurechtgelegt – zur Orientierung im schulischen Alltag. Vermutlich haben Sie aber auch festgestellt, dass sich Ihre Vorstellungen nicht immer mit denen anderer Personen in Ihrem Umfeld decken.

Das ist natürlich kein Zufall. Unterschiedlicher denn je sind die Positionen verschiedener Interessengruppen zum Thema Schulqualität. Bleiben wir etwa bei der »guten Schule«: Sie kann als Ort verstanden werden, wo Schüler/innen gefördert werden und Perspektiven für ein sinnerfülltes Leben entwickeln können, wo Technologie, Wirtschaft und Wirtschaftlichkeit im Mittelpunkt stehen, wo Geborgenheit, soziale Heimat, Zusammenarbeit und Solidarität besonders wichtig sind, oder als Ort, wo fachliche Eliten ausgebildet werden. Dies alles und noch vieles mehr kann »gute Schule« sein. Aber mit Sicherheit nicht eines davon allein. Und auch nicht alles zusammen: Schulqualität bildet ein Spannungsfeld von zum Teil widersprüchlichen Zielvorstellungen.

Wie eine Schule mit solchen Fragen umgeht, wo sie die Akzente setzt, hängt von vielen Faktoren ab: Wie stark der Gestaltungswille der Beteiligten ist. Wie ausgeprägt ihre Einsicht, dass Qualitätsentwicklung etwas bringt. Wie das Umfeld der Schule beschaffen ist. Und welche aktuellen gesellschaftlichen, politischen, ökonomischen und ökologischen Entwicklungen am jeweiligen Standort besonders spürbar werden. Der Wandel ist allgegenwärtig, führt meist zu sehr komplexen Situationen und geht immer rascher vor sich. Er bedeutet, wie für fast alle Lebensbereiche, auch für die Schule neue Chancen, neue Herausforderungen – und sehr viele neue Probleme, die auf herkömmliche Weise immer weniger in den Griff zu bekommen sind …

Herausforderungen für die Schule

- **Die Schule muss mit immer größerer Unterschiedlichkeit der Schüler/innen zurechtkommen.**
  In der Bevölkerung werden Lebenschancen vielfach mit Bildung verbunden. Der Zugang zur Bildung wurde erweitert und die Nachfrage wächst. Die Tatsache, dass traditionelle Schulabschlüsse gleichzeitig an Wert verlieren, ändert daran nur wenig. Zudem schlagen Veränderungen der Erziehungsleistungen in den Familien auf die Schule durch: Die Unterrichtsarbeit wird schwieriger.
- **Ihre Leistungen werden verstärkt unter ökonomischer Perspektive gesehen.**
  Einerseits müssen die gestiegenen Ausgaben für das Schulwesen mit Erfordernissen der Sparsamkeit im Staatshaushalt in Einklang gebracht werden. Andererseits verschärft sich der Wettbewerbsdruck auf den Weltmärkten. Die Konkurrenzfähigkeit des Wirtschaftsstandorts langfristig zu sichern – das geht auch die Schule an. Der Blick durch die ökonomische Brille wird zusehends schärfer: Sind die Dienstleistungen der Schule ihr Geld wert? Werden die Mittelzuweisungen an den Standorten effizient und effektiv genutzt? Glaubhafte Antworten auf diese Fragen werden auch von der einzelnen Schule gefordert.
- **Das Interesse der Öffentlichkeit an der Qualität einzelner Schulen wächst.**
  In der Öffentlichkeit gibt es ein wachsendes Bewusstsein in Bildungsfragen, das sich auch in den Überlegungen zur Schulwahl niederschlägt. »Schulrankings«, die in Medien publiziert werden, entsprechen diesem Trend. Für die einzelnen Schulen ergibt sich die Notwendigkeit, die eigenen Schwerpunkte und Leistungen – auch in schwer messbaren Bereichen – nach außen hin sichtbar zu machen.
- **Die Schule wird von Schüler/innen und Erziehungsberechtigten mit steigenden Wünschen nach Partizipation und Mitsprache konfrontiert.**
  Diese Tatsache äußert sich unter anderem in der zunehmenden Bedeutung schulpartnerschaftlicher Gremien. Sie wird aber auch im Unterricht wirksam: Traditionelles Anpassungsverhalten an schulische Anforderungen nimmt ab. In den Familien erleben mehr und mehr Kinder, dass Regeln »ausgehandelt« werden. Mehr denn je ist die Schule auch in diesem Bereich gefordert.
- **Die Lernkultur ändert sich: »Dynamische« Qualifikationen werden wichtiger.**
  Angesichts der rasanten Zunahme von Wissen wird es immer schwieriger, einen festen und bewältigbaren Wissenskanon zu definieren. Die Schüler/innen müssen daher lernen, mit Wissen selbstständiger umzugehen. Die wachsende Bedeutung »dynamischer« Kompetenzen (selbst organisiertes Lernen, Kooperationsfähigkeit, sozial verantwortliches Handeln u.a.m.) erhöht den Stellenwert der Mitarbeit im Unterricht. Geeignete Lernformen müssen erprobt und weiterentwickelt werden.
- **Die langfristige Verbindlichkeit von Wertvorstellungen nimmt ab, lokale Vereinbarungen gewinnen an Bedeutung.**
  Wertvorstellungen werden insgesamt heterogener und unverbindlicher. Orientierung geben für das Leben in der Gesellschaft wird schwieriger. Welche Haltungen – nicht nur welche Qualifikationen – Jugendliche brauchen, lässt sich im Zeichen der Wertepluralität nicht mehr einheitlich vorgeben. Es gilt, komplexe und oft auch widersprüchliche Bildungsziele vor Ort aufeinander abzustimmen.

In diesem Geflecht von Ansprüchen und Herausforderungen muss sich die einzelne Schule mit ihren Qualitätsvorstellungen immer wieder neu positionieren. Im Rahmen der Gesetze, versteht sich, jedoch ist »Schulqualität« heute mehr denn je ein Begriff, den es zwischen den Beteiligten auszuhandeln gilt. Es ist nicht mehr zweckmäßig, pädagogische Praxis von zentraler Stelle aus bis ins Detail zu regeln, wie dies noch bis vor kurzem in vielen europäischen Ländern geschehen ist. Schulen erhalten daher schrittweise finanzielle, organisatorische und inhaltliche Gestaltungsspielräume und können selbst initiativ werden. Zu viel der Freiräume, unken bereits die einen, wo ist da noch der rote Faden? Alles Spiegelfechterei, Verwaltung des Mangels, ätzen wieder andere. Völlig unzureichend, hört man von dritter Seite, lasst endlich die Gesetze des Marktes walten. – Von welcher Warte aus man ihn auch betrachten mag – der Trend als solcher ist nicht zu übersehen: Qualitätsentwicklung ist angesagt.

Qualität systematisch sichern und weiterentwickeln

Was bedeutet das nun im Einzelnen? Der Gedanke an sich ist nicht neu. An vielen Schulen werden verschiedenste Aspekte von Qualitätsentwicklung und -sicherung bereits seit langem verwirklicht. Der Anspruch ist nur umfassender geworden. Wenn heute von seriöser Qualitätsentwicklung und -sicherung an der einzelnen Schule die Rede ist, bedeutet dies für Lehrer/innen, Schüler/innen und Erziehungsberechtigte,

- sich gemeinsam und systematisch mit dem Begriff »Qualität« in den zentralen Bereichen schulischen Lebens auseinander zu setzen;
- einen verbindlichen Orientierungsrahmen zu schaffen, der die gemeinsamen Qualitätsvorstellungen absteckt;
- ausgehend von den Stärken und Schwächen der Schule gemeinsam Entwicklungsziele und -maßnahmen zu formulieren und damit die gesetzlichen Rahmenvorgaben zu konkretisieren;
- den Dienstleistungsgedanken zu betonen: in Form einer Vereinbarung zwischen den Schulpartnern/partnerinnen, welche zudem in glaubwürdiger Weise die Leistungen der Schule nach außen hin sichtbar macht;
- Rechenschaft über die Leistungen der Schule abzulegen und damit den Einsatz öffentlicher Mittel zu rechtfertigen.

Die Realisierung dieser Ansprüche ist mittlerweile in vielen europäischen Ländern mit den Begriffen *Schulprogramm* und *(Selbst-)Evaluation* – bzw. ihren jeweiligen Entsprechungen – eng verbunden. Sie liegen auch diesem Buch zugrunde, das seine Entstehung einem Projekt des Österreichischen Bundesministeriums für Unterricht und kulturelle Angelegenheiten verdankt. Im Rahmen der Initiative *Q.I.S. – Qualität in Schulen* (vgl. Homepage: www.qis.at) – werden allen Interessierten via Internet u.a. zahlreiche Materialien zur Verfügung gestellt, die ihrerseits auf nationalen und internationalen Erfahrungen und Erkenntnissen der letzten Jahre beruhen (vgl. etwa MacBeath/Meuret/Schratz/Jakobsen 1999). Das vorliegende Buch schöpft aus diesem reichen Fundus an Methoden und Instrumenten. Den Hintergrund bilden *fünf Qualitätsbereiche*, welche die Orientierung im komplexen Feld von Schule und Unterricht erleichtern sollen:

- Lehren und Lernen,
- Lebensraum Klasse und Schule,
- Schulpartnerschaft und Außenbeziehungen,
- Schulmanagement,
- Professionalität und Personalförderung.

Systematisch betriebene Qualitätsentwicklung führt zu einer zyklischen Bewegung, die, so sie erfolgreich ist, in Form einer Spirale aufwärts führt. Reflexion und Diskussion, Planungsarbeit, Umsetzungsaktivitäten und Bewertungsphasen wechseln sich ständig ab, sind oft schwer gegeneinander abzugrenzen. Auch gibt es viele Einstiegsmöglichkeiten in diesen Zyklus der Qualitätsentwicklung – jede Schule wird den ihren finden müssen. Dennoch lassen sich einige Stationen definieren, die so gut wie alle – wenn auch in unterschiedlichster Weise – immer wieder aufs Neue durchlaufen:

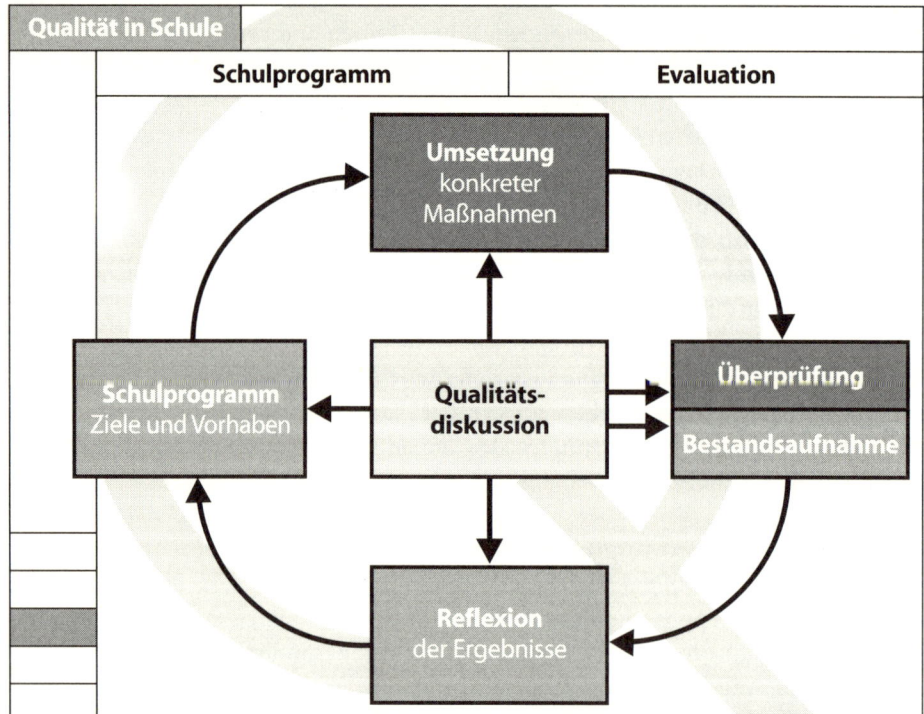

Abb. 1: Zyklus der Qualitätsentwicklung (aus: Q.I.S. – Qualität in Schulen)

Verschiedene Anlässe führen sehr oft zu den gleichen Fragen: Was bedeutet denn nun Qualität in unserer speziellen Situation? Was sind unsere Ansprüche, unsere Perspektiven und Visionen? Wie sieht die Realität an unserer Schule aus? Und was wissen wir darüber? – Wenn diese Diskussion ernsthaft geführt wird, ist dies meist schon die halbe Miete oder, sagen wir, zumindest ein gutes Drittel … Ob man sich in weiterer Folge auf die Suche nach Visionen und Leitgedanken macht oder zuerst zu einer Bestandsaufnahme schreitet, hängt ganz von der Situation und den beteiligten Personen ab. – Die Kapitelfolge dieses Buches orientiert sich an der zweitgenannten Logik, legt also eine Schrittfolge von der Ist-Analyse zum Schulprogramm nahe. Sie erhebt dabei jedoch keinesfalls den Anspruch, auf dem »Königsweg« zu sein!

Wie immer der Einstieg erfolgen mag – Kristallisationspunkt der Qualitätsentwicklung ist das *Schulprogramm*. Darin sind Ziele und Maßnahmen in verschiedenen Qualitätsbereichen verbindlich festgeschrieben. Es ist eine zeitlich begrenzte Vereinbarung, die nach innen und außen wirksam wird: als Orientierungshilfe für pädagogisches Handeln und als Information für die Öffentlichkeit. Und letztlich wird das Schulprogramm auch zum Maßstab, an dem die Entwicklung der Schule zu messen ist.

Was steht im Schulprogramm?

- **Leitvorstellungen der Schule (»Leitbild«)**
  Welchen gemeinsamen Werten fühlen wir uns verpflichtet? In Form einiger weniger prägnanter Leitsätze kommen »Philosophie« und pädagogische Grundorientierung der Schule zum Ausdruck.
- **Entwicklungsstand und Ziele**
  Was haben wir erreicht, vor welchen Herausforderungen stehen wir und welche Ziele setzen wir uns? Schulspezifische Lehrplangestaltungen, Schwerpunkte und Stärken, die für die Schule bedeutsam sind, werden festgehalten und in ausgewählten Qualitätsbereichen Ziele definiert, die in den nächsten Jahren erreicht werden sollen.
- **Vorhaben zur Zielerreichung**
  Welche Maßnahmen erscheinen uns am geeignetsten, die gesteckten Ziele zu erreichen? Und woran werden wir erkennen, dass sie erfolgreich waren? Das Schulprogramm enthält zu jeder Zielvereinbarung konkrete Vorhaben und beschreibt, welchen Beitrag sie zur Zielerreichung leisten sollen.
- **Aktionsplan zur Umsetzung**
  Was tun wir, um die geplanten Vorhaben zu verwirklichen? Die einzelnen Schritte zur Zielerreichung werden präzisiert, erforderliche Ressourcen, verbindliche Zeitpläne und klare Verantwortlichkeiten festgehalten.
- **Maßnahmen der Überprüfung**
  Wie überprüfen wir den Fortschritt? Die Einschätzung der erreichten Ergebnisse soll nach transparenten Kriterien erfolgen. Dazu sind auch Zeitpunkt, Methode und geplanter Ablauf der schulinternen Evaluation festzulegen.

Visionen, Ziele und Pläne sind wichtig; es gilt jedoch, geplante Vorhaben auch tatsächlich zu verwirklichen. Und die gesetzten Maßnahmen in angemessenen Zeitabständen auf ihre Umsetzung und Wirksamkeit zu überprüfen. *Evaluation* ist daher ein unerlässlicher Bestandteil von Qualitätsentwicklung. Sie ist mit dem Schulprogramm untrennbar verbunden, macht das Erreichte sichtbar und schafft eine gemeinsame Basis für die weitere Entwicklung.

Evaluation bedient sich verschiedenster Methoden und Instrumente. Sie ist in bestimmten Phasen der Qualitätsentwicklung bedeutsam – mit unterschiedlichen Akzenten: Einmal wird es darum gehen, sich mittels einer Bestandsaufnahme einen breiten Überblick zu verschaffen, ein andermal wird man den Erfolg konkreter Maßnahmen überprüfen wollen. Immer jedoch gilt es, wohl überlegtes Feedback einzuholen von den Lehrern/Lehrerinnen, den Schülern/Schülerinnen und den Erziehungsberechtigten. Die Zusammenschau der Ergebnisse ergibt ein Bild der Stärken und Entwicklungsmöglichkeiten einer Schule – und ist Ausgangspunkt für eine neue Schleife im Zyklus der Qualitätsentwicklung.

Die vorliegende Sammlung von Verfahrensvorschlägen, Methoden und Instrumenten zur Qualitätsentwicklung versteht sich als Anregung und Hilfestellung für all jene, die sich auf den Weg machen wollen oder die, bereits fortgeschritten, nach neuen Impulsen suchen. Auch wenn dabei an vielen Stellen ganz konkrete Materialien angeboten werden, möchten wir das Buch keinesfalls als Kochrezept verstanden wissen. Es bleibt niemandem erspart, sich die Angebote persönlich zu Eigen zu machen und sie nötigenfalls für den eigenen Bedarf zu adaptieren: Tief greifende, nachhaltige Entwicklung führt immer über »ownership«.

Teil 1:
Verfahrensvorschläge

Was sind Verfahrensvorschläge?

In diesem Teil werden für wichtige Phasen der Qualitätsentwicklung erprobte Gestaltungsvorschläge in Form strukturierter Ablaufpläne beschrieben – als Orientierungshilfen für Personen, Teams und ganze Schulen bei der Planung und praktischen Umsetzung von systematischen Maßnahmen der Qualitätsentwicklung und -sicherung am Schulstandort. Sie sind als Spektrum miteinander kombinierbarer Handlungssequenzen konzipiert, das vor dem Hintergrund der besonderen schulischen Situation flexibel genutzt werden kann. Die einzelnen Arbeitsschritte und -anleitungen sind so weit wie möglich konkretisiert, sodass es leicht möglich ist, sie an die jeweiligen Bedürfnisse anzupassen oder auch direkt zu übernehmen. Förderliche Prinzipien und Hinweise, worauf es dabei besonders ankommt, sollen die zweckmäßige Auswahl und Anpassung unterstützen – und programmatische Leitgedanken dafür sorgen, im Ablaufdetail das Ganze nicht aus dem Blick zu verlieren.

Bezugspunkt ist der Zyklus der Qualitätsentwicklung: Die einzelnen Verfahrensvorschläge sind aufeinander abgestimmt und bilden eine Schleife dieses Prozesses ab – mit dem Planungsdokument *Schulprogramm* und dessen Überprüfung durch *Selbstevaluation* als tragenden Säulen.

Reicht es da nicht aus, den Entwicklungszyklus programmatisch darzustellen und geeignete Evaluationsinstrumente anzubieten? Die Verfahrensvorschläge beruhen auf der Erfahrung, dass der Prozessgestaltung im Rahmen von Qualitätsentwicklung und Qualitätssicherung eine wichtige, wenn nicht entscheidende Rolle zukommt. Die Sequenzen bieten daher möglichst klare und transparente Abläufe und Arbeitsdesigns für solche Entwicklungen an Schulen an – und berücksichtigen im besonderen Maße die emotionalen und sozialen Aspekte derartiger Prozesse. Sie bilden somit ein Bindeglied zwischen der Programmatik der Einleitung (Qualitätsentwicklung mit Programm) und dem Set von Methoden und Instrumenten zur Selbstevaluation (im 2. Teil dieses Buches).

Was können Verfahrensvorschläge (nicht) leisten?

Systematische Qualitätsentwicklung ist eine anspruchsvolle Aufgabe. Ein Schulprogramm zu erstellen, es umzusetzen und die erreichten Ergebnisse selbst zu überprüfen – der Anspruch, all dies auf einmal, vollständig und möglichst rasch zu bewältigen, würde zwangsläufig in Oberflächlichkeit oder Überforderung münden. Das Ganze im Blick haben, aber klein anfangen, lautet daher die Devise. In diesem Sinn verstehen sich auch die Verfahrensvorschläge. Es geht nicht darum, sie alle der Reihe nach und möglichst erschöpfend abzuarbeiten, sondern darum: sich aus einem breiten, aufeinander bezogenen Angebot Anregungen für die Machbarkeit und zweckmäßige Prozessgestaltung eigener systematischer Entwicklungsvorhaben zu holen.

Es gibt natürlich die verschiedensten Zugänge zur Qualitätsentwicklung in Schulen – und unterschiedliche Einstiegsmöglichkeiten. Mit den Verfahrensvorschlägen (und ihrer Abfolge) wird *ein* konkreter und praktikabler Weg erläutert. Er ist aber mit vielen anderen Ansätzen vereinbar: Ganz gleich, ob es mit einer Analyse des Ist-Zustandes beginnt, mit der Entwicklung von Visionen und Leitsätzen, ob mit einer Konkretisierung von Zielperspektiven oder Überprüfung von laufenden Vorhaben, die Handlungssequenzen enthalten konkrete Vorschläge zur Gestaltung wichtiger Etappen im Prozess der Qualitätsentwicklung.

Die Verfahrensvorschläge wollen und können jedoch keine Patentrezepte sein und dürfen nicht als starre Handlungsanleitungen missverstanden werden. Programme und Umsetzungshinweise erscheinen linear – Entwicklung an Schulen verläuft offener, widersprüchlicher. Es ist und bleibt ein (lohnendes) Wagnis, sich auf den Weg zur »lernenden Schule« (vgl. Schratz/Steiner-Löffler 1998a) zu machen.

Es ist riskanter, nichts zu riskieren!

Wie sind die Verfahrensvorschläge aufgebaut

Es werden insgesamt zwölf Handlungssequenzen angeboten, deren Abfolge den Zyklus der Qualitätsentwicklung widerspiegelt:

V 1	Über den Einstieg entscheiden
V 2	Beteiligte einbeziehen
V 3	In die Qualitätsdiskussion einsteigen
V 4	Gemeinsam Qualitätsansprüche klären
V 5	Kriterien und Indikatoren festlegen
V 6	Daten analysieren und aufbereiten
V 7	Evaluationsergebnisse darstellen
V 8	Ergebnisse analysieren und Ziele festlegen
V 9	Maßnahmen suchen
V 10	Die Umsetzung von Vorhaben angehen
V 11	Bausteine zu einem Schulprogramm zusammensetzen
V 12	Maßnahmen überprüfen

Zur besseren Orientierung und zur Erleichterung der Arbeit sind die einzelnen Verfahrensvorschläge einheitlich aufgebaut:

● **Worum es geht**
Zum Einstieg ist jeweils ein Szenario skizziert, vor dessen Hintergrund Ziel und Zweck des vorgeschlagenen Verfahrens deutlich werden.

● **Wie es geht**
In diesem zentralen Abschnitt wird die methodische Gestaltung des jeweiligen Entwicklungsprozesses (allenfalls in ein, zwei Varianten) Schritt für Schritt beschrieben – und konkret und beispielhaft erläutert, wie man bei der praktischen Umsetzung zweckmäßig vorgehen kann.

● **Was noch wichtig ist**
Dieser Abschnitt schließlich enthält Reflexionen zum Verfahrensvorschlag sowie weiterführende Hinweise zu seinen Rahmenbedingungen und (Gestaltungs-) Möglichkeiten.

Am Zyklus der Qualitätsentwicklung orientierte, programmatische Gedanken, Leitfragen und Hintergrundanalysen sind zudem in Kastenform eingefügt.

V 1   Qualitätsentwicklung – was bringt uns das?

Über den Einstieg entscheiden

Worum es geht

Leitbild, Schulprogramm, Evaluation … – Mitglieder des Schulkollegiums haben auf Fortbildungskursen, durch Informationen der Schulbehörde, von Erfahrungsberichten anderer Schulen sowie aus dem Internet bereits Verschiedenstes über systematische Qualitätsentwicklung erfahren. »Könnten wir daraus nicht praktischen Nutzen ziehen und die Entwicklung unserer Schule gezielter vorantreiben?« An guten Gründen mangelt es nicht, auch ein konkreter Anlass ist vorhanden …

Mögliche Auslöser für Entwicklungsprozesse

- **Akute Probleme, Herausforderungen für die Schule**
  Ob sinkende Schülerzahlen, Konkurrenz zu anderen Schulen, gefährdete Arbeitsplätze, disziplinäre Schwierigkeiten, Lernprobleme, zunehmende Anzeichen für Gewalt, Drogenkonsum oder allgemeine Sinnkrise – erhöhter Leidensdruck führt besonders oft zu Initiativen gemeinsamer Problembewältigung.
- **Impulse von außen**
  Initiativen der Schulaufsicht, der Schulbehörden, neue pädagogische und organisatorische Modelle, neue Finanzierungsmöglichkeiten, Fortbildungsveranstaltungen, Beratung, Erfahrungsaustausch mit anderen Schulen, Auslandsaufenthalte liefern – wirksame Vermittlung vorausgesetzt – entsprechende Anregungen.
- **Personelle Veränderungen**
  Ein Wechsel in der Schulleitung, die Neubesetzung wichtiger Positionen (Abteilungsleiter/innen, Personalvertretung, Lehrer-, Schüler-, Elternvertreter/innen in den schulpartnerschaftlichen Gremien), neue Kollegen/Kolleginnen bringen vielfach frischen Wind in den Schulalltag und setzen Reflexionsprozesse in Gang.
- **Veränderte Rahmenbedingungen**
  Lehrplanneuerungen, neue Ausbildungsformen oder Unterrichtsfächer, geänderte Arbeitszeiten, bauliche Veränderungen oder auch veränderte Stundenkontingente führen zum Überdenken der bisherigen Situation und verlangen Neuorientierung.
- **Laufende Projekte und Initiativen**
  Bestehende Ansätze und Aktivitäten einzelner Lehrer/innen, Schüler/innen, von Gruppen oder Teams erzeugen einen Schneeball-Effekt und verweisen auf pädagogische Konzepte, die ihnen mehr oder weniger explizit zugrunde liegen.

Der Anfang ist wichtig: Wie etwas beginnt und wer daran beteiligt ist, beeinflusst das Ergebnis eines Prozesses in hohem Grade. Was ist nun der »richtige« Einstieg in Qualitätsentwicklung? Die Antworten werden von Fall zu Fall verschieden sein; es gibt keine Patentrezepte für gelungene Anfänge. Eines ist jedoch sicher: Es braucht gute Gründe – und einen passenden Anlass. Schulinterne Anknüpfungspunkte haben sich als besonders wirksam erwiesen, aber auch Einflüsse von außen können wertvolle Impulse liefern.

Die Schulleitung und einige interessierte Kollegen/Kolleginnen meinen nun zwar, dass ihre Schule von einem Einstieg in den Zyklus der Qualitätsentwicklung profitieren würde, sie wissen aber auch, dass dies nur dann zum Erfolg führt, wenn die Schulpartner/innen, insbesondere die Lehrer/innen, die Initiative mittragen.

Wie es geht

Ob und an welcher Stelle eine Schule in den Zyklus der Qualitätsentwicklung einsteigt, sollte von möglichst vielen Betroffenen diskutiert und mitbestimmt werden. So vorbereitet, kann die formelle Entscheidung durch die Schulkonferenz bzw. das schulpartnerschaftliche Gremium mit breiterer Akzeptanz rechnen.

Als Rahmen für die Einstiegsdiskussion ist z.B. eine rund dreistündige Konferenz geeignet, an der das Kollegium und jeweils etwa zehn delegierte Schüler/innen und Erziehungsberechtigte (Schulsprecher/in, Klassensprecher/innen, Schüler- und Elternvertreter/innen) teilnehmen.

Überblick über den Ablauf

Spätestens etwa zwei Wochen vor der Veranstaltung sollten die Teilnehmer/innen über Ziele und Rahmenbedingungen der Veranstaltung informiert werden und eine schriftliche Vorinformation über den Zyklus der Qualitätsentwicklung und seine wesentlichen Elemente erhalten (siehe *Einleitung*). Zu Beginn der Veranstaltung sind noch Zeitplan und Ablauf (z.B. analog den folgenden Überschriften) vorzustellen.

Information zum Zyklus der Qualitätsentwicklung

Ziel, Zweck und Rahmenbedingungen der Initiative werden in einer rund 15-minütigen Präsentation vorgestellt. Danach tauschen sich die Teilnehmer/innen etwa zehn Minuten lang zu dritt oder zu viert über das Gehörte aus – und zwar in Form sog. »Murmelgruppen«: Alle Personen bleiben dabei auf ihren Plätzen und drehen sich einander so zu, dass kleine Gruppen entstehen. Die Teilnehmer/innen können erste Eindrücke und Vermutungen äußern, die mit systematischer Qualitätsentwicklung an ihrer Schule in Zusammenhang stehen.

Was Qualitätsentwicklung den Beteiligten bringt

Welche Vorteile dürfen sich die Schulpartner/innen von systematischer Qualitätsentwicklung erwarten?

- Die Beschäftigung mit Schulprogramm und Selbstevaluation gibt der Arbeit von **Lehrern/Lehrerinnen** langfristig mehr Sinn und steigert ihre berufliche Zufriedenheit. Zielgerichtetes, koordiniertes Vorgehen in wichtigen schulischen Bereichen und Freude an Teamarbeit spielen dabei eine wesentliche Rolle. Gemeinsam vereinbarte Ziele und »Spielregeln« vermitteln Orientierung und Sicherheit im schulischen Alltag und helfen gleichzeitig, sich gegen ausufernde Anforderungen von innen und außen abzugrenzen. Qualitätsentwicklung kann zwar Spannungen innerhalb des Kollegiums sichtbar machen, erhöht auf lange Sicht aber auch die Fähigkeit, konstruktiv mit unterschiedlichen Positionen und Konflikten umzugehen. – Gemeinsame Entwicklungsarbeit, bewusster Einsatz von Rückmeldungen und der fallweise »Blick über den Zaun« führen zu persönlicher Horizonterweiterung und einem vertieften Verständnis von Schule und Schülern/Schülerinnen. Die Dokumentation des Geleisteten macht darüber hinaus stolz auf die eigene Schule, steigert die Attraktivität des Standorts und erhöht das Ansehen des Berufsstandes in der Öffentlichkeit.
- Die **Schüler/innen** können von der Bündelung der Kräfte und Ressourcen an der Schule langfristig eine Steigerung der Bildungs- und Ausbildungsqualität erwarten. Sie werden ermutigt, mehr Einfluss auf die Gestaltung von Schule und Unterricht zu nehmen. Dadurch steigen die Chancen auf Lebensnähe der Lehr- und Lerninhalte und auf gelebte Demokratie: Schüler/innen lernen besser ihre Interessen zu vertreten, Verantwortung zu übernehmen und mit Konflikten umzugehen. Sie wissen genauer, woran sie in ihrer Schule sind, sie kennen die »Spielregeln« besser. Fehler werden auch und vor allem als Lernchance gesehen – das Bild von Leistungsbeurteilung verändert sich. Gemeinsames Gestalten intensiviert die Beziehungen zu Lehrern/Lehrerinnen und anderen Schülern/Schülerinnen, erweitert den Horizont, macht Spaß und steigert das Selbstwertgefühl: Schüler/innen treten in neuen Rollen auf und werden als wichtige Partner/innen anerkannt. Sie identifizieren sich stärker mit einer Schule, zu deren Gestaltung und Erfolg sie selbst aktiv beigetragen haben. Entsprechende Öffentlichkeitsarbeit erleichtert die Schulwahl bei Neustart oder Wechsel.
- Auch für die **Erziehungsberechtigten** bieten sich zahlreiche Chancen. Die Mitarbeit an Schulprogramm und Evaluation intensiviert den Bezug zur Schule und verstärkt das Gefühl, dass sie eine gemeinsame Angelegenheit aller Schulpartner/innen ist. Erziehungsberechtigte gestalten mit, sind besser informiert und fühlen sich ernst genommen. Das Schulprogramm als gemeinsam erarbeiteter Bezugsrahmen ist eine gute Basis für Gespräche mit Lehrern/Lehrerinnen und den eigenen Kindern. Dokumentierte Qualitätsentwicklung an der Schule erhöht Transparenz und Verbindlichkeit: Die Einhaltung gemeinsam getroffener Vereinbarungen und Zielsetzungen kann besser überprüft und eingefordert werden, Erziehungsberechtigte wissen auch genauer, was sie als Steuerzahler/innen für ihr Geld bekommen. Die bewusste Darstellung der Merkmale und Leistungen von Schulen in der Öffentlichkeit bietet zudem eine bessere Entscheidungsgrundlage für die Schulwahl.

Sammeln von Themen und Leitfragen

Soweit in den Gesprächsrunden Verständnisfragen aufgetaucht sind, ist es zweckmäßig, sie nun plenar zu beantworten. Fragen, die einer Diskussion bedürfen, werden
in Form eines »Themenspeichers« (siehe Abbildung 2 festgehalten, d.h. gut sichtbar
auf großen Papierbögen (an einer Wand des Raumes oder auf Flipchart) angeschrie-
ben.

Die so gesammelten Themen werden – bei entsprechender inhaltlicher Nähe –
bereits vorbereiteten Leitfragen zugeordnet oder als ergänzende Aspekte dazu behandelt. In der weiteren Folge geht es jedenfalls darum, all diese Fragen eingehender
zu erörtern.

Beispiele für Leitfragen:
– Welche guten Gründe gibt es für unsere Schule, systematische Maßnahmen
  der Qualitätsentwicklung zu setzen?
– Welchen Nutzen bringen uns Bestandsaufnahme, Schulprogramm und Evalua-
  tion – was können wir dadurch gewinnen?
– Welche aktuellen Entwicklungen an unserer Schule passen im Wesentlichen
  zum Zyklus der Qualitätsentwicklung?
– Welche Einstiegsmöglichkeiten halten wir grundsätzlich für zweckmäßig?

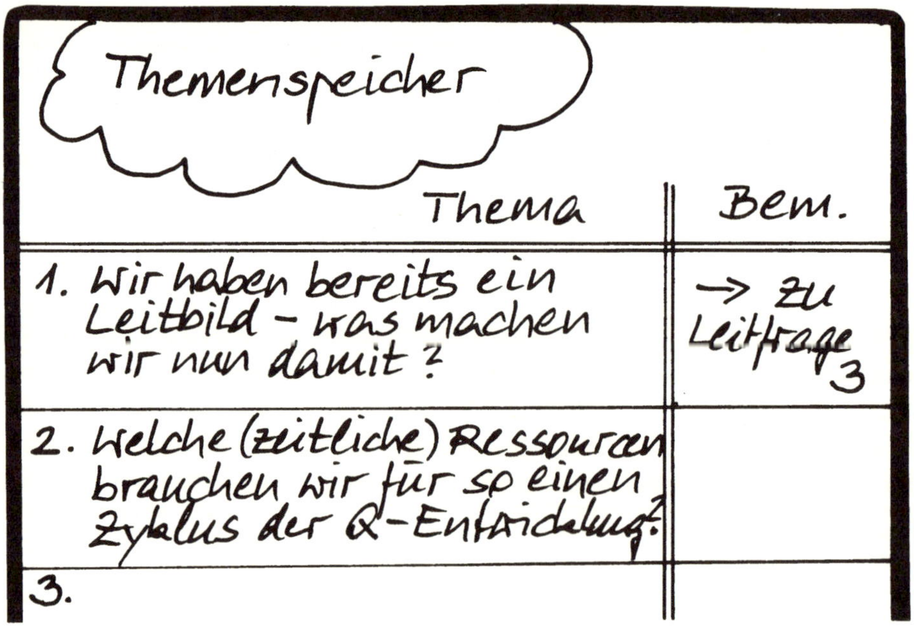

Abbildung 2: Themenspeicher

Bearbeiten der Leitfragen in Workshops

Die vorbereiteten und gemeinsam ergänzten Leitfragen werden nun in Gruppen von acht bis zwölf Personen diskutiert. Die Gruppeneinteilung kann z.B. »zufällig« so erfolgen, dass ausreichend viele Kärtchensätze verschiedener Farbe verteilt werden: Zufällig ausgewählte Personen erhalten je etwa zehn Kärtchen gleicher Farbe mit der Bitte, sie an andere Personen (aber nicht mehr als zwei teilnehmende Schüler/innen bzw. Erziehungsberechtigte) zu übergeben. Die Gruppen treffen sich in den farblich gekennzeichneten Räumen zur Erörterung der Leitfragen und halten ihre Ergebnisse auf großen Papierbögen fest.

In einer knappen Stunde kann eine Gruppe nur einige wenige Leitfragen diskutieren. Sollten tatsächlich mehr als drei bis vier Themen zu bearbeiten sein, ist eine arbeitsteilige Vorgangsweise angezeigt: Die Leitfragen werden dabei so verteilt, dass sich jede Gruppe intensiv mit ein, zwei Themen auseinander setzen kann. Es ist dann hilfreich, den jeweiligen Leitfragen die entsprechende »Gruppenfarbe« zuzuordnen.

Zusammenführen der Ergebnisse

Die Ergebnisse jedes Workshops werden im Plenum kurz vorgestellt. Bei mehr als fünf Gruppen sollten Präsentationen zu denselben Leitfragen auf Wiederholungen verzichten und sich primär auf neue oder konträre Aspekte konzentrieren. Verständnisfragen, Kurzkommentare und klärende Bemerkungen nach der Präsentation sind möglich und sinnvoll, nicht jedoch breite Diskussionen. Anschließend überlegt jede/r Teilnehmer/in für sich, wie sinnvoll ein Einstieg der Schule in den Zyklus der Qualitätsentwicklung scheint. Die Einschätzung aller Teilnehmer/innen auf diese Frage wird in Form einer »Punktabfrage« erhoben: Dazu erhält jede/r einen Klebepunkt, der auf eine zweipolige Achse (die bereits auf einem großen Bogen Papier vorbereitet ist) mit den extremen Ausprägungen »Qualitätsentwicklung bringt viele Chancen für die Schule« bzw. »… keine Vorteile für die Schule« so geklebt wird, wie dies der eigenen Einschätzung entspricht (siehe dazu das Beispiel in Abbildung 3).

Das Ergebnis in Form einer Punktverteilung wird schließlich für alle Teilnehmer/innen sichtbar präsentiert – wie auf einer Balkenwaage, die sich eher der einen oder anderen Seite zuneigt.

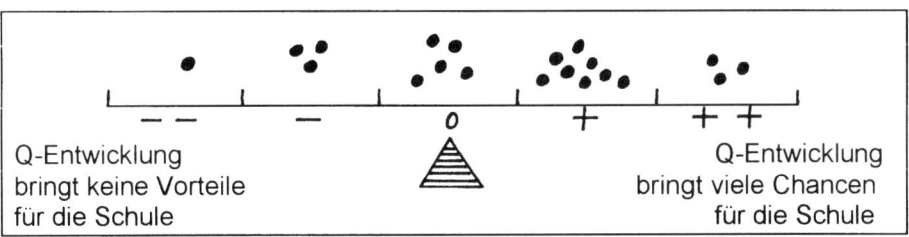

Abbildung 3: Punktabfrage als Einstieg in den Zyklus der Qualitätsentwicklung

Das Lehrerkollegium könnte nun sofort eine formelle Willensbildung über den Einstieg in den Zyklus der Qualitätsentwicklung durch einen Konferenzbeschluss herbeiführen. Letztlich sollte aber die Schulprogramm-Arbeit erst nach Zustimmung des Schulpartnerschaftsgremiums beginnen (z.B. bei qualifizierter Zweidrittelmehrheit). Die auf Papierbögen festgehaltenen Arbeitsergebnisse werden dazu allen Schulpartnern/partnerinnen zugänglich gemacht.

Was noch wichtig ist

Die vorgeschlagene Vorgehensweise orientiert sich an der Moderationsmethode (siehe dazu: Nissen/Iden 1995), einem aktivierenden Ansatz, bei dem es darum geht, die Teilnehmer/innen möglichst ausgewogen und zielorientiert zu beteiligen. Im Vordergrund steht hier die Auseinandersetzung mit Informationen in einer Großgruppe (bis zu rund 100 Teilnehmer/innen) und deren geordnete Diskussion, wodurch handlungsrelevante Entscheidungen vorbereitet werden sollen.

Die Moderationsmethode strukturiert den Arbeitsprozess so, dass jede/r Einzelne die Chance hat, aktiv dabei zu sein, ganz gleich wie gut sie/er vorbereitet ist. Durch das Visualisieren der Beiträge wird die Diskussion geordnet und der rote Faden bleibt sichtbar. Wesentlicher Bestandteil dieser Methode ist die Steuerung durch eine/n Moderator/in (in großen Gruppen besser zwei: dann kann z.B. eine/r moderieren, eine/r visualisieren). Die Moderation kann auch von Personen aus dem Kollegium übernommen werden; sie sollten dann jedenfalls bereits mit der Planung der Konferenz betraut sein und eine klare Funktionszuteilung erhalten. Eher ungünstig ist es, wenn die Schulleitung gleichzeitig das Qualitätsentwicklungs-Konzept präsentiert und die Veranstaltung moderiert.

In vielen Schulen wird die Zahl der Teilnehmer/innen nach der hier vorgeschlagenen Zusammensetzung deutlich mehr als 20 betragen. Die Themenarbeit sollte in einem solchen Fall in kleineren arbeitsfähigen Gruppen erfolgen, mit gleicher Aufgabenstellung für jede einzelne Gruppe aber nur dann, wenn insgesamt wenige Fragen zu behandeln sind. Bei einer größeren Zahl von Themen und bei größeren Gruppen (z.B. in Schulen mit mehr als 100 teilnehmenden Personen) wird es günstiger sein, die Gruppenarbeit durch Aufteilung der Leitfragen thematisch zu differenzieren.

Die intensive Auseinandersetzung im Plenum mit den wesentlichen Fragen rund um einen möglichen Einstieg in den Zyklus der Qualitätsentwicklung ist wohl nur in kleinen Schulen möglich. Die Gruppenbildung kann dann entfallen.

Natürlich können Schulen auch auf andere geeignete Weise über ihren Zugang zur Qualitätsentwicklung entscheiden; auf eine angemessene Mitwirkung der Schulpartner/innen sollte jedoch nicht verzichtet werden, ebenso wenig darauf, durch die Programmgestaltung dafür zu sorgen, dass sich alle Teilnehmer/innen in ausgewogener Weise aktiv beteiligen können.

V 2   Die hätten wir doch glatt vergessen …!

Beteiligte einbeziehen

Worum es geht

Die Schule hat sich dafür entschieden, im Zyklus der Qualitätsentwicklung (siehe *Einleitung*) auf ein Schulprogramm hinzuarbeiten. Eine eigens dafür gebildete Qualitäts-Arbeitsgruppe übernimmt die Planung des Vorhabens. In der Gruppe herrscht grundsätzliche Einigkeit darüber, dass man dem Kollegium und den Schulpartnern/ partnerinnen vorschlagen wird, über Qualitätsdiskussion und Bestandsaufnahme in den Entwicklungsprozess einzusteigen.

Den Mitgliedern der Gruppe ist klar, dass es sich bei Evaluation und Qualitätsentwicklung um ein wichtiges, aber auch heikles Thema handelt. Wer zu welchem Zeitpunkt in welcher Weise in das Vorhaben einbezogen werden soll, erscheint daher von besonderer Bedeutung. Eine sorgfältige Analyse des Personen- bzw. Institutionenkreises, der dafür infrage kommt, kann die Akzeptanz und Wirksamkeit des Vorhabens entscheidend erhöhen.

Ein hilfreiches Instrument für diesen Zweck ist die Umfeld-Analyse (UA). Sie dient dazu,

- die Entwicklung eines Schulprogramms als Aktivität zu erkennen, die mit den Interessen anderer sozialer Systeme (innerhalb und außerhalb der Schule) zusammenhängt;
- das Bewusstsein zu stärken, dass es dabei um ein Vorhaben geht, das eine Wirkung nach außen entfalten muss, d.h. nicht zum Selbstzweck werden darf;
- die Akzeptanz von Schulprogramm und Evaluation innerhalb und außerhalb der Schule zu erhöhen;
- Ressourcen und Bedrohungen für das Vorhaben frühzeitig zu erkennen und
- entsprechende Strategien und Maßnahmen zu entwickeln.

Wie es geht

Für eine erste Einschätzung der Ausgangssituation mithilfe der UA wird eine kleine Arbeitsgruppe etwa zwei bis drei Stunden veranschlagen müssen. Die folgenden Schritte haben sich dabei als sinnvoll erwiesen:

Einführung zur UA

Eine vorab bestimmte Gruppen-Moderatorin bzw. ein -Moderator erklärt Sinn und Zweck der UA sowie die Abfolge der einzelnen Schritte; die wichtigsten Informationen sind auf einem Plakat festgehalten.

Sammeln von »relevanten Umwelten«

In einem Brainstorming tragen die Gruppenmitglieder die Namen jener Personen, (formellen oder informellen) Gruppierungen bzw. Institutionen zusammen, die in irgendeiner Weise zum Gelingen oder Scheitern des »Unternehmens Schulprogramm« beitragen können. In diesem Sinne werden sie hier als »relevante Umwelten« des Vorhabens bezeichnet. Personelle Überschneidungen spielen dabei keine Rolle, es geht vielmehr darum, die möglichen Interessen verschiedener Personen/Gruppierungen/Institutionen im Hinblick auf das Vorhaben herauszuarbeiten. – Ein Beispiel: Die Personalvertretung könnte besonders an dienstrechtlichen Aspekten der Schulprogramm-Entwicklung interessiert sein; ihre Mitglieder bekleiden außerdem eine offizielle Funktion an der Schule. Es erscheint daher günstig, die Personalvertretung gesondert als »relevante Umwelt« zu betrachten, obwohl ihre Mitglieder Lehrer/innen, also Teile einer anderen »relevanten Umwelt«, sind.

> *Leitfragen:*
> – Wer kann/muss zum Gelingen des Vorhabens beitragen?
> – Von wem ist der Erfolg des Projekts abhängig?
> – Wer kann das Vorhaben behindern oder gar zum Scheitern bringen?

Die Arbeitsgruppe einer Schule hat etwa folgende Stichworte gesammelt:

Lehrerkollegium
Schulleiterin
Qualitäts-Arbeitsgruppe
Lehrer/innen für Leibeserziehung
Lehrer/innen: »Kaffeerunde«
Personalrat
Schüler/innen
Elternbeiratsvorsitzender
Schulpartnerschafts-Gremium
Schulhausmeister
Schulaufsicht
Bürgermeister
Leiterin des größten ortsansässigen Betriebes
Leiter der benachbarten Musikschule

Grafische Darstellung der Bedeutung für das Vorhaben

Die Mitglieder der Qualitäts-Arbeitsgruppe versuchen nun, zu einer gemeinsamen Einschätzung der Bedeutung der einzelnen »relevanten Umwelten« für das Projekt bzw. ihrer Nähe/Distanz zum Vorhaben zu gelangen. Im Zentrum eines Plakats steht die Schulprogramm-Entwicklung; rundum werden die einzelnen »relevanten Umwelten« in Form von Kreisen, differenziert nach vermuteter Bedeutung (Größe der Kreise) bzw. Nähe/Distanz (Entfernung der Kreise vom Zentrum), eingetragen:

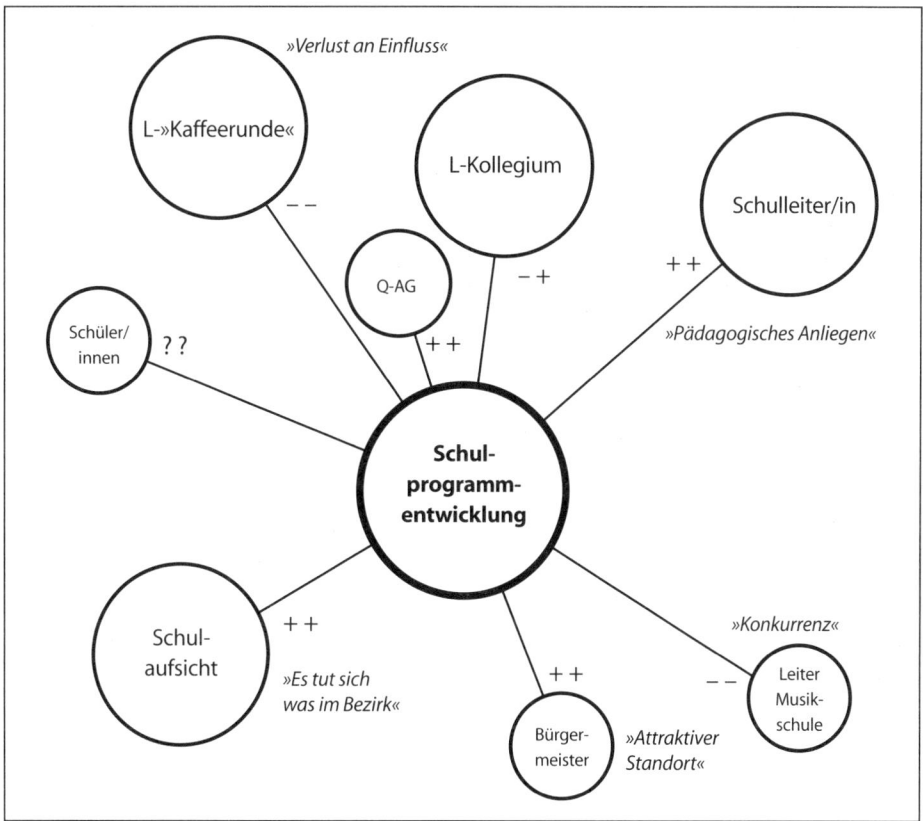

Abbildung 4: Beispiel Umfeld-Analyse

Leitfragen:
– Wie wichtig ist … für das Vorhaben Schulprogramm-Entwicklung?
– Wie sehr kann er/sie den Erfolg beeinflussen?
– Wie groß ist die Nähe bzw. Distanz von … zu diesem Vorhaben?

Die aktive Rolle der Schulleitung

Eine zentrale Position bei der Einleitung und Förderung von Schulentwicklungsprozessen kommt der Schulleitung zu. Dabei werden verschiedene Rollen und Aufgaben sichtbar. Der Schulleiter/die Schulleiterin als:

- **»Anwalt/Anwältin von Innovation und Entwicklung«**, der bzw. die Begründungszusammenhänge erklärt und an den wichtigen Stellen für Qualitätsentwicklung eintritt, die Beteiligten ermutigt, motivationsfördernd wirkt, positive Erwartungshaltung und Vertrauen in die vorhandenen Qualitäten zeigt, Aufbruchsstimmung erzeugt;
- **»Koordinator/in der Entwicklung«**, der/die nicht alles selbst tut, sondern dafür sorgt, dass es getan wird, Arbeitsstrukturen installiert und Aufgaben delegiert, dafür sorgt, dass die Leute miteinander ins Gespräch kommen, für Informationsflüsse sorgt und die Mitarbeiter/innen bei Laune hält;
- **»Garant für Verbindlichkeit und Kontinuität«**, der die Erinnerung an das Schulprogramm wach hält und dort Proklamiertes immer wieder einfordert;
- **»Hüter/in des Gesetzes«**, der/die dafür sorgt, dass sich der Qualitätsentwicklungsprozess im Rahmen der gesetzlichen Vorgaben bewegt;
- **»Außenminister/in«**, die/der die Wichtigkeit des Prozesses und seine Ergebnisse nach außen (lokales Umfeld, Schulbehörde usw.) vertritt und sich um die Beschaffung und Verteilung von Ressourcen kümmert.

Beschreibung der »relevanten Umwelten«

Bei diesem Schritt trägt die Arbeitsgruppe die gewichtigsten Erwartungen bzw. Befürchtungen, die sie bei den Umwelten in Bezug auf das Vorhaben Schulprogramm-Entwicklung vermutet, zusammen und hält sie auf dem Plakat fest. Dies kann etwa durch +, – oder +/– (im Falle vermuteter Ambivalenz) sowie mithilfe ergänzender Stichworte geschehen (siehe Abbildung 4). Es kann sehr hilfreich sein, diesen Schritt ansatzweise in Form eines Rollenspiels zu gestalten: Einzelne Gruppenmitglieder/ Paare versetzen sich dabei vorübergehend in die Position einer oder mehrerer »relevanter Umwelten« und tragen der Gruppe dann »ihre« Erwartungen bzw. Befürchtungen in Bezug auf das Vorhaben Schulprogramm-Entwicklung vor.

Leitfragen:
- Wann wäre die Schulprogramm-Entwicklung aus der Sicht von … ein Erfolg/ ein Misserfolg?
- Welcher Nutzen/Schaden entsteht für …, wenn das Vorhaben gelingt?
- Was würde es für … bedeuten, wenn es die Schulprogramm-Entwicklung nicht gäbe?
- Welchen Beitrag müsste … leisten, um etwas zu einem Erfolg beizusteuern?
- Was hätte er/sie davon?
- Was könnte ihn/sie dazu veranlassen, einen positiven Beitrag zu leisten?

Entwicklung von Strategien und Maßnahmen

Die Qualitäts-Arbeitsgruppe überlegt nun, wie und zu welchem Zeitpunkt sie die erkannten Ressourcen am besten nutzen bzw. wie sie Ängsten, Befürchtungen und Widerstand bereits im Vorfeld begegnen könnte. In letzterem Falle werden Begriffe wie Transparenz, rechtzeitige Information sowie Einbeziehung Beteiligter in Meinungsbildungs- und Entscheidungsprozesse vermutlich eine wichtige Rolle spielen.

Leitfragen:
- Wann gilt es, wen wie zu informieren bzw. in welche Entscheidungen einzubeziehen?
- Welche Anreize/unterstützende Maßnahmen müssen für wen gesetzt werden?
- Was brauchen wir dazu?
- Wo gilt es, noch Überzeugungsarbeit zu leisten?
- Für welche Maßnahmen fehlen uns noch wichtige Informationen?
- Was müssten wir tun, um das Vorhaben ganz sicher und rasch zum Scheitern zu bringen?
- Die nächsten Schritte betreffend: Wer übernimmt welche Aufgaben und bis wann?

»Spielregeln« und Techniken der Zusammenarbeit

Vieles dabei ist eine Frage von Haltung und Einstellung: Kaum jemand wird sich der Forderung nach Wertschätzung, Vertrauen, Offenheit und Transparenz widersetzen. Weitaus schwieriger ist es allerdings, Andersdenkenden zuzuhören, Wege der Entscheidungsfindung offen zu legen, für funktionierende Informationsflüsse zu sorgen. Als besonders förderlich für die Zusammenarbeit hat sich das Konsensprinzip erwiesen: Entscheidungen oder zumindest das Prozedere dafür werden ausgehandelt, anstatt »Gegner/innen« zu überstimmen. Dabei ist es auch hilfreich, vom »Primat der Betroffenheit« auszugehen: Entscheidungen sollen möglichst von jenen gefällt werden, die davon betroffen sind.

Teamarbeit ist nicht selbstverständlich, ihre Vorteile kommen erst zum Tragen, wenn sich eine Gruppe eingespielt hat. Einfache Arbeits- und Sitzungstechniken können dabei helfen: Vorbereitete und moderierte Konferenzgestaltung: Visualisierung, Clustering, Themenspeicher … – all dies erfordert ein Minimum an Know-how, das durch einschlägige Fortbildung leicht zu erwerben ist. Was man dabei nicht übersehen sollte: Die Sache mag im Vordergrund stehen, aber es geht dabei auch um Beziehungen. Von zentraler Bedeutung für sämtliche Prozesse im Rahmen von Qualitätsentwicklung ist es daher zum Beispiel, sich mit den Regeln konstruktiven Feedbacks vertraut zu machen.

Was noch wichtig ist

Die UA, abgeleitet von der »Projekt-Umwelt-Analyse« (PUA) der Beratergruppe Neuwaldegg (vgl. Königswieser/Exner 1998, 195–197), ist ein Instrument, das sich an vielen Stellen eines Schulentwicklungsprozesses sinnvoll einsetzen lässt. Immer wenn es darum geht, einen nächsten Entwicklungsschritt zu setzen, ein abgrenzbares Projekt, eine Evaluationsmaßnahme zu planen, kann die UA einen wertvollen Beitrag dazu leisten, das Vorhaben optimal in ein bestehendes Beziehungsgeflecht einzubetten. Bei Bedarf kann das Instrument auch dafür eingesetzt werden, die Erfolgschancen eines Unterfangens überhaupt erst einmal zu sondieren – noch bevor der Startschuss gefallen ist.

Je nach Umfang des Vorhabens und Komplexität des Umfeldes wird der zeitliche Aufwand für die UA variieren. Er hängt natürlich auch mit der Anzahl der Gruppenmitglieder – hier ist an vier bis acht Personen gedacht –, ihrer Erfahrung im Umgang mit dem Instrument und mit etwa bereits erbrachten Vorleistungen, auf die zurückgegriffen werden kann, zusammen. Immer aber gilt, dass es gut investierte Zeit ist: Beziehungen und Zusammenhänge, die nicht rechtzeitig bedacht werden, erweisen sich in späteren Phasen meist als erhebliche Stolpersteine.

V 3   Gute Schule – was ist das eigentlich?

In die Qualitätsdiskussion einsteigen

Worum es geht

Die Diskussion steht schon seit langem an, aufgeflackert ist sie letztens wieder, als es darum ging, welchen Schwerpunkt die Schule im Rahmen der »Autonomie« setzen sollte. Man hat sich irgendwie geeinigt, aber eigentlich war allen Beteiligten klar, dass hinter allem viel grundsätzlichere Fragen stehen: Was verstehen wir eigentlich unter einer »guten Hauptschule im ländlichen Bereich«? Welche Visionen, welche Zielvorstellungen haben wir – hier und heute, mit einem Blick auf morgen?

Im Rahmen der an der Schule laufenden Qualitätsinitiative beschließt eine Gruppe von Lehrern/Lehrerinnen in Absprache mit der Schulleiterin, das Thema auf den Tisch zu bringen. Nicht zuletzt auch deshalb übrigens, weil einigen Lehrern/Lehrerinnen in letzter Zeit zu Ohren gekommen ist, dass sich Eltern hinter vorgehaltener Hand darüber beschwert hätten, dass die Kinder an der Schule »immer weniger lernen …«. An guten Gründen für eine Qualitätsdiskussion mangelt es also nicht, der Zeitpunkt scheint günstig. Weil den Lehrern/Lehrerinnen klar ist, dass in dieser Angelegenheit eigentlich auch noch andere Beteiligte ein gewichtiges Wort mitzureden haben, verzichtet man darauf, »unter sich zu bleiben«, und beschließt Schüler/innen und Eltern einzubeziehen.

So weit herrscht Einigkeit. Aber wie lässt sich der Einstieg in eine Diskussion gestalten, in der möglichst viele Bilder von einer »guten ländlichen Hauptschule« sichtbar werden, in der es auch einmal erlaubt ist, die eigene Fantasie ungestraft spielen zu lassen?

Qualitätsdiskussion

Leitfragen
- Was verstehen wir unter »Bildung«?
- Was macht eine »gute Schule« aus?
- Sind wir eine gute Schule?
- Woher wissen wir das?
- Was tun wir, um eine gute Schule zu bleiben bzw. eine bessere zu werden?
- Woran werden wir erkennen, dass wir erfolgreich sind?

Wie es geht

Im Folgenden werden drei verschiedene Möglichkeiten des Einstiegs angeboten, um die Anpassung an die jeweilige Situation und Schulkultur zu erleichtern:

- Selbsteinschätzungsprofil,
- Mind-Map,
- Traumschule.

Das Selbsteinschätzungsprofil (SEP)

Das Selbsteinschätzungsprofil ist von einem Instrument, das sich beim EU-Pilotprojekt »Evaluation der Qualität von Schule und Unterricht« bewährt hat (vgl. Mac Beath/Meuret/Schratz 1998), abgeleitet. Es fasst wichtige Qualitätsbereiche in Form eines einfachen Selbstbefragungsinstruments zusammen, das eine erste Bestandsaufnahme ermöglicht. Damit kann einerseits die Einschätzung der gegenwärtigen Situation an der Schule in einzelnen Aspekten erfolgen, aber auch die jüngste Entwicklung der letzten drei bis fünf Jahre erfasst werden.

Die Schule wählt für die Bearbeitung des Einschätzungsprofils jeweils eine Gruppe von Schülern/Schülerinnen, Erziehungsberechtigten und Lehrern/Lehrerinnen aus. Jede Gruppe sollte aus einer Mindestzahl von zwölf Personen bestehen, doch kann sich eine Schule natürlich auch für eine größere Teilnehmerzahl entscheiden. Die Auswahl der Personen, aus denen diese Gruppen gebildet werden sollen, kann entweder nach dem Zufallsprinzip erfolgen oder dadurch, dass Personen bestimmt werden, die ein bestimmtes Meinungsspektrum repräsentieren. Hier geht es nicht um eine wissenschaftliche Studie, sondern um den Versuch, einen Querschnitt von den Meinungen der Schulpartner zu erhalten.

Die ausgewählten 36 Personen werden anschließend in sechs Sechsergruppen unterteilt. Dazu bestehen zwei Möglichkeiten:

- Bildung von je zwei homogenen Gruppen von Schülern/Schülerinnen, Erziehungsberechtigten und Lehrern/Lehrerinnen;
- Mischung der Gruppen in der Weise, dass jede Gruppe zwei Schüler/innen, zwei Erziehungsberechtigte und zwei Lehrer/innen umfasst.

Selbsteinschätzungsprofil

Geben Sie bitte eine Bewertung zur Stellung der Schule in den einzelnen Bereichen der nachstehenden Tabelle.

Bereich	Bewertung				Jüngste Entwicklung		
1. Qualität des Lehrens und Lernens							
Unterrichtsgestaltung	++	+	–	– –	↑	→	↓
Standards und Lernanforderungen	++	+	–	– –	↑	→	↓
Schülerleistungen	++	+	–	– –	↑	→	↓
2. Qualität des Lebensraums Klasse/Schule							
Klassen-/Schulklima	++	+	–	– –	↑	→	↓
Schule als Lernort	++	+	–	– –	↑	→	↓
Schule als sozialer Ort	++	+	–	– –	↑	→	↓
3. Schulpartnerschaft und Außenbeziehungen							
Schülerpartizipation	++	+	–	– –	↑	→	↓
Elternpartizipation	++	+	–	– –	↑	→	↓
Öffnung nach außen	++	+	–	– –	↑	→	↓
4. Qualität des Schulmanagements							
Organisation und Administration	++	+	–	– –	↑	→	↓
Führung und Leitung	++	+	–	– –	↑	→	↓
Pädagogik und Beratung	++	+	–	– –	↑	→	↓
5. Professionalität und Personalförderung							
Systematische Fort- und Weiterbildung	++	+	–	– –	↑	→	↓
Innovations- und Entwicklungskompetenz	++	+	–	– –	↑	→	↓
Selbstreflexion und persönliche Entwicklung	++	+	–	– –	↑	→	↓

Unabhängig davon, für welche Kombination man sich entscheidet, folgende Schritte sind erforderlich:

- **1. Schritt:** Jede/r Teilnehmer/in arbeitet das Selbsteinschätzungsprofil sorgfältig und aufmerksam durch und füllt jedes der fünfzehn Felder unter Berücksichtigung von Informationen, die über die Schule vorliegen, selbstständig aus.
- **2. Schritt:** Wenn jede Person das SEP ausgefüllt hat, kommt die Sechsergruppe zusammen, um über die Eintragungen zu diskutieren. Das Profil wird Feld für Feld durchgegangen und es wird versucht, sich auf eine gemeinsame Bewertung zu einigen. In dieser Phase ist es wichtig, dass die Teilnehmer/innen weder zu rasch nachgeben noch eine mehrheitliche Gruppenbewertung akzeptieren – andererseits aber auch nicht hartnäckig auf ihrem Standpunkt bestehen. Die Bedeutung des Prozesses liegt in der Qualität des geführten Dialogs, im Zuhören, in der Argumentation sowie darin, dass bei einer Entscheidung angeführte Gründe berücksichtigt und vorgebrachte Argumente begründet werden.
  Sobald sich die Gruppe gemeinsam auf eine Wertung festgelegt hat, wählt sie eines ihrer Mitglieder als Vertreter/in für den nächsten Schritt des Verfahrens aus.
- **3. Schritt:** Die Gruppenvertreter/innen (Schritt 2) bilden eine neue Gruppe, die das SEP nochmals durcharbeitet. Es wird dabei in der gleichen Weise verfahren wie zuvor, um zu einer vorläufig abschließenden Einigung zu gelangen. Denkbar ist, die Diskussion im Plenum zu führen (die neu entstandene Gruppe diskutiert in einem Innenkreis, eventuell mit einem »Open-chair« für andere Teilnehmer/innen, die vorübergehend am Gespräch teilnehmen wollen).
  Es ist möglich, dass man sich auf eine durchdachte und wohl begründete Bewertung einigt; bei entgegengesetzten Standpunkten in der Gruppe sollte jedoch nicht um jeden Preis versucht werden, unbedingt zu einem Kompromiss zu gelangen, wodurch sich ein Profil ergeben würde, durch das keiner der Standpunkte repräsentiert wird. Es besteht beispielsweise die Möglichkeit einer Polarisierung der Standpunkte, sodass die Gruppe die Eintragung unterschiedlicher Werte für erforderlich hält. In solchen Fällen könnten zwei Werte eingetragen werden. Bei jedem dieser Werte sollte es sich um den »mittleren« Wert handeln, um den sog. Modalwert, der innerhalb der Gruppe am häufigsten erreicht wurde. Zum Beispiel:

Person:	A	B	C	D	E	F
Wertung:	1	1	2	4	4	3

Die beiden »mittleren« Werte, die in das Profil einzutragen sind, sind 1 und 4. Erfahrungsgemäß entsteht beim Einsatz dieses Verfahrens eine große Dynamik, die sich für weitere Aktivitäten an der Schule nutzen lässt. Die Arbeitsergebnisse bilden dafür eine erste Grundlage.

Qualitäts-Mind-Map

Lehrer/innen haben – genauso wie Erziehungsberechtigte und Schüler/innen – eine Vorstellung davon, was eine »gute« Schule ausmacht. Allerdings sind diese Vorstellungen nicht systematisch geordnet, sondern entsprechen den subjektiven Einschätzungen aus der Sicht der Betroffenen. Wenn es möglich ist, die individuellen Sichtweisen der einzelnen Mitglieder über die Qualität der Schule zu einem Ganzen zusammenzuführen, lässt sich eine beeindruckende »Qualitäts-Mind-Map« erstellen. Dazu ist es erforderlich, dass alle, die an einer Qualitätsdiskussion teilnehmen, in einem Raum Platz haben, der groß genug ist, um die individuellen Erfahrungen auszutauschen.

In einer ersten Phase werden alle Teilnehmer/innen an der Veranstaltung gebeten, für sich selbst aufzuschreiben, welche Qualitätsmerkmale für sie im Hinblick auf die eigene Schule wichtig sind. Danach werden Kleingruppen von fünf bis acht Mitgliedern gebildet, die ihre Aufzeichnungen austauschen. Der Austausch der einzelnen Qualitätsmerkmale in der Gruppe soll zu einer Zusammenfassung der Gruppenstatements in Form eines Konsenses führen. Die Gruppe bestimmt eine/n Sprecher/in, die/der die Ergebnisse in der nächsten Phase in die Gesamtgruppe einbringt.

In der Plenarphase werden die Ergebnisse der einzelnen Gruppen gesammelt und zu einem Gesamtbild der Qualitätsvorstellungen zusammengetragen. Dazu wird an der Wand eine große Mind-Map erstellt: Mehrere Bahnen von Plakatpapier werden zusammengeheftet, sodass an der Wand eine große Schreibfläche entsteht. Ausgehend vom Zentrum (»Die Qualität unserer Schule«) werden darauf die zentralen Qualitätsbereiche eingetragen (siehe Abb. 5). Die Diskussionsleitung bittet darauf die einzelnen Gruppensprecher/innen, die Ergebnisse aus den Gruppengesprächen vorzutragen. Eine Person wird bestimmt, welche die Ergebnisse in die Mind-Map einträgt, sodass sich daraus ein umfassendes Bild über die Qualität der Schule entwickelt. Nach dem Bericht der letzten Gruppe wird das Gesamtergebnis nochmals in der Gruppe kommentiert. Das Endprodukt wird so zusammengeschrieben, dass es für die weitere Arbeit zur Verfügung steht.

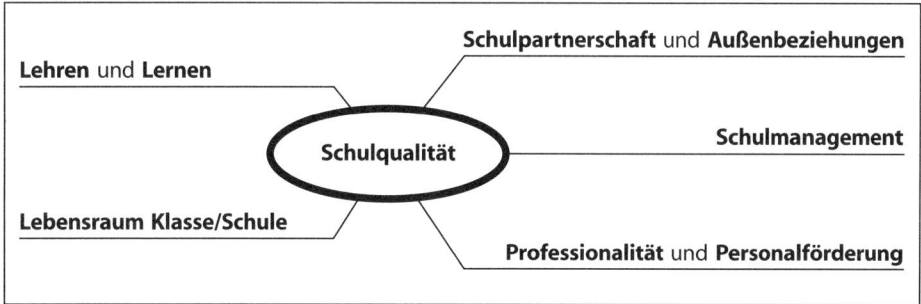

Abbildung 5: Grundgerüst für Mind Map »Schulqualität«

Die Traumschule

Die Idee, die »Schule der Träume« zu zeichnen oder zu malen, beruht auf der Annahme, dass Visionen von der »guten Schule« bei den meisten Lehrern/Lehrerinnen zwar vorhanden, manchmal aber im tiefen Inneren verborgen sind, aus welchen Gründen immer. Ein Einstieg, der die bildliche Darstellung in den Vordergrund rückt, trägt oft eher dazu bei, Verschüttetes ans Tageslicht zu fördern, als dies viele Worte können.

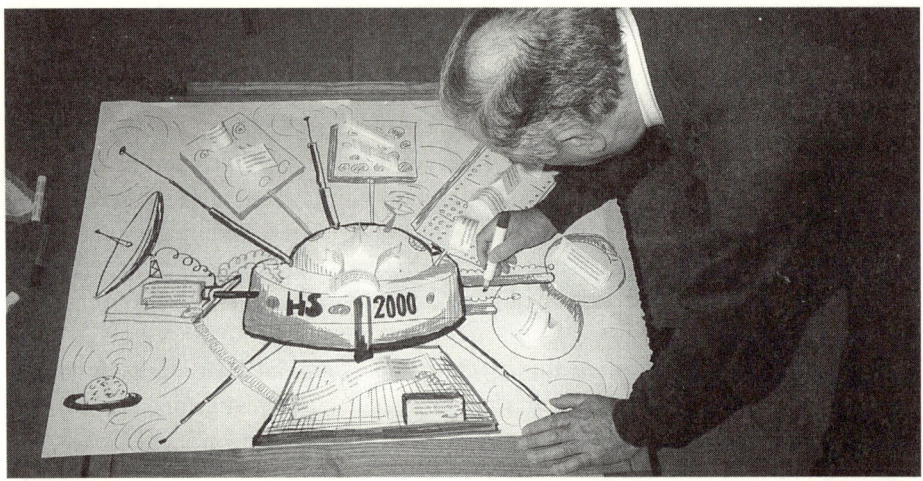

Abbildung 6: Lustvolle Plakatgestaltung

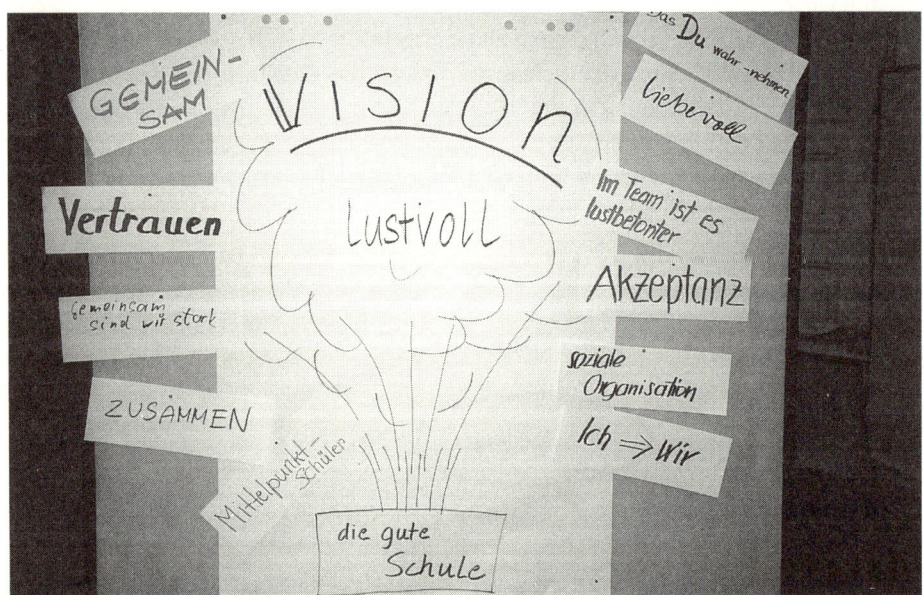

Abbildung 7: Schul-Visionen

Sind die Diskussionsteilnehmer/innen für unkonventionelle Methoden zugänglich, und ist die Atmosphäre einigermaßen entspannt, lässt sich dem eigentlichen Einstieg – zum Aufwärmen – eine angeleitete *Fantasiereise* mit Musik (»Stellt euch vor, ihr betretet unsere Schule in zehn Jahren, und alles ist so, wie ihr es euch immer erträumt habt. Schon am Eingang …«) voranstellen. Im Folgenden erzählen die Teilnehmer/innen einer Partnerin bzw. einem Partner ihrer Wahl von ihren Traumvorstellungen; wenn jemand Lust hat, kann er/sie diese im Anschluss auch öffentlich machen. Eine Situation, die viel Taktgefühl, vielleicht auch Humor, ganz sicher aber keine »Zensur« durch die Anwesenden erfordert …

Gleiches gilt für den nächsten Schritt: Die Teilnehmer/innen finden sich in Gruppen von drei bis vier Personen zusammen. Ihr Auftrag lautet, die »Traumschule« – um beim eingangs erwähnten Beispiel zu bleiben – gemeinsam auf einem *Plakat* darzustellen. *Bildlich* darzustellen. Konsens ist dabei nicht immer erforderlich, die Methode lässt viel Spielraum für die Kreativität des Einzelnen. Ein »Sprechverbot« kann vereinbart werden. In der Folge entsteht eine Reihe von bunten Bildern, die in Form einer Ausstellung für alle Teilnehmer/innen zugänglich gemacht werden.

Ein gemeinsamer Gang von Station zu Station erlaubt es den Teilnehmern/Teilnehmerinnen, den »Künstlern/Künstlerinnen« mitzuteilen, welche Eindrücke, Gedanken oder Gefühle die Darstellungen bei ihnen auslösen, und/oder Erklärungen zu einzelnen Bildelementen zu erbitten. Auch in dieser Phase sollten Wertungen und Pro-und-Kontra-Diskussionen besser hintangehalten werden: Es geht hier um möglichst bunte Vielfalt, letztlich also darum, das kreative Potenzial des Lehrerkollegiums für alle Anwesenden sichtbar und bewusst zu machen. Die Kräfte zu bündeln und gemeinsam Akzente zu setzen sind Aufgaben späterer Schritte.

Oft wird es an dieser Stelle genug sein. Die Plakate werden eingesammelt und in der Folge gut sichtbar im Lehrerzimmer aufgehängt. Nun sollte Zeit sein, dass all das Gemalte und Gesagte »einsickern« kann, Zeit sein für informelle Gespräche im kleinen Kreis, auch mit jenen Kollegen/Kolleginnen, die an der Veranstaltung nicht teilgenommen haben.

Was noch wichtig ist

Als inhaltlicher Ausgangspunkt für die Diskussion relevanter Aspekte von Schulqualität können bereits vorhandene Auflistungen von Qualitätsbereichen dienen; ein Beispiel dafür findet sich im Kasten auf Seite 36.

Stärkere Akzentuierungen in Hinblick auf die eigene Schule (und somit Klärungsprozesse auf konkreterem Niveau) erhält man, wenn Qualitätsthemen und -merkmale vor Ort gesammelt werden. Dies sollte auch zu größerer Beteiligung von Lehrern/Lehrerinnen, Erziehungsberechtigten und Schülern/Schülerinnen und zu breiterem Interesse am Diskussions- und Klärungsprozess beitragen.

Qualitätsbereiche

- **Lehren und Lernen**
  Der Bildungseffekt von Schule beruht wesentlich auf dem Gelingen von Lehren und Lernen, den Hauptaufgaben von Lehrern/Lehrerinnen bzw. Schülern/Schülerinnen.
  Zum Lehren gehören die standortbezogene Umsetzung der Lehrplanvorgaben, die Unterrichtsgestaltung und der Erziehungsstil der Lehrer/innen. Dabei geht es u.a. um die Bedeutsamkeit der Lehrinhalte, um die Anerkennung der Schüler/innen als eigenständige Persönlichkeiten, deren Förderung und Unterstützung, die Berücksichtigung geschlechtsspezifischer Aspekte, die Kultur der Leistungsanforderungen, der Rückmeldung und Leistungsbeurteilung.
  Zum Lernen gehören u.a. Lernbereitschaft und Eigeninitiative der Schüler/innen, das Aufbauen eines nachhaltigen Grundwissens, Beherrschen von Lerntechniken, Herstellen von Zusammenhängen, Anwenden von Wissen auf neue Aufgabenstellungen, Selbst- und Sozialkompetenz, das Erbringen von Leistung.
  Die Auseinandersetzung mit den Leistungen, den Potenzialen und dem Lernfortschritt der Schüler/innen sowie mit dem Lehr- und Lernangebot der Schule insgesamt ist ein wesentlicher Bestandteil von Selbstevaluation.
- **Lebensraum Klasse und Schule**
  In diesem Bereich geht es um das subjektive Wohlbefinden, das soziale Klima in Klasse und Schule, den Umgang mit Minderheiten, mit Problemen und Konflikten, die Gestaltung der Räumlichkeiten und das Ambiente der Schule, Angebote außerhalb des Unterrichts sowie die Reichhaltigkeit des Schullebens.
- **Schulpartnerschaft und Außenbeziehungen**
  Damit ist die Beteiligung der Eltern und Schüler/innen am Schulleben gemeint, die Zufriedenheit mit der Schulpartnerschaft, die Zusammenarbeit mit dem nicht lehrenden Personal an der Schule, die Kommunikation und Kooperation mit Schulaufsicht und -verwaltung sowie schulexternen Institutionen.
- **Schulmanagement**
  Dieser Bereich umfasst Leitung, Organisation und Administration der Schule sowie den Umgang mit Ressourcen, die pädagogisch-beratende Kompetenz der Leitung, den Führungsstil, die Aufgabenverteilung im Kollegium sowie Informationsflüsse und Entscheidungsfindungsprozesse an der Schule.
- **Professionalität und Personalförderung**
  Im Vordergrund stehen hier die Aufgabenerfüllung und die Zusammenarbeit im Kollegium, die pädagogische Entwicklungs- und Lehrplanarbeit an der Schule, Innovationsbereitschaft und systematische Maßnahmen der Personalförderung.

Über die Qualität der Schule nachzudenken braucht eine gewisse Distanz. Wer bis zum Hals in den Geschäften des Alltags steckt, wird sich schwer tun, das eigene Handeln und die Aktivitäten der anderen einmal »von außen« zu betrachten. Ort und Zeitpunkt des Einstiegs sollten also nicht beliebig festgesetzt werden, Schulschluss-Stress oder Prüfungshektik sind keine guten Voraussetzungen für kreatives Nachdenken. Es empfiehlt sich, eine etwas ruhigere Periode des Schuljahres zu wählen; am besten ist es natürlich, wenn diese mit einem unmittelbaren Diskussionsanlass zusammenfällt.

Auch der Ort des Geschehens ist nicht unwichtig: Die erforderliche innere Distanz kann durch einen Tapetenwechsel begünstigt werden, und wenn sich ein Ort finden lässt, der zum Wohlfühlen einlädt – umso besser.

Die Freiwilligkeit der Teilnahme an einer derartigen Veranstaltung erscheint – in dieser ersten Phase – als eine weitere günstige Voraussetzung für einen gelungenen Anfang. Die Schulleitung sollte in das Vorhaben möglichst einbezogen, zumindest aber darüber informiert sein.

Bleibt noch die Wahl der Methode – das erfordert Fingerspitzengefühl und ein gutes Einschätzungsvermögen. Ist das Klima bereits gespannt, kann ein spielerischer, nonverbaler Einstieg leicht zum Bumerang werden, andererseits verführen langwierige, unstrukturierte Diskussionen erfahrungsgemäß nur selten zum Aufbruch zu neuen Ufern …

V 4 Woran wir uns orientieren wollen …

Gemeinsam Qualitätsansprüche klären

Worum es geht

Was »Schulqualität« konkret bedeutet, muss im Rahmen der gesetzlichen Regelungen jede Schule selbst präzisieren. Für zielgerichtete Qualitätsentwicklung ist dies unverzichtbar, ob es nun gilt, eine gemeinsame Basis für eine geplante Bestandsaufnahme zu schaffen oder ob eine Schule das Fundament für ihr künftiges Schulprogramm legen will – in Form von Leitsätzen, welche ihre Grundorientierung (die »Philosophie der Schule«) zum Ausdruck bringen.

Eine bunte Palette verschiedenster Auffassungen zur Frage, was eine gute Schule ist und sein soll, bildet den Ausgangspunkt. Nun sollen die Schulpartner/innen auf möglichst breiter Basis an einer Klärung mitwirken. Es gilt dabei, die Vielfalt der an der Schule vorhandenen Qualitätsvorstellungen zu bündeln und zu einem Leitbild zu verdichten, das den Eigen-Sinn, die Identität der Schule ausdrückt.

Wie es geht

Welche Qualitätsmerkmale sind angesichts der konkreten Situation für unsere Schule wichtig und wünschenswert? – Ideensammlungen in Lehrer/innen-Teams, Klassenprojekten und Schulpartner/innen-Workshops sowie Anregungen von außen sollen dazu konkretisierende Vorschläge erbringen. Auf diese Weise wird eine Reihe von Wertvorstellungen gesammelt, die durchaus unterschiedlich und widersprüchlich sein können.

Im Rahmen eines von Lehrern/Lehrerinnen, Erziehungsberechtigten und Schülern/Schülerinnen möglichst paritätisch besetzten »Qualitäts-Hearing« (Dauer: rund drei Stunden) werden die Aussagen und Argumente diskutiert, nach ihrer Bedeutung gewichtet und gemeinsame Qualitätsschwerpunkte für die ganze Schule sichtbar gemacht. Darauf zielt der erste Teil dieses Verfahrensvorschlages ab.

In der weiteren Folge soll der eingeleitete Klärungsprozess zur Formulierung prägnanter Leitsätze führen, die als Fundament und erster Textbaustein zur Gestaltung des Schulprogramms dienen. Ein möglicher Weg dazu, der auf Wunschvorstellungen und Visionen der an der Schule beteiligten Personen(gruppen) aufbaut, wird in einer Verfahrensvariante vorgestellt.

Qualitäts-Hearing

Die wissenschaftliche Debatte zur Schulqualität hat eine Reihe von Merkmalen und Kriterien erbracht (vgl. dazu etwa Fend 1998, Rutter/Maughan/Mortimore/Ouston 1980, Scheerens/Bosker 1997, Posch/Altrichter 1997, Steffens/Bargel 1993, Szaday/ Büeler/Favre 1996, Specht/Thonhauser 1996). Sie bilden einen möglichen Ausgangspunkt. Günstiger scheint jedoch eine möglichst breite Sammlung der an der Schule vorhandenen Wertvorstellungen selbst, z.B. durch:

- »Kartenabfragen« in Fachgruppen, Jahrgangsteams, Schulklassen oder im Schulpartnerschaftsgremium, wobei die Teilnehmer/innen die ihnen wichtigen Qualitätsmerkmale auf je eine Moderationskarte schreiben und diese auf Pinnwänden oder Plakaten zusammengestellt und übersichtlich gruppiert werden;
- Aufsatzwettbewerbe, Bildgestaltungen oder »Foto-Reports« (vgl. dazu: Schratz/ Steiner-Löffler 1996) von Schülern/Schülerinnen zum Thema »Was ist eine gute Schule?« mit klassenweise zusammengefassten Inhaltsanalysen.

Die an der Schule zusammengetragenen Qualitätsmerkmale können durch Anregungen von außen noch angereichert werden, Hinweise aus dem lokalen Umfeld, von Gemeinde und Wirtschaftsbetrieben, von der Schulverwaltung, von »kritischen Freunden/Freundinnen« aus anderen Schulen und Institutionen sollten dazu willkommen sein. Eine schulpartnerschaftlich eingerichtete »Qualitäts-Arbeitsgruppe« koordiniert all diese Aktivitäten und fasst die Ergebnisse in Form von Merkmalslisten zusammen.

Beispiele für Qualitätsaussagen:
- Der Unterricht wird von Optimismus, Verständnis und Vertrauen zu den Schülern/Schülerinnen geprägt.
- Es gelten hohe und allen bekannte, klare Leistungsstandards in wichtigen Lernzielbereichen.
- An der Schule lassen sich die Lehrer/innen gegenseitig in die Karten schauen, hospitieren wechselseitig und geben einander Rückmeldungen.
- Die Schulleitung gibt den Lehrern/Lehrerinnen das Gefühl, in ihrer Arbeit anerkannt und unterstützt zu werden.
- Die Schule steht in regem Austausch mit ihrer Umgebung (dem Gemeinwesen).

Überblick über den Ablauf

Die Teilnehmer/innen des Qualitäts-Hearing (mindestens jeweils zwölf Lehrer/in-
nen, Erziehungsberechtigte und Schüler/innen) sollten von ihren Bezugsgruppen so
ausgewählt und delegiert worden sein, dass sie deren Meinungsspektrum (insbesondere bezüglich der im Vorfeld zusammengetragenen Qualitätsmerkmale) einigermaßen repräsentieren. Der/die Moderator/in informiert zu Beginn über die folgenden
Arbeitsphasen:

● **Einzelauswahl von Qualitätsaussagen**
   Wer teilnimmt, erhält eine Kopie mit aufgelisteten Aussagen zur Schulqualität.
   Die Liste (S. 224–230) soll aus den im Vorfeld gesammelten Merkmalen bestehen. Jede Person studiert die Liste, ergänzt sie allenfalls um weitere Aussagen
   und sucht dann in Einzelarbeit jene zehn Merkmale aus, die für die Qualität der
   eigenen Schule am bedeutsamsten scheinen. Die jeweiligen Kärtchen werden ausgeschnitten und nach Wichtigkeit geordnet.
● **Reihung in homogenen Gruppen** (ca. 60 Minuten)
   Für eine intensive Diskussion und gemeinsame Reihung der ausgewählten Aussagen werden nun jeweils zwei Lehrer/innen-, Eltern- und Schüler/innen-Gruppen
   zu je sechs Teilnehmern/Teilnehmerinnen gebildet: In diesen Gruppen werden
   die einzelnen Argumente nacheinander vorgestellt und diskutiert. Ziel ist es, sich
   auf eine gemeinsame Reihung der wichtigsten Qualitätsmerkmale zu einigen; da-
   bei soll die Meinung aller Gruppenmitglieder gehört und berücksichtigt werden.
● **Reihung durch Gruppenvertreter/innen**
   Jede der Gruppen wählt eine Person als mögliche Vertreterin für die folgende
   Wertungsdiskussion aus. Jeweils zwei Lehrer/innen, Erziehungsberechtigte und
   Schüler/innen nehmen daran teil; auch Zuhörer/innen im Außenkreis können
   kurzzeitig auf einem »Open Chair« Anregungen einbringen. Es gilt, auf Basis der
   Gruppenergebnisse eine gemeinsame Reihung zu erarbeiten. So werden eher
   stark ausgeprägte (»zentrale«) bzw. eher schwach ausgeprägte (»periphere«) gemeinsame Werte für die Schule bestimmt – und unterschiedliche Standpunkte
   festgehalten, falls es bei einzelnen Kärtchen zu keiner Einigung kommen sollte.
● **Aufbereitung der Ergebnisse**
   Je nach Wichtigkeit der Aussagen werden diese auf einer schulbezogenen »Qualitätslandkarte« (siehe Abbildung 8) positioniert. Dieses Ergebnis sollte schließlich
   schulintern bekannt gemacht werden – darauf gründet sich das Schulprogramm.

Die Qualitäts-Arbeitsgruppe kann die vorliegenden Ergebnisse nun folgendermaßen
nutzen:

● Ist an der Schule eine Bestandsaufnahme geplant, so sind dafür bereits wesentliche Bereiche identifiziert, auf die sich die Ist-Analyse zweckmäßigerweise konzentrieren kann.

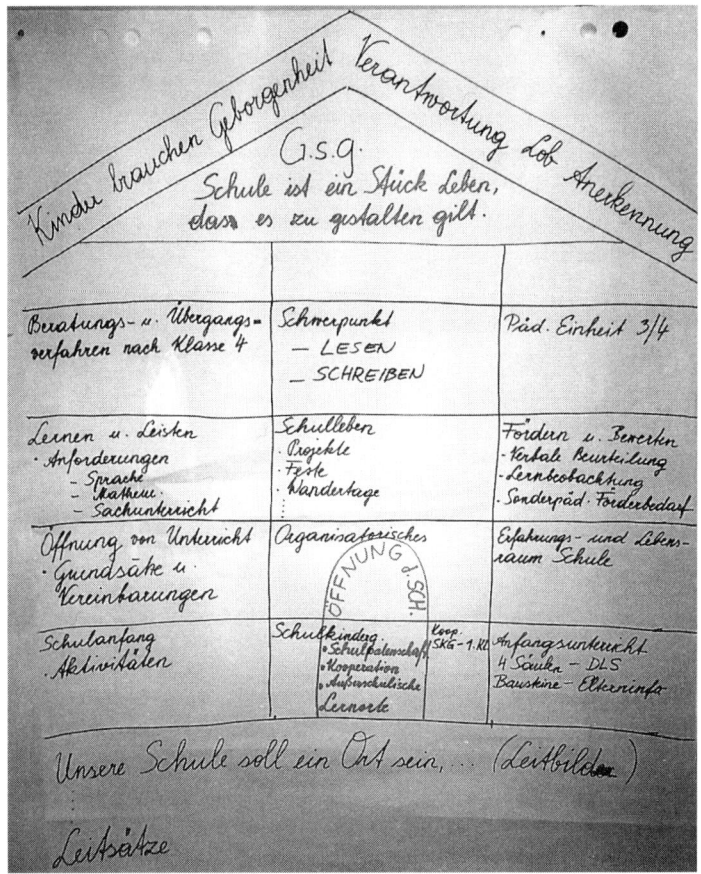

Abbildung 8: Qualitätslandkarte

● Die schulspezifisch gewichteten und gebündelten Qualitätsvorstellungen werden als Leitsätze formuliert und (auf etwa einer A4-Seite) zu einem Leitbild zusammengefasst. So entsteht der erste Baustein für das künftige Schulprogramm.

Wie aber kommt man zur konkreten Formulierung der Leitsätze? Dazu kann etwa die Qualitäts-Arbeitsgruppe einen Text entwerfen, der auf den Ergebnissen des Qualitäts-Hearing basiert. Dieser Entwurf wird dann vom Kollegium und vom Schulpartnerschaftsgremium begutachtet – und mit der Einarbeitung dieser Rückmeldungen entsteht eine erste Fassung des Leitbildes.

Es ist aber auch möglich, Leitsätze bei größerer direkter Beteiligung und Interaktion der Schulpartner/innen zu formulieren. Dies zeigt die folgende Verfahrensvariante: Sie beschreibt, wie ein Leitbild im Rahmen einer eintägigen pädagogischen Klausur auf Basis der Wunschvorstellungen (»Visionen«) aller Beteiligten erstellt werden kann (siehe V 3).

Aus Visionen ein Leitbild entwickeln

- **1. Schritt:** Jede teilnehmende Person (Lehrer/innen, Erziehungsberechtigte und Schüler/innen) erhält mehrere Moderationskarten, auf die sie je eine Wunschvorstellung für ihre (Traum-)Schule schreibt.
- **2. Schritt:** Es bilden sich möglichst nach Personenkreisen gemischte Gruppen von drei bis fünf Mitgliedern, die ihre Wunschvorstellungen besprechen und die einzelnen Karten nach inhaltlicher Zusammengehörigkeit in Form von Clustern arrangieren.
- **3. Schritt:** Die Gruppenergebnisse werden im Plenum zusammengefasst: Ein/e Moderator/in (aus der Schule; externe/r Berater/in) erstellt auf Plakatpapier an der Wand eine Mind Map auf Basis der Meldungen der einzelnen Gruppen (siehe Abbildung 9).

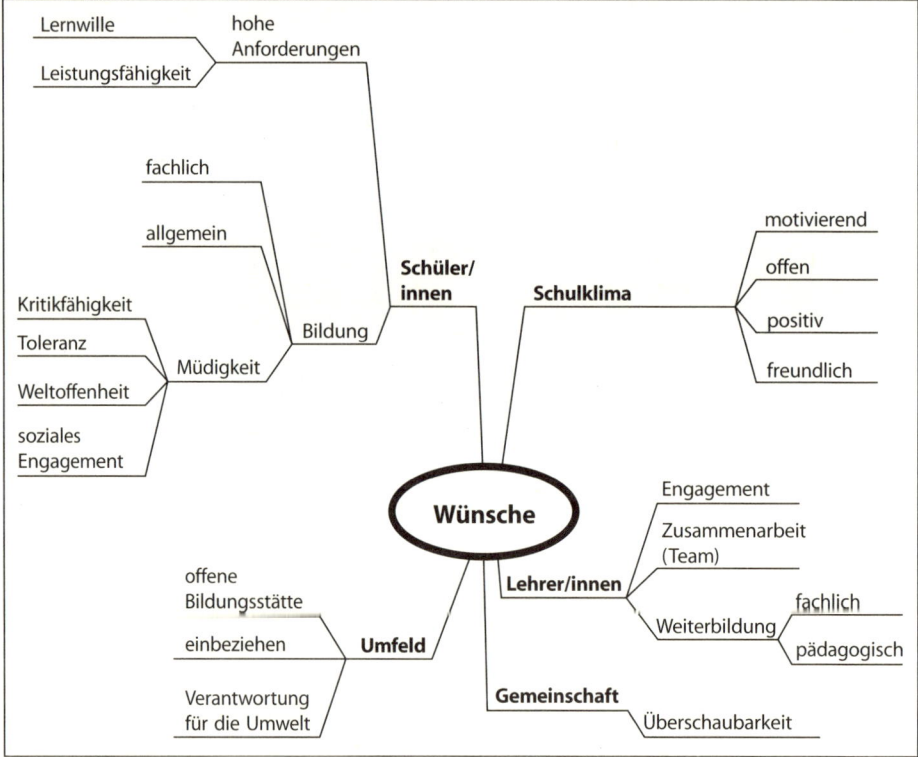

Abbildung 9: Mind Map

- **4. Schritt:** Die einzelnen Zweige werden (neuen) Gruppen, die sich nach thematischen Interessen gebildet haben, zur Bearbeitung zugeteilt. Ihre Aufgabe ist es, über den gewählten Zweig mit den jeweiligen Verästelungen einen Leitsatz (bzw. mehrere Leitsätze) zu schreiben.

- **5. Schritt:** Die von den einzelnen Gruppen verfassten Leitsätze werden für alle lesbar präsentiert (auf einer Pinnwand, am Boden, auf einem Tisch …). Jede Person gibt Rückmeldungen zu den Vorschlägen. Dabei kommt es oft vor, dass einzelne Leitsätze zusammenpassen und gebündelt werden können.
- **6. Schritt:** Die Gruppen, welche die ersten Entwürfe erstellt haben, greifen die Rückmeldungen aus dem Plenum auf und überarbeiten ihre Vorschläge.
- **7. Schritt:** Die neu formulierten Leitsätze werden als »Leitbild« zusammengefasst. Die Teilnehmer/innen erhalten das Ergebnis für eine letzte Rückmeldephase – nach Abschluss der Klausur.
- **8. Schritt:** Mit der Einarbeitung der Rückmeldungen (in schriftlicher Form oder zu einem eigenen Termin) wird die Endversion des »Leitbildes« redigiert, die als Textbaustein Eingang ins Schulprogramm findet.

**Leitvorstellungen im Schulprogramm
des Oberstufengymnasiums Egg**

1) Unsere Schule ist eine regionale Bildungs- und Veranstaltungsstätte, welche die **Vermittlung einer breiten Allgemeinbildung** zum Ziel hat.
2) Die überschaubare Größe wollen wir für ein **freundliches und offenes Schul- und Lernklima** nützen.
3) Wir stellen **hohe Anforderungen** an den Lernwillen und die Leistungsbereitschaft unserer Schülerinnen und Schüler.
4) Es ist uns wichtig, dass die aktive **Mitarbeit** und das **Engagement** der Lehrenden und Lernenden **über die Unterrichtsarbeit hinausgehen.**
5) Für unser Kollegium ist es von großer Bedeutung, sich um eine **Atmosphäre der Zusammenarbeit und des Teamgeistes** zu bemühen.
6) Wir sind bereit, uns sowohl fachlich als auch in Hinblick auf neue Lehr- und Lernmethoden **ständig weiterzubilden** und **unsere Unterrichtsarbeit** kritisch **zu reflektieren.**
7) Das Hinführen der Schülerinnen und Schüler zu **Weltoffenheit, Kritikfähigkeit, Toleranz und sozialem Engagement** und **Verantwortlichkeit für sich und die Umwelt** ist uns ein wesentliches Anliegen.

Was noch wichtig ist

Am Ende einer umfassenden Qualitätsdiskussion sollten Ergebnisse stehen, die man nutzen kann: Zum einen ist da an die Festlegung relevanter Qualitätsthemen für eine geplante Erhebung des Ist-Zustandes zu denken, zum anderen daran, gemeinsame Leitlinien für die eigene Schule festzumachen.

Wenn sich eine Schule durch das Wahrnehmen von autonomen Spielräumen profiliert, zeigt sich dies – bei aller Vielfalt der an der Schule vorhandenen Qualitätsansprüche – in den gemeinsamen Leitvorstellungen. Darin drückt sich die pädagogische Grundhaltung (die Vision, das Wunsch-Image der Schule) aus. Damit Leitbilder – nach innen und nach außen – wirksam werden können, müssen sie verschrift-

licht werden, was in Form von Leitsätzen erfolgt. »Leitsätze sind einprägsame Zielformulierungen, welche das Wunschbild aus der Vision in prägnante Worte fassen.
Der Leitsatz enthält die gemeinsame Philosophie, weshalb er trotz der Kürze von allen verstanden werden und eine positive (Sog-)Wirkung auslösen kann.« (Schratz/
Steiner-Löffler 1998a, 211) Leitbilder sind daher Grundlage des Schulprogramms, in
dem sie weiter konkretisiert werden.

Leitvorstellungen der Schule (»Leitbild«)

Leitfragen
- Welchen gemeinsamen Werten fühlen wir uns verpflichtet?
- Worin besteht unsere »Philosophie«, unsere pädagogische Grundorientierung?
- Worin besteht unser Auftrag?
- Welche Vision von »guter Schule« steht hinter all dem?
- Welche Regeln bestimmen unser Zusammenleben, unsere gemeinsame Arbeit?

Gemeinsame Qualitätsansprüche herausarbeiten und Leitsätze formulieren – dafür
gibt es verschiedene Zugänge. Zwei wurden hier vorgestellt. Der Weg, Leitsätze aus
Visionen zu entwickeln, orientiert sich am Methodenatelier von Zukunftskonferen-
zen (Burow 1998). Das »Qualitäts-Hearing« basiert auf der Kleingruppen-Übung
»Was ist eine gute Schule« (Philipp 1995, 169ff.) und einer in einem Pilotprojekt der
Europäischen Kommission vorgeschlagenen Vorgehensweise zur Förderung der Diskussion zwischen den Schulpartnern/partnerinnen (MacBeath/Meuret/Schratz 1998,
4f.). Was die Gruppenbildung betrifft, so gibt es für die wünschenswerte Größe der
Kleingruppen (fünf bis acht Personen) klare Empfehlungen der Gruppenforschung.
Die Zusammensetzung der Gruppen kann allerdings auch anders erfolgen als vorgeschlagen: Zum Beispiel ist die Bildung gemischter Lehrer-, Eltern- und Schülergruppen möglich, wodurch vermutlich weniger nach Interessengruppen pointierte
Standpunkte in die abschließende Diskussion der Gruppenvertreter/innen eingebracht werden. Für eine schulpartnerschaftlich ausgewogene Zusammensetzung
der abschließenden Gesprächsrunde sollte dann jedoch gesorgt sein – das kann sich
bei vielen Teilnehmern/Teilnehmerinnen (und einer großen Zahl von Gruppen) als
schwierig erweisen.

Welchen Zugang man auch immer wählt: Nicht nur das gemeinsame Ergebnis ist
wichtig – und wert, veröffentlicht zu werden –, sondern der gesamte Diskussionsprozess: Auch die Vorschläge der einzelnen Arbeitsgruppen und damit die verschiedenen relevanten Gesichtspunkte guter Schule sollten festgehalten und ausgetauscht
werden, sodass unterschiedliche Perspektiven nicht verloren gehen.

V 5 Woran lässt sich Qualität erkennen?

Kriterien und Indikatoren suchen

Worum es geht

Herr L. ist nun schon seit zehn Jahren Schulleiter. Der Betrieb läuft, eine gewisse Routine hat sich eingestellt. Eines Abends trifft er einen alten Studienfreund. 20 Jahre sind vergangen: Erinnerungen, Familie, verschiedene Berufe … »Und ist das eigentlich eine gute Schule, die du leitest?« – »Wir erfüllen unsere Aufgaben gut«, meint Herr L., »natürlich gibt es hier und da Probleme, wie an allen anderen Schulen auch, aber insgesamt bin ich zufrieden.« – »Nimm es mir nicht übel, aber woher weißt du eigentlich, dass die Aufgaben gut erfüllt werden? Und übrigens: Was sind denn eure Aufgaben?« Das Gespräch nimmt seinen Lauf und je genauer der Freund – aus wohlmeinendem Interesse übrigens – nachfragt, desto schwieriger findet es der Schulleiter, seine Aussagen zu belegen. Die Erfolgsquote der Schülerinnen und Schüler kann er an der Note ablesen – auch wenn er diesbezüglich gewisse Zweifel hat –, ansonsten aber verlässt er sich eher auf sein Gefühl. Selbst wenn er sich auf Grund der zehn Jahre, die er bereits an der Schule ist, auf dieses Gefühl verlassen kann, gehen ihm die Fragen seines Studienfreundes nicht aus dem Kopf. Und er beschließt, das Kollegium seiner Schule damit zu konfrontieren …

Wenn wir die Qualität eines konkreten Schulstandorts systematisch untersuchen wollen, gilt es, zunächst jene Bereiche zu definieren und zu gewichten, in denen sich die Qualität von Schule überhaupt zeigen kann (siehe V 3). In jenen Bereichen, die uns besonders wichtig erscheinen, haben wir *Leitsätze* formuliert, an denen wir unser künftiges schulisches Handeln ausrichten wollen (siehe V 4).

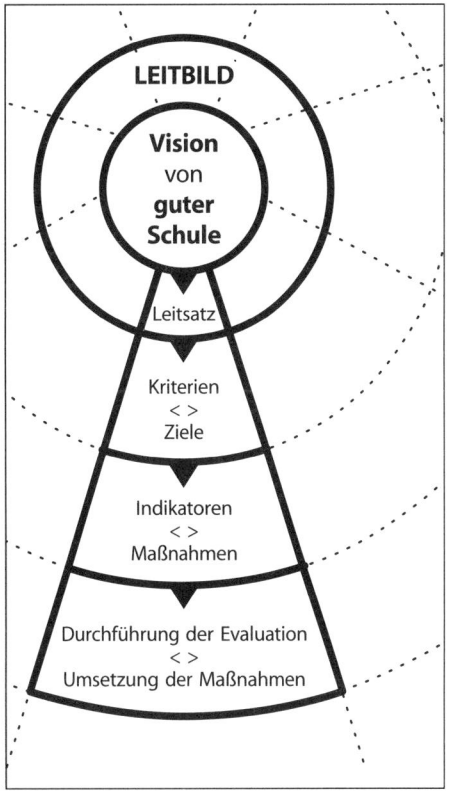

Abbildung 10: Von Leitsätzen zu Indikatoren

So weit, so gut. Wirklich spannend – und oft auch kontroversiell – wird es meist, wenn die Diskussion konkreter wird, wenn es darum geht, zu den Leitsätzen entsprechende *Kriterien* (Qualitätsmerkmale) zu ermitteln, die oft in Form von *Zielen* festgehalten werden. Eine höchst anspruchsvolle Aufgabe, die an die Wurzeln des eigenen pädagogischen Verständnisses – und mitunter auch noch tiefer – rühren kann! – Damit nicht genug: Kriterien, Ziele bleiben Wunschvorstellung, wenn wir nicht auch *Indikatoren* haben, an denen der Erfolg in der aktuellen Schulsituation ablesbar ist. Die grundsätzlichen Fragen lauten dabei: »Woran werden wir erkennen, ob wir uns in die angestrebte Richtung bewegen? Und wie können wir es überprüfen?« Je komplexer der Qualitätsbereich, je mehr Werte und Haltungen im Spiel sind, desto schwieriger wird die Sache – und zugleich desto wichtiger ist es, sich auf entsprechende Kriterien und Indikatoren zu einigen.

Wie es geht

Die Bereiche, welche für die Qualitätsentwicklung der Schule von Bedeutung sind, werden in einzelnen Gruppen bearbeitet, um Kriterien (Ziele) und Indikatoren festzulegen. Je mehr Schulpartner/innen dabei mitmachen, desto eher werden die Ergebnisse von den Beteiligten später mitgetragen, aber auch desto aufwendiger wird die Durchführung.

● **1. Schritt:** Das »Allerwichtigste«, jenen Aspekt, jenen Bereich, jene Fragestellung, den bzw. die sich die Schule genau anschauen will, auswählen – je nach Arbeitskapazität der Schule können das natürlich auch mehrere Fragestellungen sein, oberste Regel: Lieber ganz wenige Aspekte genau anschauen als von einer Palette von Erhebungsaspekten überfordert werden!

  Leitfrage: Wenn wir herausfinden wollen, ob wir eine gute Schule sind – welcher Aspekt von Qualität erscheint uns dabei besonders wichtig?

Dazu ein konkretes Beispiel aus einem Gymnasium, das als *eines* der wichtigen Themen ausgewählt hat:

Verbindung unserer Schule mit dem Umfeld, Öffentlichkeitsarbeit

● **2. Schritt:** Vorgaben suchen, die für einen bestimmten Bereich Gültigkeit haben sollen (z.B. Leitsätze aus dem Schulprogramm).

  Leitfrage: Nach welchen Vorstellungen wollen wir unser künftiges schulisches Handeln in diesem Bereich ausrichten?

Das erwähnte Gymnasium hat für sein Schulprogramm den folgenden Leitsatz formuliert:

Wir betrachten es als unsere Aufgabe, unser Schulprogramm positiv nach außen zu präsentieren und zu kommunizieren, Aktivitäten in der Region mit zu gestalten und außerschulische Ressourcen erfolgreich für die Schule zu nutzen.

- **3. Schritt:** Die *Kriterien* (Qualitätsmerkmale) überlegen, die man in diesem Zusammenhang für geeignet und wichtig hält.

  Leitfrage: Worin besteht die Qualität bei dieser/n Vorgabe/n im Einzelnen?

In unserem Beispiel lauten zwei der Kriterien etwa:

Kriterium 1: Unsere (künftigen) Schüler/innen-Eltern wissen über Leitlinien, Angebote und Anforderungen unserer Schule Bescheid.
Kriterium 2: Wir nutzen die Absolventen/Absolventinnen unserer Schule als wichtige Feedback-Geber/innen.

Anhand dieser Beispiele wird übrigens offenkundig, in welcher sprachlichen Nähe zu Zielformulierungen sich die Kriterien bereits oft bewegen (z.B. »Wir wollen erreichen, dass unsere (künftigen) Schüler-Eltern …«).

- **4. Schritt:** *Indikatoren* formulieren, die es ermöglichen sollen zu beurteilen, ob die festgelegten Kriterien (Zielsetzungen) erfüllt sind.

  Leitfrage (bezogen auf das jeweilige Kriterium): Woran (an welchen Aktivitäten, Zuständen, Ereignissen, Ergebnissen) erkennen wir das? (Beispiel: Unsere [künftigen] Schüler/innen-Eltern wissen über Leitlinien, Angebote und Anforderungen unserer Schule Bescheid. – Woran erkennen wir das?)

Indikatoren für Kriterium 1 des Beispiels sind z.B.:
- *Lehrer/innen der künftigen 1. Klassen des Gymnasiums haben ihre Schule bei Elternabenden der letzten Klassen der umliegenden Grundschulen vorgestellt. Eltern-Rückmeldungen während der folgenden Anmelde-Phase bestätigen, dass die wichtigsten Botschaften angekommen sind (und geben auch Auskunft darüber, ob sie die Schulwahl beeinflusst haben).*
- *Eltern künftiger Schüler/innen der Einstiegsklassen wenden sich nach dem Informationsabend mit Detailfragen an die Schulleitung, die von ihrer Kenntnis des Schulprogramms sowie der Angebote und Anforderungen der Schule zeugen.*
- *Es gibt entsprechende Rückmeldungen (siehe oben) beim Tag der offenen Tür und beim ersten Elternabend.*

Indikatoren für Kriterium 2 sind etwa:

– *Absolvent/innen verschiedener Jahrgänge werden eingeladen, Vertreter/innen der Schule persönlich Rückmeldungen zu ausgewählten Qualitätsbereichen zu geben; die Rückmelde-Aktionen finden auch tatsächlich statt;*

– *Die Schule kennt die Laufbahnen der Absolvent/innen nach dem Schulbesuch und deren Einschätzung der (Aus-)Bildungsqualität der Schule im Lichte ihrer aktuellen Bedürfnisse.*

– *Die Rückmeldungen der Absolvent/innen werden jährlich in den Qualitätsentwicklungsprozess an der Schule einbezogen (und ziehen auch Konsequenzen nach sich).*

Spätestens an dieser Stelle wird übrigens deutlich, wie verzahnt gesetzte/zu setzende Maßnahmen zur Umsetzung und Indikatoren sind.

● **5. Schritt:** Evaluationsmethoden/-instrumente entwickeln bzw. auswählen, um die Ist-Situation hinsichtlich der Indikatoren zu überprüfen.

Leitfrage (bezogen auf den jeweiligen Indikator): Wie (mit welchen Methoden und Instrumenten) stellen wir fest, ob bzw. wie weit das bei uns der Fall ist? (Beispiel: Die Rückmeldungen der Absolventen/Absolventinnen werden jährlich in den Qualitätsentwicklungsprozess an der Schule eingespeist. – Wie stellen wir fest, ob bzw. wie weit das bei uns der Fall ist?)

Bezogen auf unser Beispiel wären solche Instrumente etwa für Kriterium/Indikatoren 1:

– *Kurzer Fragebogen an alle Eltern, die ihre Kinder für die 1. Klasse anmelden*

– *Gesprächsnotizen der Schulleitung, die ihre Einschätzung des Informationsstandes der anrufenden Eltern wiedergeben (z.B. auf einer Skala)*

– *Gesprächsnotizen der Lehrer/innen, die allen Eltern-Gesprächspartner/innen 1–2 gezielte Fragen stellen*

Für Kriterium/Indikatoren 2:

– *Auflistung aller entsprechenden Veranstaltungen, Teilnehmer/innen-Statistik und Analyse von Inhalt und Art der Durchführung der Veranstaltung*

– *Überprüfung der Adressdatei (Vorhandensein, Vollständigkeit, Aktualisierungsmaßnahmen …) und der Dokumentation der Rückmeldungen (Form, Aufbereitung, Verwertbarkeit …)*

– *Untersuchung (Statistik, Interviews, Protokolle): Wie oft und in welcher Form findet diese Rückkoppelung statt? Welche Schulentwicklungsmaßnahmen haben die Rückmeldungen wie beeinflusst?*

Ein konkretes Beispiel einer Schule für Kriterien und Indikatoren zu diesem Thema findet sich auf den Seiten 50–51 (aus Schratz/Steiner-Löffler 1999).

Was noch wichtig ist

Aufwand und Wichtigkeit bzw. Effizienz müssen in einem guten Verhältnis stehen! Wenn dicke Pflichtenhefte oder Ähnliches entstehen, die voll mit Kriterien und Evaluationsaufträgen sind, ist die Gefahr groß, dass nicht mehr genau überprüft, sondern einfach nach Gefühl abgehakt wird. Deshalb ist auch hier weniger mehr, d.h., einen der Schule (oder einem Team) wichtigen Aspekt hernehmen und genauer anschauen, nicht alles auf einmal evaluieren wollen!

Eine weitere Gefahr besteht darin, dass man lieber Bereiche auswählt, für die sich leicht Normen und Kriterien usw. formulieren lassen, die also leichter messbar sind, und nicht jene Bereiche, die wirklich unter den Nägeln brennen. (Das oben angeführte Beispiel über die Qualität der Verbindung einer Schule mit der Umgebung behandelt in diesem Sinn wohl auch einen eher gut messbaren Bereich.)

Unser Vorschlag: Nehmen Sie lieber in Kauf, dass Sie bezüglich solcher schwer messbaren Aspekte von Schule zwangsläufig unscharfe Ergebnisse erhalten, sodass die Auswertung neue Diskussionen auslöst, als dass Sie gleich von vornherein darauf verzichten, solche Bereiche zu evaluieren. Hier gilt das Motto aus dem Englischen:

»We must learn to measure what we value rather than value what we can easily measure.« *(Education Counts 1991)*

Leitsatz:
Wir betrachten es als unsere Aufgabe, unser Schulprogramm positiv nach außen zu präsentieren und zu kommunizieren, Aktivitäten in der Region mitzugestalten und außerschulische Ressourcen erfolgreich für die Schule zu nutzen.

Schlüsselkriterien	Erfolgsindikatoren	Instrumente zur Evaluation
Kriterium 1: Unsere (künftigen) Schüler/innen-Eltern wissen über Leitlinien, Angebote und Anforderungen unserer Schule Bescheid.	• Lehrer/innen der künftigen ersten Klassen des Gymnasiums haben ihre Schule bei Elternabenden der letzten Klassen der umliegenden Grundschulen vorgestellt: Eltern-Rückmeldungen während der folgenden Anmelde-Phase bestätigen, dass die wichtigsten Botschaften angekommen sind (und geben auch Auskunft darüber, ob sie die Schulwahl beeinflusst haben). • Eltern künftiger Schüler/innen der Einstiegsklassen wenden sich nach dem Informationsabend mit Detailfragen an die Schulleitung, die von ihrer Kenntnis des Schulprogramms sowie der Angebote und Anforderungen der Schule zeugen. • Es gibt entsprechende Rückmeldungen (siehe oben) beim Tag der offenen Tür und beim ersten Elternabend.	• Kurzer Fragebogen an alle Eltern, die ihre Kinder für die 1. Klasse anmelden • Gesprächsnotizen der Schulleitung, die ihre Einschätzung des Informationsstandes der anrufenden Eltern wiedergeben (z. B. auf einer Skala) • Gesprächsnotizen der Lehrer/innen, die allen Eltern-Gesprächspartner/innen 1-2 gezielte Fragen stellen
Kriterium 2: Wir nützen die Absolvent/innen unserer Schule aktiv als wichtige Feedback-Geber/innen.	• Absolvent/innen verschiedener Jahrgänge werden eingeladen, Vertreter/innen der Schule persönlich Rückmeldungen zu ausgewählten Qualitätsbereichen zu geben; die Rückmelde-Aktionen finden auch tatsächlich statt: • Die Schule kennt die Laufbahnen der Absolvent/innen nach dem Schulbesuch und deren Einschätzung der (Aus-)Bildungsqualität der Schule im Lichte ihrer aktuellen Bedürfnisse. • Die Rückmeldungen der Absolvent/innen werden jährlich in den Qualitätsentwicklungsprozess an der Schule einbezogen (und ziehen auch Konsequenzen nach sich).	·Auflistung aller entsprechenden Veranstaltungen, Teilnehmer/innen-Statistik und Analyse von Inhalt und Art der Durchführung der Veranstaltung ·Überprüfung der Adressdatei (Vorhandensein, Vollständigkeit, Aktualisierungsmaßnahmen ...) und der Dokumentation der Rückmeldungen (Form, Aufbereitung, Verwertbarkeit ...) ·Untersuchung (Statistik, Interviews, Protokolle): Wie oft und in welcher Form findet diese Rückkoppelung statt? Welche Schulentwicklungsmaßnahmen haben die Rückmeldungen wie beeinflusst?

Kriterium 3: Es bestehen Kontakte zu den benachbarten Schulen, Institutionen, Vereinen etc., und es werden in relevanten Bereichen sinnvolle Absprachen mit ihnen getroffen	• Bei Schulevents nehmen Vertreter/innen anderer Schulen teil bzw. werden Vertreter/innen unserer Schule von anderen Schulen zur Teilnahme eingeladen. • Es gibt Veranstaltungen, die von unserer Schule und anderen gemeinsam durchgeführt werden (Sportwettkämpfe etc.). • Für die Festsetzung der autonom freien Tage (und für sämtliche auch die anderen Schulen betreffenden Angelegenheiten) gibt es zumindest gegenseitige Information, wir bemühen uns um gemeinsame Regelungen.	• bereits durch die Indikatoren festgelegt: Sammeln von Informationen über stattfindende Ereignisse, Veranstaltungen; Dokumentenanalyse, Vergleich der autonom freien Tage
Kriterium 4: Es gibt Partnerschaften mit Betrieben, dem Bezirk und benachbarten Gemeinden, um deren Ressourcen und Know-how für die Schule zu nützen.	• Gemeinsame Projekte, Besuche, Workshops, »Schnupper«-Tage • Zahl der Annoncen im Jahresbericht • Wert der Sachgüter, die die Schule von Partner/innen erhält • Anzahl und Qualität der Gastreferent/innen und Expert/innen • Anzahl und Qualität der der Schule von »außen« zur Verfügung gestellten Unterrichtsmaterialien	• genau Buch führen, zählen, schätzen • bzgl. Qualität der Referent/innen und der Materialien Rückmeldungen der Teilnehmer/innen bzw. Benutzer/-innen (z. B. mündlich oder als eine extra Fragestellung bei Projektrückmeldebögen o.Ä.)
Kriterium 5: Wir präsentieren unsere Schule informativ, mediengerecht und anspruchsvoll (auch im Internet).	• Es gibt einen ausführlichen Informationsfolder der Schule • Schul-Homepage wird von xy Internetbenutzer/innen aufgerufen. • Wir erhalten positive Rückmeldungen auf einer Feed-backseite. • Wir erhalten Anfragen über e-mail oder über andere Medien nach weitergehenden Informationen. • Beteiligung an einschlägigen Veranstaltungen (Wettbewerben).	• bereits durch die Indikatoren vorgegeben, z. B. die Zugriffe auf die homepage zählen (Programm)
Kriterium 6: Zu beiderseitigem Nutzen pflegen wir Partnerschaften mit ausländischen Schulen und bauen sie weiter aus.	• Unsere Schule pflegt die seit 1990 bestehende Partnerschaft zu unserer Partnerschule in Sumperk, Tschechien. • Unsere Schule hat auch zu Schulen in jenen Ländern, für uns aus sprachlicher Sicht attraktiv sind (GB, Frankreich, ...) dauerhafte Beziehungen. • Die Sprachaustauschprogramme sind fixer Bestandteil des schulinternen Veranstaltungsfahrplanes, z. B. für die 7. Klassen, und werden von den Schüler/innen gerne angenommen. • Es gibt zwischen uns und unseren Partnerschulen regelmäßig Besuche und Gegenbesuche von Schüler/innen und Lehrer/-innen, brieflichen Kontakt, Internetverbindung etc.	• Informationen über die Aktivitäten sammeln und auswerten (z. B. Beiträge im Jahresbericht) • die Frequenz der Besuche, die Zahl der Teilnehmer/-innen, die Reichhaltigkeit der Aktivitäten verfolgen (Statistik; Besuchsprogramme) • teilnehmende Schüler/innen und Lehrer/innen um Feedback ersuchen (kurzer Fragebogen).

V 6   Hilfe, wir ersticken in Daten!

Daten analysieren und aufbereiten

Worum es geht

Motiviert durch die positiven Erfahrungen bei einem pädagogischen Tag, beschließt die Schule, der Frage nach der Qualität ihrer Arbeit systematischer nachzugehen. Dazu wird eine Arbeitsgruppe bestimmt, welche mit Unterstützung eines externen Beraters einen aufwendigen Fragebogen entwirft. Dieser wird an alle Eltern und Schüler/innen ausgegeben; nach einigen Erinnerungen steigt die Rücklaufquote auf über 80 Prozent an, worüber alle sehr stolz sind. Nachdem eine Lehrerin aus dem EDV-Team die Auswertung vorgenommen hat, liegt eine derart große Datenmenge vor, dass in der Folge keine/r mehr richtig weiß, was damit geschehen soll. Jeder einzelne Punkt in der Auswertung ist für die Schule wichtig, doch die Zahlen allein sagen noch zu wenig aus …

Bei größeren Evaluationsvorhaben besteht oft die Gefahr, dass viel Engagement in das Erheben von Daten investiert wird, daraus aber eine oft unerwartete Datenmenge resultieren kann. Daher ist es wichtig, bereits bei der Anlage einer Evaluationsmaßnahme mitzudenken, mit welchen Daten die Schule in der Auswertungsphase konfrontiert sein wird. Ansonsten kann es dazu kommen, dass eine Menge wertvoller Befunde vorliegt, damit aber nichts passiert. Die Evaluation wird dann Selbstzweck und was bleibt ist ein »Datenfriedhof«.

Bestandsaufnahme

Arbeitsschritte
- Verantwortlichkeiten für die Durchführung klären.
- Besondere inhaltliche Schwerpunkte in einzelnen Qualitätsbereichen festlegen.
- Den Kreis der Beteiligten und Betroffenen bestimmen.
- Passende Untersuchungsmethoden und -instrumente auswählen.
- Erhebungen durchführen.
- Daten auswerten und Ergebnisse aufbereiten.

Wie es geht

Die Auswertung von Daten ist ein schwieriges Unterfangen, da einerseits immer nur an einem Aspekt des Ganzen gearbeitet werden kann, andererseits aber ein Teil ohne das Ganze den Gemein-Sinn vernachlässigt. Daher ist in der Phase der Datenanalyse und -aufbereitung im Kollegium ein Weg zu gehen, der – im Sinne der Beteiligung möglichst aller – auf kleine Schritte baut, dennoch aber das Gesamtbild nicht aus dem Auge verlieren lässt. Eine solche Vorgehensweise kann über folgende Schrittabfolge erreicht werden:

- **1. Schritt:** Die Daten aus der Bestandsaufnahme werden im Überblick (möglichst visualisiert) so vorgestellt, dass alle einen ersten Eindruck von den Ergebnissen der Evaluationsmaßnahme haben.
- **2. Schritt:** Es werden *Kleingruppen* (à drei bis fünf Mitglieder) gebildet, die jeweils einen Teil der vorgestellten Auswertung (z.B. die Gesamtergebnisse zu einem Fragebogen-Item) erhalten. (In kleinen Kollegien wird eine Kleingruppe mehrere Datensätze zur Auswertung erhalten, damit alle Ergebnisse ausgewertet werden können.)
- **3. Schritt:** Jede Analysegruppe interpretiert den ihr zugeteilten Datensatz. Folgende Fragen können dabei hilfreich sein:
  - Was sagen uns diese Daten?
  - Was heißt das aus der Perspektive von … (Schülern/Schülerinnen, Lehrern/ Lehrerinnen, Eltern)?
  - Was überrascht? Weshalb?
  - Welche Vermutungen können wir anstellen?
  - Welche zusätzlichen Informationen brauchen wir?
  - …

  Da in der Datenanalyse möglichst viele Sichtweisen zur Sprache kommen sollten, wird empfohlen, die Eltern – zumindest für jene Aspekte, welche für alle Schulpartner von Bedeutung sind, einzubeziehen. Dies kann beispielsweise im Zuge eines pädagogischen Tags erfolgen. Dabei empfiehlt es sich, dieselben Daten von den Lehrern/Lehrerinnen, Schülern/Schülerinnen und Eltern getrennt analysieren zu lassen, um möglicherweise vorhandene Unterschiede in der Interpretation sichtbar zu machen.
- **4. Schritt:** Die Befunde aus der Gruppenarbeit werden im Plenum zusammengetragen, damit die Teilergebnisse wieder miteinander in Beziehung gesetzt werden können. Die *fish bowl*-Methode (Innenkreis-Außenkreis-Arrangement) bietet eine gute Möglichkeit dazu: Jede Kleingruppe bestimmt ein Mitglied, das sie bei der Berichterstattung im Plenum vertritt. Die Berichterstatter/innen bilden einen Innenkreis, während die übrigen Gruppenmitglieder in einem Außenkreis Platz nehmen. Im Innenkreis bleiben zusätzlich zwei bis drei Sessel leer, auf denen kurzfristig Personen aus dem Außenkreis Platz nehmen, wenn sie etwas in die Diskussion einbringen wollen. In das Austauschgespräch ist nur der Innenkreis invol-

viert, während die Mitglieder des Außenkreises das Gespräch verfolgen und sich, wenn sie einen Beitrag machen wollen, kurzfristig in den Innenkreis begeben.

Wenn, wie im 3. Schritt empfohlen, auch Eltern und Schüler/innen mit der Datenanalyse befasst sind, bietet sich diese Methode besonders an, um die unterschiedlichen Sichtweisen im Innenkreis zur Sprache zu bringen. Es sind ein bis zwei Vertreter/innen jeder Personengruppe vertreten und tauschen ihre Analyseergebnisse aus. Weitere Personen aus dem Außenkreis können durch den kurzfristigen Besuch des Innenkreises rückfragen, hinterfragen und durch ihre eigene Sichtweise das Meinungsspektrum ausweiten.

- **5. Schritt:** Die nach der *fish bowl* ergänzten Ergebnisse aus den einzelnen Gruppen (Schritte 3 und 4) werden von einer Projektgruppe (z.B. Evaluationsteam, Steuerungsgruppe o.Ä.) schriftlich zusammengefasst, damit sie für die weitere Bearbeitung zur Verfügung stehen (siehe V 8). Dies kann beispielsweise mit der Methode des *Fischgräte-Diagramms* erfolgen, das den Namen von seiner Form hat. Mittels dieses Diagramms werden Zusammenhänge zwischen Ursachen und Wirkung in der Problemanalyse zusammengefasst. Dazu ein konkretes *Beispiel* aus der Evaluationsarbeit an einer Schule, an der sich in der Recherche eine große Unzufriedenheit mit der Hausarbeitenpraxis als Problem herausgestellt hatte, dem in einer Bestandsaufnahme auf die Spur gegangen wurde:

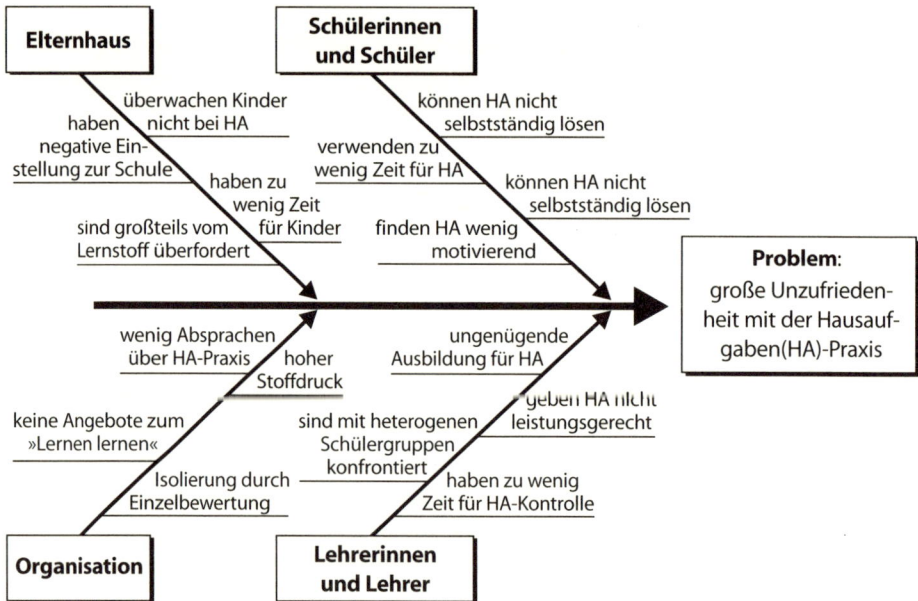

Auf der rechten Seite wird die Wirkung aufgeschrieben, in den einzelnen »Fischgräten« werden die Gründe dafür, zusammengefasst nach bestimmten Clustern (Kästen), eingetragen. Hier werden die Ergebnisse aus der Datenanalyse eingetragen.

Was noch wichtig ist

Sollen die gewonnenen Daten zu einer tatsächlichen Verbesserung der aktuellen Situation beitragen, ist es wichtig, dass die Ergebnisse nicht dazu führen, dass einzelne Personen oder Gruppen für Probleme, die sich in der Analyse zeigen, verantwortlich gemacht werden, sondern dass jede Lehrerin und jeder Lehrer sich mit den Ergebnissen auseinander setzt und dadurch eine bestimmte Problemsicht gewinnt, um daraus Konsequenzen für die Verbesserung der Situation zu ziehen. Erfahrungsgemäß sind Lehrer/innen eher bereit, Entwicklungen mitzutragen, wenn sie selbst Teil des Prozesses sind, in dem Probleme analysiert und Lösungen erarbeitet werden (*ownership*).

Für viele Lehrer/innen ist es sehr ungewohnt, sich mit der Auswertung von Daten aus Bestandsaufnahmen zu befassen. Die Bereitschaft dazu ist dann am größten, wenn jede/r einen Sinn in dieser Tätigkeit sieht. Ein Sinn ergibt sich für die Beteiligten vor allem dann, wenn diese Ergebnisse auch für die eigene Unterrichts- und Erziehungstätigkeit hilfreich sein können. Um dies zu erreichen, sollte immer auch deutlich gemacht werden, was mit den Ergebnissen passiert, d.h., welche Konsequenzen sich daraus für die künftige Arbeit ergeben. Dies lässt sich etwa dadurch erreichen, dass im Anschluss an die Auswertung bereits festgelegt wird, was mit den Ergebnissen in der Folge passieren soll.

Eine Fokussierung auf die konkrete Befassung mit den Ergebnissen kann mit folgendem Raster erfolgen, auf dem weiterführende Fragen beantwortet werden sollen:

Wer soll über welche Ergebnisse der Bestandsaufnahme informiert werden?	
Was wollen wir, dass sie daraus erfahren?	
Wie soll die Information erfolgen, damit sie Konsequenzen erwarten lässt?	
Wer ist dafür verantwortlich, dass dies auch tatsächlich geschieht?	
Welcher Zeitrahmen soll dafür zur Verfügung stehen?	
Woran lässt sich erkennen, dass das angestrebte Ziel erreicht ist?	

Raster dieser Art helfen, Verbindlichkeit herzustellen, da erfahrungsgemäß nach gemeinsamen Aktivitäten im Kollegium wieder die Arbeit in der Klasse im Vordergrund steht, wo nicht zuletzt auch wirksam werden soll, was im Rahmen der Evaluation erkundet wird.

V 7 Wie lässt sich das alles zusammenfassen?

Evaluationsergebnisse darstellen

Worum es geht

Eine Schule hat als autonome Maßnahme »Soziales Lernen« eingeführt. Im ersten Jahr melden sich zwei Lehrerinnen und ein Lehrer für die Einführung und Erprobung des neuen »Unterrichtsfachs«. Dieses Team erstellt zunächst einen Lehrplan, erarbeitet darauf aufbauende Unterrichtsmaterialien und beginnt damit in der ersten Klasse zu experimentieren. Am Ende des Semesters wollen sie eine Evaluation der Wirkung dieser Maßnahme durchführen. Dazu werden Schülerinnen und Schüler, Eltern, Kolleginnen und Kollegen in anderen Fächern um Stellungnahmen gebeten und die Außensicht durch einen externen Experten eingeholt. Die Ergebnisse sollen zunächst in schriftlicher Form dokumentiert werden.

Die Durchführung einer Selbstevaluation ist nicht damit beendet, dass die Befunde einer Bestandsaufnahme oder einer spezifischen Untersuchung im Kollegium vorgestellt worden sind. Es ist darüber hinaus erforderlich, die Ergebnisse schriftlich zusammenzufassen, um sie – je nach Ausgangssituation – entsprechend präsentieren zu können. Evaluationsberichte sind dazu da, um Rechenschaft über geleistete Arbeit abzugeben, was nicht zuletzt im Zuge der autonomen Schulentwicklung von Bedeutung ist: Wenn Schulen sich eigene Ziele setzen, schulspezifische Lehrpläne erstellen und curricular eigene Wege gehen können, übernehmen sie damit aber auch die Verantwortung dafür, die Qualität ihrer eigenen Arbeit zu evaluieren. Der Evaluationsbericht ist das Kommunikationsmedium für diese Tätigkeit – sowohl nach innen als auch nach außen.

Wie es geht

Bereits bei der Planung einer Evaluation sollte der Evaluationsbericht mitgedacht werden, um gegebenenfalls auch zu bedenken, welche Interessen die (potenziellen) Adressaten an einer Evaluation haben könnten. (Im Zuge einer externen Evaluation könnte etwa gefragt werden: *Warum wurden gerade diese Methoden – und nicht andere – gewählt? Welche Auswirkungen hat die Einführung des Faches »Soziales Lernen« im Rahmen der autonomen Schulentwicklung gehabt?*)

Für die Erstellung des Evaluationsberichts selbst hat sich folgende Schrittabfolge bewährt:

- **1. Schritt:** Bildung bzw. Wahl einer »Redaktionsgruppe« für den Evaluationsbericht. Alle, die besondere Interessen daran haben, was in den Bericht aufgenommen werden soll und wie die Ergebnisse präsentiert werden, sollten die Möglichkeit haben mitzuwirken. (Wenn beispielsweise eine fokussierte Evaluation der Wirksamkeit des Mathematikunterrichts in einer bestimmten Schulstufe durchgeführt wurde, sollte mindestens eine Lehrperson der betroffenen Mathematiklehrer/innen vertreten sein.)

- **2. Schritt:** Klärung von *Ziel* und *Adressaten/Adressatinnen* des Evaluationsberichts.

Zielklärung: Wozu soll der Bericht dienen?
Es gibt unterschiedliche Zielsetzungen für die Erstellung eines Evaluationsberichts, z.B.: Rechenschaftslegung über die Arbeit an der Schule, Rückmeldung über die Wirksamkeit besonderer Maßnahmen (z.B. Unterstützung in Problembereichen) u.v.a.m. Aus dem jeweiligen Zweck ergibt sich auch die inhaltliche und formale Gestaltung.

Klärung der Adressaten/Adressatinnen: Wer sind die möglichen Leser/innen?
Ein Bericht kann unterschiedliche Adressat/innen haben:
- Zunächst die innerschulische Öffentlichkeit: Über die Dokumentation in Berichtform sind die Ergebnisse (inkl. Maßnahmen, die daraus gezogen werden sollen) für das Kollegium eine Antwort auf die Frage »Wie gut arbeiten wir?«.
- Schulleitung: Für das Management ist der Bericht eine Grundlage für Entscheidungen (künftige Maßnahmen, Personalförderung, Unterstützungsbedarf…).
- Über die Schule hinaus dient er den Eltern gegenüber als Dokumentation für eine verantwortungsvolle Arbeit im Sinne der Kinder und Jugendlichen.
- Dem Schulerhalter gegenüber kann er als »Beweis« dafür dienen, dass mit öffentlichen Geldern verantwortungsbewusst umgegangen worden ist.
- Im Inspektionsbereich ist er die Grundlage für eine externe Evaluation durch die Schulaufsicht, welche sich an den Befunden der Selbstevaluation ausrichten sollte.
- Der Öffentlichkeit gegenüber kann ein Evaluationsbericht hilfreich sein, wenn beispielsweise mediale Anschuldigungen gegen die Schule gerichtet werden. Ihnen kann die professionelle Selbstvergewisserung entgegengehalten werden, womit die Schule aufzeigen kann, dass sie selbst an ihrer Entwicklung arbeitet.
- In der längerfristigen Entwicklung kann die Schule auf frühere Evaluationsberichte zurückgreifen, um entsprechende Längsschnittanalysen durchführen zu können. (Was haben die Maßnahmen kurz-, mittel- und langfristig bewirkt?)

Auch die potenziellen Leserinnen und Leser eines Berichts haben einen Einfluss auf die Gestaltung. Eltern benötigen eine andere Ansprache als etwa eine externe Beratung aus dem Bereich der Lehrerfortbildung. Fragen wie: *Was interessiert die Personengruppe xy überhaupt an unseren Ergebnissen? Welche besonderen Erwartungen haben sie? Welchen Wissensstand haben sie? Wie viel Zeit werden sie zum Lesen des Berichts aufwenden?* usw., können helfen, den Bericht so aufzubereiten, dass er der entsprechenden Zielgruppe möglichst nahe kommt.

● **3. Schritt:** Die Gestaltung des Evaluationsberichts ergibt sich vorwiegend aus der Klärung der Fragen in Schritt 2. Während Eltern als Adressaten voraussichtlich wenig Interesse an der methodischen Vorgehensweise der Durchführung von Evaluationsmaßnahmen haben und mehr an den Ergebnissen interessiert sein werden, wird eine externe Evaluation auf die Untersuchungsmethode eingehen und die Qualität der gewählten Instrumente kennen lernen wollen. In bestimmten Fällen wird es auch von Interesse sein, die eingesetzten Befragungsinstrumente im Anhang beizulegen. Doch dies ist alles im Hinblick auf den Zweck und die Adressaten/Adressatinnen zu klären. Folgendes Beispiel zeigt eine modellhafte Gliederung für einen Evaluationsbericht auf, sollte aber in Hinblick auf die jeweilige Verwendungssituation adaptiert werden (vgl. Beywl/Faust 1998).

Titelblatt

Inhaltsverzeichnis

Vorwort (Schulleitung/Redaktionsteam)

Teil 1: Ziel und Ausgangsbedingung für die Evaluation
         Fragestellung und Untersuchungsziel
Teil 2: Methodische Vorgangsweise
         Wahl der Untersuchungsmethode(n) und Begründung
Teil 3: Ergebnisse und Auswertung
         Darstellung möglichst mit grafischer Aufbereitung (Visualisierung),
         Interpretationen der gewonnenen Informationen
Teil 4: Schlussfolgerungen und Konsequenzen
         Bedeutung der Ergebnisse für die Schule und Maßnahmen,
         die aufgrund der Befunde getroffen werden (sollen)

Zusammenfassung (kurz: maximal eine Seite)
für eilige Leser/innen und als Textbaustein für das Schulprogramm

---

Zur grafischen Aufbereitung gibt es unterschiedliche Visualisierungsmöglichkeiten, von denen hier einige exemplarisch vorgestellt werden.

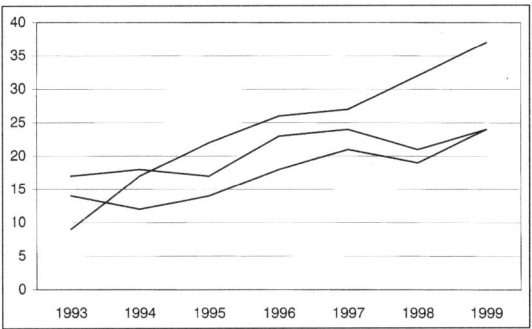

Diese Form der Darstellung eignet sich zur Präsentation von Verläufen über einen bestimmten Zeitraum (z.B. wie viele Absolventen/Absolventinnen besuchen welche weiterführende Schule, die Notenverläufe der Schüler/innen in den einzelnen Klassen etc.).

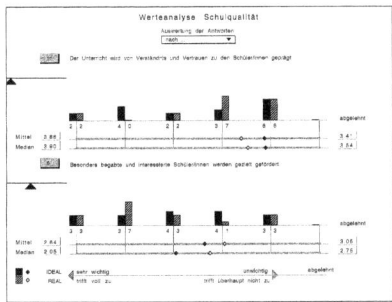

Diese Grafik zeigt die Antworten zu zwei Fragebogen-Items, die einander gegenübergestellt werden (Ist-Soll-Vergleich). Die Verwendung von Balkendiagrammen ist besonders hilfreich, wenn Vergleichsdaten vorliegen.

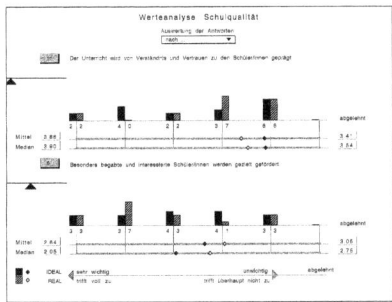

Auf dieser Grafik ist erkennbar gemacht, wie sich Antworttendenzen zu einzelnen Fragestellungen unterscheiden (z.B. Wunschvorstellung und Realitätseinschätzung in Hinblick auf bestimmte Qualitätsmerkmale).

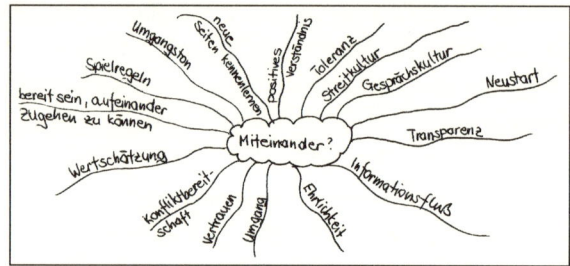

Darstellung eines Sachverhalts (z.B. Kommunikation im Kollegium) anhand eines Strahlendiagramms. Damit können Zusammenhänge sichtbar gemacht werden.

Oft können Visualisierungen in Form von Metaphern helfen, um auf ein spezielles Anliegen aufmerksam zu machen. Dieses Bild kann beispielsweise auf den Zusammenhang der Ergebnisse von Schülerleistungen bei der Lösung mathematischer Probleme mit der individuellen Leistungsfähigkeit aufmerksam machen.

Sprechblasen eignen sich besonders dort, wo Einzelaussagen aus qualitativen Auswertungen hervorgehoben werden sollen. Sie lenken die Aufmerksamkeit auf bestimmte Sachverhalte.

Berichte können aber auch Aussagen von Personen bzw. Personengruppen enthalten, welche einen bestimmten Sachverhalt aus der Betroffenenperspektive aufzeigen. Das folgende Beispiel gibt einen Einblick, wie eine Schülerin den Pädagogischen Tag der Schule erlebt hat (aus: Jahresbericht des Gymnasiums Sillgasse, Innsbruck 1998, S. 19):

Ein gelungenes Unterfangen
Der Pädagogische Tag aus Schülersicht

Einen Tag freiwillig mit Lehrern verbringen? – Warum nicht?« dachten sich immerhin sechs Schüler der Oberstufe – Nikolaus Paumgartten und Georg Steiger (8B), Elisabeth Scholz (5B), Wolfgang Mildner (6A), Magdalena Fitz und Barbara Wiesmüller (6B) – und beschlossen, am Pädagogischen Tag des BG/BRG Sillgasse teilzunehmen. Die Chance zu nutzen, einmal richtig mitreden und seine Meinung den Lehrern mitteilen zu können, war wohl die größte Motivation unserer kleinen Gruppe. So erschienen wir pünktlich um acht Uhr Früh im Haus der Begegnung. Die Reaktionen der Lehrer darauf, daß an diesem Tag Schüler anzutreffen waren, waren überraschend positiv, und unser Kommen wurde durch einige aufmunternde Worte belohnt. Nachdem die Moderatoren der Veranstaltung eine gute Atmosphäre geschaffen hatten, schritten wir zur Gruppeneinteilung, die uns Schüler lehrte, daß auch Lehrer kompliziert sein können. Auffallend war, daß sich alle jugendlichen Teilnehmerinnen und Teilnehmer, unabhängig voneinander, dem Themenbereich *Gesprächskultur* zuwandten. Das gab wohl einigen schon den ersten Denkanstoß, doch weitere sollten noch folgen. Nachdem jede Kleingruppe in einem eigenen Raum Platz genommen hatte, konnte das Thema bearbeitet werden.

Leider kann ich nur von der Arbeit aus meinem Arbeitskreis berichten. Unsere Gruppe bestand aus sieben Lehrern und drei Schülern. Das angenehmste an den folgenden Diskussionen war, daß jeder jeden gelten ließ und niemand belächelt wurde. Lehrer und Schüler standen auf einer Stufe, Perspektiven konnten ausgetauscht und jede Diskussion zu Ende geführt werden - ein gutes Gefühl, offen mit den Professoren und Professorinnen über Kommunikationsstörungen, Probleme und Ärgernisse reden zu können. In angenehmen Abständen gab es kleine Pausen, in denen neue Energie – sowohl körperliche als auch geistige – getankt werden konnte. Während der Mittagspause, in der die Lehrer das vorzügliche Essen des Bildungshauses genossen, pilgerten wir Schüler zu einem nahen Supermarkt. Der Nachmittag wurde damit verbracht, konkrete Lösungsvorschläge zu finden und einen Aktionsplan aufzustellen, in dem weitere Schritte genau festgehalten wurden. Nach einer kurzen Gruppenpräsentation und abschließenden Worten der Moderatoren – die übrigens den Tag gut im Griff hatten – wurden wir wieder in die »Freiheit« entlassen. Mit viel Motivation, guten Vorsätzen, guter Laune und der Gewißheit, keine Zeit vergeudet zu haben, machten wir uns auf den Heimweg.

Immerhin hat es bis heute noch weitere Treffen unseres Arbeitskreises gegeben. Also besteht doch noch Hoffnung für unsere Gesprächskultur, oder…?

Barbara Wiesmüller 6B

● **4. Schritt:** Da ein Evaluationsbericht auch eine Art Leistungsnachweis für eine Schule darstellt, sollte er auch für die Öffentlichkeitsarbeit genutzt werden. Daher kann es Sinn machen, den fertigen Bericht – immer abhängig vom Zweck (siehe Schritt 2) – auch entsprechend zu präsentieren, sei dies innerhalb oder außerhalb der Schule. Auch wenn die Präsentation »nur« innerhalb des Kollegiums stattfindet, soll damit ein Stück Wertschätzung für die geleistete Arbeit ausgedrückt werden, selbst dann, wenn sie nicht immer das gebracht hat, was man erwartet hatte …

Was noch wichtig ist

Aufwand und Wirkung der Erstellung eines Evaluationsberichts müssen in einem guten Verhältnis stehen! Wenn derartige Berichte das Volumen einer Dissertation annehmen und voll gepfropft mit Zahlen sind, ist die Gefahr groß, dass niemand mehr Interesse (oder die Zeit) hat, sie zu lesen. Daher haben Berichte üblicherweise eine Länge von zehn bis fünfzehn Seiten (je nach Zweck), können in speziellen Fällen natürlich auch umfangreicher sein.

Eine weitere Gefahr besteht darin, dass man für den Bericht nur jene Bereiche auswählt, in welchen die Schule »gut dasteht«. Berichte, die nur der Imagepflege dienen sollen und sich nicht mit den Herausforderungen der Schule in den nächsten Jahren auseinander setzen, bringen niemandem viel: Die Leser/innen haben wenig Interesse an Jubelmeldungen im Format von Werbebotschaften à la »… wäscht weißer als …«. Externe Berater/innen, Schulaufsicht und andere Mitglieder der Profession werden umso genauer dorthin schauen, worüber im Bericht selbst nichts steht. Hier ist zu berücksichtigen, dass eine Evaluation nicht einem Richtig/Falsch-Denken verpflichtet sein sollte, sondern der Weiterentwicklung von Schule und Unterricht. In dieser Hinsicht ist sie ein Unterstützungsmedium für die eigene Arbeit und für gegebenenfalls erforderliche Hilfe von außen. Dies kann sie aber nur sein, wenn in der Schule eine ehrliche Auseinandersetzung mit den sich selbst gestellten Evaluationsfragen erfolgt und dieses Bemühen im Bericht auch ersichtlich wird.

Enthalten die Evaluationsergebnisse Daten, die für andere nicht zugänglich sein sollten, werden sie nicht in den Evaluationsbericht aufgenommen bzw. nur für die jeweils relevante Zielgruppe verwendet. Das heißt aber nicht, dass Berichte nach außen geglättet und geschönt werden sollen, um ein gutes Bild zu vermitteln. Ein wichtiges Kriterium stellt hier die Frage dar: Welche Nachteile können für eine Person (Lehrperson) bzw. eine Personengruppe (Team) oder die Schule als Ganzes entstehen, wenn die Evaluationsergebnisse von anderen rezipiert werden? Als öffentliche Einrichtung sollte die Schule nicht defensiv jede Form der Bekanntgabe der Wirksamkeit ihrer Arbeit vermeiden, sondern eher darüber beraten, in welcher Form Risiken vermieden werden können, dennoch aber eine professionelle Berichterstattung möglich ist. Denn erst wenn die Schule vermehrt dazu übergeht, der Öffentlichkeit zu zeigen, was sie – zum Teil unter denkbar schwierigen Bedingungen – zu leisten imstande ist, wird sie auch in der Öffentlichkeit ein positives Image erhalten.

V 8   … und was bedeutet das nun für uns?

Ergebnisse analysieren und Ziele festlegen

Worum es geht

Es war ein hartes Stück Arbeit, ein erstes Leitbild für die Schule zu formulieren. Mühsam oft und wahrlich nicht immer unterhaltsam. Letztlich ist sich die überwiegende Mehrheit im Kollegium jedoch darin einig, dass es sich gelohnt hat: Für viele Lehrer/innen war es »ohnehin schon längst einmal fällig« gewesen, grundsätzlich über Sinn und Zweck von Schule im Allgemeinen sowie ihrer eigenen pädagogischen Tätigkeit im Besonderen nachzudenken. Die Arbeit am Leitbild war in diesem Sinne ein willkommener Anlass, aus dem Alltagstrott auszusteigen und sich ein wenig Zeit zu nehmen für gemeinsame Reflexion und Diskussion: Viele Fragen, so manche Antwort. Man ist sich einig: Wir sind ein Stück weiter gekommen.

Der neue Schwung bei vielen der Beteiligten hat einen nächsten Schritt ermöglicht: Auf der Basis des Leitbilds hat eine Arbeitsgruppe im Auftrag von Schulleitung, Kollegium, Schülern/Schülerinnen- und Elternvertretung den Ist-Zustand in wichtigen Qualitätsbereichen erhoben. Bei dieser Bestandsaufnahme hat die Gruppe Augenmaß bewiesen: Man hat sich auf das Wesentliche konzentriert, den Wunsch nach wissenschaftlicher Exaktheit über Bord geworfen und den befragten Personenkreis-und damit die Datenmenge überschaubar gehalten. Keineswegs verzichtet hat man jedoch darauf, einige der absehbaren »heißen Eisen« in die Bestandsaufnahme einzubeziehen … Die vom Schulpartnerschaftsgremium verabschiedeten Ergebnisse hat die Abschlussklasse im Rahmen eines Projekts aufbereitet – eine optisch gefällige Broschüre und Overhead-Folien stehen für Präsentationszwecke zur Verfügung.

Geschafft! – Geschafft? Die meisten Akteure sind sich der Gefahr bewusst. Die ganze Angelegenheit hat viel Zeit und Energie beansprucht, ein Produkt liegt vor, und die Versuchung ist verständlicherweise groß, hier erst mal eine schöpferische Pause einzulegen … Dagegen ist auch nichts einzuwenden, so lange darüber der eigentliche Zweck der Übung nicht in Vergessenheit gerät: die Ergebnisse zu analysieren, neue Ziele daraus abzuleiten, entsprechende Maßnahmen zu setzen. Damit die Qualität der Schule in wesentlichen Bereichen erhalten bleibt und – wo nötig – weiterentwickelt und verbessert wird.

An diesem besonders neuralgischen Punkt ergreift die Schulleiterin die Initiative. Sie ermutigt die Lehrer/innen, den Evaluationsbericht in ihren Klassen auch tatsächlich zum Gegenstand der Diskussion zu machen, strittigen Fragen auf den Grund zu gehen; sie trägt die Ergebnisse persönlich in die nächste Elternvereinsversammlung, die Klassensprechersitzung und in die Redaktion der Schülerzeitung – überall mit der nachdrücklichen Einladung, sich mit der Frage auseinander zu setzen, was diese Ergebnisse aus der Sicht der jeweiligen Gruppe denn nun bedeuteten und welche Konsequenzen sie nach sich ziehen sollten. Und da sie, wie üblich, Nägel mit Köpfen macht, kündigt sie auch gleich einen *Pädagogischen Tag* an, bei dem es darum gehen soll, die Dinge auf den Punkt zu bringen, im Klartext: gemeinsam ganz konkrete Ziele für die kommenden zwei Jahre zu formulieren. Die meisten Kollegen/Kolleginnen sind einverstanden; ein leises, im Übrigen nicht erwiesenes Murren aus den hinteren Reihen verstummt angesichts der Feststellung, dass der Schule für solche Zwecke gesetzliche Verfügungstage eingeräumt würden …

Ist-Analyse und Zielbestimmung

Leitfragen
- Was haben wir erreicht? Auf welche nachweisbaren Leistungen sind wir stolz?
- Wo sehen wir Verbesserungspotenziale?
- Vor welchen neuen Herausforderungen stehen wir?
- Welche Ziele setzen wir uns kurz-, mittel- und langfristig?
- Auf welche Stärken können wir dabei bauen? Auf welchen Gebieten müssen wir uns weiterentwickeln?

Wie es geht

Vorbereitung eines Pädagogischen Tages

In der Regel wird die Planung und Organisation eines Pädagogischen Tages die Aufgabe einer Arbeitsgruppe sein, die mit einem klaren Auftrag der Schulleitung versehen ist. Die Gruppe sollte arbeitsfähig – also nicht zu groß – sein; bei der Auswahl ihrer Mitglieder erscheint es u.a. sinnvoll, darauf zu achten, dass möglichst viele innerschulische Interessengruppen vertreten sind (z.B. Schulpartner/innen, Gremien, Fach- und Projektgruppen, informelle Opinionleaders). Um der möglichen Gefahr zu begegnen, von den übrigen Beteiligten, etwa von Mitgliedern des Kollegiums, als »konspirativer Zirkel« angesehen zu werden, wird die Gruppe gut daran tun, ihre Tätigkeit so transparent wie möglich zu gestalten (z.B. durch kurze mündliche Zwischenberichte bei Konferenzen, Aushänge, schriftliche Informationen).

In vielen Fällen wird bereits in der Planungsphase auf die Dienste einer externen Moderation (ein bis zwei Personen) zurückgegriffen, die natürlich auch am Pädagogischen Tag selbst zur Verfügung steht. Dies empfiehlt sich besonders dann, wenn es im Rahmen der geplanten Veranstaltung um heikle, kontroversielle Themen geht, wenn bereits im Vorfeld Spannungen im Kollegium bestehen bzw. solche zwischen einzelnen Teilnehmer/innen-Gruppen zu erwarten sind, oder auch nur, wenn es sich um einen sehr großen Teilnehmer/innen-Kreis handelt. – Was Aufgabe (z.B. Unterstützung der Planungsgruppe bei der Vor- und Nachbereitung des Pädagogischen

Tages, Moderation bei der Veranstaltung) bzw. *nicht* Aufgabe der externen Moderatoren/Moderatorinnen ist (z.B. für die Inhalte sorgen, Umsetzung von Ergebnissen), sollte zu Beginn der Zusammenarbeit eindeutig geklärt werden.

Die Tagesordnung der 1. Sitzung der Planungsgruppe ist als Checkliste bzw. Anregung für mögliche Aktivitäten an der eigenen Schule gedacht:

Tagesordnung für die Sitzung am …

- Vorstellungsrunde für neue Mitglieder/Anwesende
- Zusammenfassung der bisher getroffenen Vereinbarungen (Angleichung des Informationsstandes aller Mitglieder)
- Organisatorisches: Tagesordnung, Dauer der Sitzung, Protokollführung
- Klärung der Verantwortung der Moderatoren/Moderatorinnen
- Rückblick: »Was bisher geschah« – z.B. frühere Pädagogische Tage (PT), Schulentwicklungs-Aktivitäten der letzten Jahre, bereits geleistete Vorarbeiten für die geplante Veranstaltung
- Ziel und Zweck des PT
- 1. Programmvorschlag (Brainstorming)
- Teilnehmer/innen (Wer soll wie einbezogen werden? Anzahl?)
- Analyse der Ausgangslage (z.B. vermutete bzw. bekannte Erwartungen der Teilnehmer/innen, fördernde Umstände, potenzielle »Störfaktoren«)
- Klärung der Rollen am PT (bes. Schulleiterin, Moderatoren/Moderatorinnen, Planungsgruppe)
- Arbeitsformen (Brainstorming, Wünsche), Dauer des PT
- Ergebnissicherung, Dokumentation
- Termin und Ort des PT
- Räumlichkeiten, Geräte, Materialien
- Büfett am PT
- Honorar für Moderatoren/Moderatorinnen
- Information der Schulpartner/innen (Wie? Wann? Wo?)
- Vorbereitende Aktivitäten (Was brauchen wir bis zum PT? – z.B. Umfragen, Recherchen)
- Nächste Schritte (Wer übernimmt was bis wann? – Liste!)
- Nächste Sitzung (Termin, Ort)

Zum Tagungsablauf

Unter den eingangs skizzierten Voraussetzungen könnte das Programm des Pädagogischen Tages etwa in folgenden Schritten ablaufen:

- **Eröffnung** (Schulleiterin, ca. 10–15 Min.).
  Begrüßung der Teilnehmer/innen, Rückblick, Ziel und Zweck des PT, Danksagungen, Vorstellung der Moderatoren/Moderatorinnen und Übergabe der Moderation …
- **Vorstellung des Programms, Organisatorisches** (Planungsgruppe oder Moderator/in, ca. 10 Min.).
- **Stärken-Schwächen-Analyse** (heterogene Arbeitsgruppen – Lehrer/innen, Schüler/innen, Erziehungsberechtigte gemischt; ein Qualitätsbereich pro Gruppe, nötigenfalls mehrere Gruppen parallel; Gruppenmoderation, schriftlich vorbereitete Arbeitsaufträge; Dauer: ca. 60 Min.).
  Die Gruppenmitglieder legen ihre persönliche Einschätzung der Evaluationsergebnisse im betreffenden Qualitätsbereich (z.B. Lehren und Lernen) dar und berichten dabei auch von Meinungen, die andere Personen(gruppen) im Vorfeld des PT vertreten haben. Anschließend einigt sich die Gruppe auf die drei wichtigsten Stärken und die drei auffallendsten Schwächen/Defizite, die ihrer Meinung nach, bezogen auf den jeweiligen Qualitätsbereich, aus dem Evaluationsbericht hervorgehen, und hält diese auf einem Plakat fest.

Pause

- **Szenarien** (homogene Arbeitsgruppen – Lehrer/innen, Schüler/innen, Erziehungsberechtigte getrennt; Gruppenmoderation, schriftlich vorbereitete Arbeitsaufträge; ca. 60–90 Min.).
  Die Gruppen sichten und diskutieren die Stärken und Schwächen, die von den Arbeitsgruppen der vorangegangenen Runde hervorgehoben wurden (Überblick über alle untersuchten Qualitätsbereiche) und setzen sie zum Leitbild der Schule in Beziehung. In der Folge skizzieren die Teilnehmer/innen in großen Zügen, welche Konsequenzen aus der soeben erfolgte Analyse der Stärken und Schwächen aus ihrer Sicht in den nächsten zwei bis drei Jahren an der Schule gezogen werden sollten (Szenario; Plakat/e).
- **Präsentation der Szenarien** (je ein Mitglied jeder Arbeitsgruppe; Dauer: insgesamt etwa 30–45 Min.).
  Im Plenum stellt jede Gruppe ihr Szenario vor. Dabei ist es wichtig, vorgeschlagene Maßnahmen auch zu begründen und zu Leitbild und Evaluationsergebnissen in Beziehung zu setzen. Im Anschluss an jede Präsentation sind (nur) Rückfragen aus dem Plenum möglich (strikte Moderation!).

Mittagspause

- **Formulierung von Zielen** (heterogene Arbeitsgruppen – Lehrer/innen, Schüler/innen, Erziehungsberechtigte gemischt; ein Qualitätsbereich pro Gruppe, nötigenfalls mehrere Gruppen parallel; Gruppenmoderation, schriftlich vorbereitete Arbeitsaufträge, Dauer: ca. 60 Min.).

  Vor dem Hintergrund der Szenarien formuliert jede Gruppe (innerhalb »ihres« Qualitätsbereichs) jene drei bis fünf Ziele, die ihr am vordringlichsten erscheinen, und hält sie auf einem Plakat fest. Wenn die Zeit es erlaubt, können die Zielformulierungen auch mit Überprüfungsmöglichkeiten, ersten Umsetzungsvorschlägen etc. versehen sein.

  Wohlgeformte Ziele
  - sind positiv und möglichst konkret formuliert;
  - nennen einen konkreten, überschaubaren Zeithorizont;
  - die Möglichkeit, sie zu erreichen, liegt innerhalb des eigenen Einflussbereichs.

  Beispiel (Gymnasium; Qualitätsbereich Schulpartnerschaft und Außenbeziehungen):
  - »Wir werden bis zu den Schulferien im Frühjahr die Erziehungsberechtigten der Schüler/innen im letzten Grundschuljahrgang unseres Einzugsbereichs über Schulprogramm und Angebot unserer Schule informieren und danach stichprobenweise überprüfen, wieweit diese bekannt sind.«

- **Gewichtung der Ziele** (Plenum; Dauer: etwa 30–45 Min.).

  Die in der Vorrunde entstandenen Plakate werden von Gruppensprechern/sprecherinnen kurz vorgestellt und in Form einer Ausstellung sichtbar gemacht. Alle Teilnehmer/innen erhalten eine bestimmte Anzahl von Klebepunkten, die sie nach einem vorab bekannt gegebenen Modus neben jene Zielformulierungen setzen können, die ihnen am wichtigsten erscheinen – die Prioritäten des Plenums werden sichtbar.

- **Ausblick und Schlussworte** (Schulleiterin; Dauer: ca. 10–15 Min.).

  In diesem Abschnitt erscheint es besonders wichtig, dass möglichst präzise Angaben darüber gemacht werden, was mit den Ergebnissen des PT geschieht und welche konkreten nächsten Schritte (bis) wann zu erwarten sind.

Ergebnissicherung

Die Planungsgruppe/Qualitäts-Arbeitsgruppe hat sämtliche beim Pädagogischen Tag entstandenen Dokumente und Informationen (z.B. Plakate, ausgefüllte Formulare, etwaige Abstimmungsergebnisse) gesammelt und stellt daraus möglichst rasch eine übersichtliche Dokumentation zusammen (Plakatabschriften, Zusammenfassungen, Kopien, Fotos …), die anschließend in großer Zahl an der Schule verteilt wird (Ideen-Fundus!). – Auch im Hinblick auf diese Dokumentation empfiehlt es sich daher, von den Teilnehmern/Teilnehmerinnen bereits während des PT möglichst viele schriftliche »Produkte« zu verlangen. Die vorrangigen Zielformulierungen werden von der Gruppe geordnet, nötigenfalls redigiert und in einem kurzen Dokument zusammengefasst. Sie ergeben zusammen mit dem Leitbild die erste Fassung eines Schulprogramms, das nun zur weiteren Bearbeitung zur Verfügung steht.

Im Hinblick auf weitere Veranstaltungen dieser Art sollte sich die Gruppe wohl auch ein wenig Zeit für »Manöverkritik« nehmen. Diese Rückschau kann sich auch auf Rückmeldungen stützen, die am Ende des PT – mehr oder weniger systematisch – von den Teilnehmern/Teilnehmerinnen eingeholt wurden.

Was noch wichtig ist

Pädagogische Tage sind hierzulande mittlerweile zu einem viel strapazierten Modebegriff geworden. Schulen, die auf sich halten, innovative Schulleitungen oder auch jene, die in der »Szene« als solche gelten wollen, kommen ohne derartige Veranstaltungen kaum noch aus. In letzter Zeit scheint die Begeisterung jedoch ein wenig abzuflauen. Einer der Gründe für diese Entwicklung dürfte wohl darin zu suchen sein, dass der Inhalt nicht immer hält, was die Verpackung verspricht … Pädagogische Tage als singuläre Ereignisse in Schulen, an denen es an gezielter, kontinuierlicher Entwicklungsarbeit mangelt, bringen in der Regel nicht viel. Sie geraten nicht selten zu unersprießlichem, weil ziellosem »Herumgerede«, das in den Augen der meisten Beteiligten den Zeitaufwand nicht lohnt.

Wenn bestimmte Voraussetzungen erfüllt sind, kann ein *Pädagogischer Tag* jedoch äußerst wichtig und ertragreich für eine Schule sein. Dies ist besonders dann zu erwarten, wenn …

- er in eine kontinuierliche Beschäftigung mit Fragen der Schulentwicklung am Standort eingebunden ist – wenn es also einen plausiblen Grund gibt, ihn zu einem bestimmten Zeitpunkt anzusetzen;
- der Bezug zu pädagogischen Fragen als »roter Faden« immer erkennbar bleibt (wie es die Bezeichnung »Pädagogischer Tag« verspricht);
- die Ziele der Veranstaltung realistisch, klar und allgemein bekannt sind;
- die wichtigsten Gruppen von Beteiligten vertreten sind;
- eine klare Programmstruktur geplant und für ihre Einhaltung gesorgt ist;
- es klare Verantwortlichkeiten für die Planung und Nachbereitung gibt;
- für eine effiziente Ergebnissicherung gesorgt ist;
- Zeit, Ort und Dauer der Veranstaltung gut überlegt sind;
- der kulinarische und gesellschaftlich-unterhaltsame Aspekt der Veranstaltung nicht zu kurz kommt.

Bei solchen Rahmenbedingungen kann man mit der Gestaltung eines *Pädagogischen Tages* eine wichtige Wegstrecke bewältigen: die Königsetappe der *Zielbestimmung* auf dem Weg zu einem richtungsweisenden und realistischen Programm für die weitere Entwicklung am Schulstandort.

Schritte zum Schulprogramm

Von der Ist-Analyse zum Schulprogramm führt ein Weg, den man am besten in mehreren Etappen zurücklegt:

- **Von der Datenerhebung zur Reflexion**
  Das Schulpartnerschaftsgremium erörtert die Ergebnisse der Bestandsaufnahme auf Schulebene und nimmt die Endversion der schriftlichen Zusammenfassung durch die Qualitäts-Arbeitsgruppe zur Kenntnis. Dieser möglichst übersichtlich und anschaulich gestaltete Bericht wird an alle Lehrer/innen sowie Vertreter/innen der Schüler/innen und Erziehungsberechtigten verteilt.
  Die Schulpartner/innen werden durch geeignete Anreize und Maßnahmen ermutigt, die Ergebnisse – auch im Hinblick auf mögliche Folgerungen – zu reflektieren: Wo gibt es Auffälligkeiten? Was bedeuten die Ergebnisse für uns? Welche Vorstellungen von »guter Schule« liegen unseren Interpretationen zugrunde? Und: Auf welchen Gebieten sollen in nächster Zeit die Akzente gesetzt werden?
- **Von der Reflexion zur Zielbestimmung**
  Diese möglichst breit geführte Qualitätsreflexion mündet in einen Pädagogischen Tag, der die Meinungen und Interessen der Beteiligten – mithilfe klarer Arbeitsstrukturen und eventuell externer Moderation – bündelt. Lehrende, Vertreter/innen der Schüler/innen und Eltern verständigen sich vor dem Hintergrund der Bestandsaufnahme über die Eckpfeiler eines künftigen Schulprogramms: Was ist unser Selbstverständnis? Welche Ziele wollen wir erreichen? Auf welche Stärken bauen wir und wo gilt es, Entwicklungen in Gang zu setzen?
  Die Qualitäts-Arbeitsgruppe verdichtet die gesammelten Ergebnisse des Pädagogischen Tages zu einer ersten Fassung des Schulprogramms. Dieses wird vom Schulpartnerschaftsgremium diskutiert und verabschiedet. In dieser Frage scheint für die Lehrervertreter/innen eine Selbstbindung an Konferenzbeschlüsse empfehlenswert.
- **Von den Zielen zum Programm**
  Lehrer/innen sammeln in vorbereitenden Gesprächen auch mit Schülern/Schülerinnen und Eltern Ideen zur Umsetzung der gemeinsamen Qualitätsvorstellungen. In einer »Programmkonferenz« beraten die Lehrer/innen über bestmögliche Wege zur Erreichung der gesteckten Ziele: Welche Konzepte, Maßnahmen, Initiativen erscheinen sinnvoll? Welcher unterstützenden, flankierenden Maßnahmen bedarf es? Und: Wie bekommen wir, was wir brauchen? Die Vorschläge werden, wo nötig, gewichtet, Zeitrahmen und Verantwortlichkeiten sind festzulegen.
  Bereits an dieser Stelle gilt es auch, über die Evaluation der gesetzten Maßnahmen nachzudenken: Wann und wie sollen Überprüfung und Bewertung stattfinden? Wer soll daran beteiligt sein? Und woran werden wir merken, dass wir erfolgreich waren?
  Auf Basis dieser Überlegungen gestaltet die Qualitäts-Arbeitsgruppe in Absprache mit der Schulleitung und beteiligten Schulpartnern/partnerinnen die nunmehr vollständige Fassung des Schulprogramms. Diese wird von Schulleitung und Lehrer/innen-Konferenz verabschiedet, vom Schulpartnerschaftsgremium beschlossen und dann in geeigneter Weise öffentlich gemacht.

Der dritte Teilschritt wird in den folgenden Verfahrensvorschlägen V 9, V 10 und V 11 weiter konkretisiert.

V 9   Wie man Wege zum Ziel findet

Maßnahmen suchen

Worum es geht

An einer Schule wurden im Rahmen der Arbeit am Schulprogramm bereits mehrere relevante Entwicklungsbereiche und dazu jeweils ein, zwei Zielvorstellungen ausgearbeitet und schulpartnerschaftlich festgelegt – bestimmt nach Inhalt, Umfang, Termin und überprüfbaren Zielkriterien. Es gilt nun, in professioneller Weise – primär sind hier die Lehrer/innen gefordert – konkrete Maßnahmen auszuarbeiten, die zur Erreichung dieser Ziele im Planungszeitraum (etwa ein bis zwei Jahre) geeignet sind. Für jedes Ziel, das angepeilt wird, soll wenigstens eine zielführende Route ausgewählt und in weiterer Folge der Lehrer/innenkonferenz zur Beschlussfassung vorgeschlagen werden.

> **Vorhaben zur Zielerreichung**
>
> Leitfragen
> - Welche konkreten Maßnahmen wollen wir in nächster Zeit setzen?
> - Was wäre ein Erfolg und was hat er mit den Zielen zu tun?
> - Woran werden wir erkennen, dass wir erfolgreich waren?

Wie es geht

Im Falle einer größeren Schule richtet das Kollegium für jedes Entwicklungsziel eine eigene Planungsgruppe ein (etwa acht bis zwölf Lehrer/innen aus möglichst verschiedenen Fachbereichen; eine/n Gruppenleiter/in) und beauftragt sie, für die jeweilige Vorgabe zielführende Handlungsoptionen auszuarbeiten. Auch kleinere Schulen können sich an diesem Verfahrensvorschlag orientieren: Man wird aber nur wenige Kleingruppen bilden können, die dann sukzessive für jeweils zwei bis drei Zielvorgaben Handlungsvorschläge entwickeln; eventuell ist es möglich, die Themenarbeit an einem Halbtag zu terminisieren. Die Arbeitsgruppen sollten sich für die kreative Suche und anschließende Auswahl von Handlungsstrategien mithilfe der »Nominellen Gruppentechnik« jeweils gut zwei Stunden Zeit nehmen.

- **Erläuterung des Verfahrens**
  Der/die Gruppenleiter/in stellt den in einem Halbkreis sitzenden Personen zuerst die Methode und die einzelnen Arbeitsschritte vor. Die Visualisierung (Flipchart oder OH-Projektion) und kurze Erläuterung der folgenden Überschriften ist dazu im Allgemeinen ausreichend.

- **Präzisierung der Aufgabenstellung**
  Die bereits vor der Sitzung festgelegte Zieldefinition wird als konkrete Aufgabenstellung bekannt gegeben und zur Vermeidung etwaiger Unklarheiten gemeinsam präzisiert (siehe folgendes Beispiel). Inhaltliche Beiträge sollen an dieser Stelle nicht eingebracht und konsequent auf später verschoben werden.

Ziel, für das Handlungsoptionen zu entwickeln sind:
Wir werden die Leistungen unserer Schule im nächsten Jahr informativ, mediengerecht und anspruchsvoll in der Öffentlichkeit präsentieren.

Aufgabenstellung:
Welche Handlungen und organisatorischen Maßnahmen können wir im nächsten Schuljahr setzen, um die Aktivitäten und Erfolge unserer Schule stimmig und öffentlichkeitswirksam darzustellen?

- **Individuelle schriftliche Beantwortung**
  Die Teilnehmer/innen schreiben alle Umsetzungsvorschläge auf, die ihnen zur Aufgabenstellung einfallen. Dies geschieht in Einzelarbeit: Jede/r notiert seine/ihre Antworten stichwortartig – unbeeinflusst von anderen Mitgliedern der Arbeitsgruppe. Es geht darum, möglichst viele Ideen zu produzieren.

- **Sammeln der Antworten**
  Reihum werden die Personen gebeten, jeweils nur einen Vorschlag aus ihrer Ideenliste bekannt zu geben. Der/die Gruppenleiter/in hält die Äußerungen möglichst wörtlich und für alle sichtbar auf einem großen Plakat fest. Bewertungen, Interpretationen oder Diskussionen sind in dieser Phase nicht zulässig. Die Sammlung der Vorschläge im »Rundumlauf« wird so lange fortgesetzt, bis kein/e Teilnehmer/in weitere neue Umsetzungsideen auf der Liste hat.

- **Äußerungen klären**
  Zur Verständnissicherung folgt nun ein Frage-Antwort-Gespräch: Wer eine Äußerung nicht versteht, ersucht den/die Autor/in, sie zu erläutern und zu konkretisieren. Unklare Formulierungen, offensichtliche Überlappungen und Wiederholungen können dabei ausgeräumt werden. Es geht jedoch nicht um die Bewertung von Vorschlägen, dafür ist ein eigener Arbeitsschritt vorgesehen.

- **Individuelle Reihung**
  Die Teilnehmer/innen werden gebeten, die Vorschläge auf dem Plakat in stiller Einzelarbeit zu überdenken und jene fünf auszuwählen, die sie für am geeignetsten in Hinblick auf die gestellte Aufgabe erachten. Anschließend sind diese fünf Umsetzungsideen individuell so zu reihen, dass der wichtigste Vorschlag fünf Punkte, der am relativ wenigsten wichtige einen Punkt erhält.

● **Gruppenwertung ermitteln**

Die einzelnen Reihungen werden dem/der Gruppenleiter/in mitgeteilt, der/die während der vorangegangenen Stillarbeit die Vorschläge nummeriert und auf einer Seite des Plakats eine Spalte eingezogen hat. Die Punktezahlen für jeden Vorschlag werden in diese Spalte eingetragen und dann addiert. Die fünf Vorschläge mit den meisten Punkten werden schließlich mit dem entsprechenden Rangplatz versehen (siehe Abbildung 11).

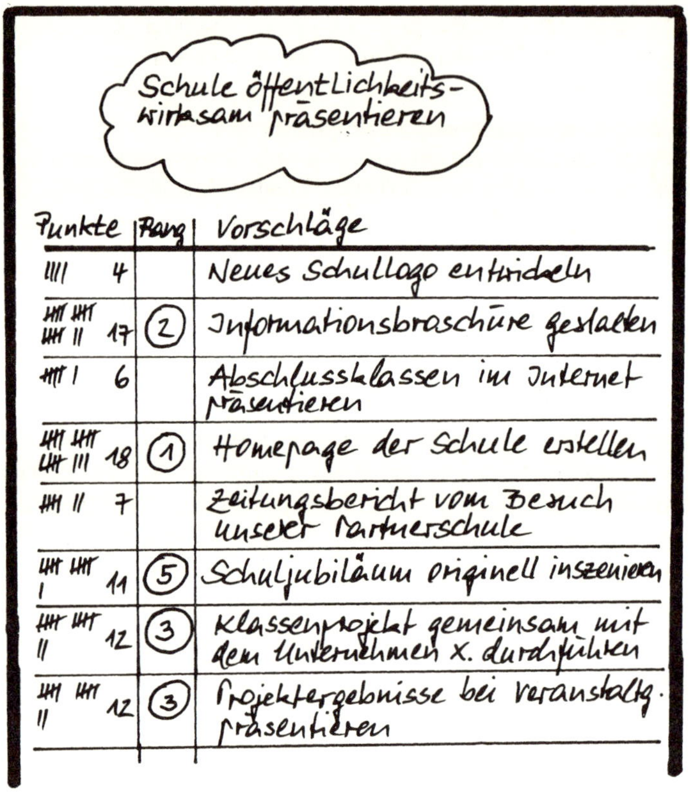

Abbildung 11: Vorschläge bewerten

● **Interpretation der Ergebnisse**

Die ausgewählten Handlungsoptionen sollen durch eine freie Diskussion der Ergebnisse wieder in einen größeren Zusammenhang gestellt werden: Was bedeutet die hohe Übereinstimmung in der Bewertung einzelner Äußerungen? Wie kann man mit Aussagen, die nur wenigen Personen sehr wichtig sind, umgehen? Erst nach einer Erörterung solcher Fragen wird als vorläufiges Ergebnis festgehalten, welche Vorschläge sich nun tatsächlich im Hinblick auf die jeweilige Zielvorgabe besonders eignen dürften. Darüber informieren die Planungsgruppen das Kollegium schriftlich – mit dem Ziel, Rückmeldungen und weitere Anregungen einzuarbeiten.

Welche Kombination einzelner Maßnahmen ist nun zur Zielerreichung möglichst gut geeignet? Um aus den vorliegenden Ergebnissen (samt Umarbeitungsvorschlägen und sonstigen Rückmeldungen) Folgerungen zu ziehen, ist es zweckmäßig, einen eigenen Arbeitsschritt (in einem weiteren Treffen der Planungsgruppe) anzusetzen. Dabei sollen einzelne Vorschläge weiter konkretisiert, miteinander kombiniert und zu abgestimmten Vorhaben verbunden werden. Schließlich könnten pro Planungsgruppe eine bis zwei Varianten eines solchen Maßnahmenpakets der Konferenz zur Entscheidung vorgelegt werden.

Was noch wichtig ist

Die Nominelle Gruppentechnik ist eine auf dem Brainstorming aufbauende, strukturierte Vorgangsweise zur Ideen- und Entscheidungsfindung in Gruppen (vgl. Altrichter/Posch 1994, 206ff., Fenkart/Krainz-Dürr 1996, Moore 1994). Sie trägt zum einen dazu bei, das Ideenpotenzial einer Gruppe auszuschöpfen, zum anderen ermöglicht sie, Vorschläge gemeinsam zügig auszuwählen.

Die Gruppe (mit nicht mehr als 15 Teilnehmern/Teilnehmerinnen; ideal sind acht bis zehn Personen) wird als »nominell« bezeichnet, da ihre Interaktionen nach vorgegebenen Regeln erfolgen. Sie sollen für ausgewogene Beteiligungsmöglichkeiten sorgen. Der/die Leiter/in organisiert den Ablauf und achtet auf die Einhaltung der Regeln, ohne sich selbst inhaltlich zu beteiligen – das ist eine durchaus anspruchsvolle Aufgabe.

Das Aufschieben von Diskussionen muss mit Konsequenz und Verständnis erfolgen; vorhandene Spannungen können sonst in der heiklen Bewertungsphase aufbrechen. Dabei ist es wichtig, es nicht bei bloßen Mehrheitsentscheidungen zu belassen, sondern eine möglichst hohe Identifikation aller Beteiligten mit dem Ergebnis anzustreben.

Das Verfahren eignet sich gut, um für eine definierte Situation eine Vielzahl von Handlungsstrategien zu entwickeln und mit den ausgewählten Optionen weiterzuarbeiten. Die Methode kann auch dabei nützlich sein, relevante Faktoren im Rahmen einer Situationsdiagnose (z.B.: Was sind Stärken und Schwächen unserer Schule?) zu bestimmen. Die klare Strukturierung wird bisweilen als einengend erlebt – mögliche Widerstände sollten schon vor Beginn angesprochen und abgebaut werden.

Falls eine Arbeitsgruppe (bei einem Teilnehmerkreis bis zu acht Personen) ihre Vorschläge lieber durch klassisches »Brainstorming« finden will, sollten im Zuge der Ideenproduktion (freie Assoziation der Teilnehmer/innen; Zuruf von Ideen, Moderator/in schreibt sie auf) einige Spielregeln beachtet werden:

Brainstorming

Spielregeln
- Quantität vor Qualität: Es gilt, in 20 bis 30 Minuten möglichst viele Ideen zu entwickeln.
- Keine Urheberrechte: Ideen anderer Teilnehmer/innen können und sollen aufgegriffen, variiert und weiterentwickelt werden.
- Fantasie ohne Grenzen: Jeder Beitrag, sei er noch so spekulativ oder ungewöhnlich, ist willkommen.
- Kritik ist verboten: Der Ideenfluss darf nicht durch kritische Bemerkungen oder Diskussionen unterbrochen werden.

Besonders wichtig ist es, die Ideenproduktion von der Bewertungsphase deutlich zu trennen, wie dies auch bei der Nominellen Gruppentechnik geschieht.

V 10   Geredet haben wir genug …

Die Umsetzung von Vorhaben angehen

Worum es geht

Qualitätsansprüche, Entwicklungsziele und Handlungsstrategien – über all dies haben sich die Schulpartner/innen bereits auf breiter Basis ausgetauscht und verständigt. Damit die Ergebnisse dieser mühevollen Arbeit auch wirklich umgesetzt werden und nicht bloß gute Vorsätze bleiben, ist es erforderlich, Konsequenzen für die künftige Arbeit an der Schule zu ziehen. Leitvorstellungen, Ziele und Maßnahmen zu vereinbaren und als Kern eines neuen Schulprogrammes schriftlich festzuhalten trägt wesentlich dazu bei. Ebenso wichtig ist es, durch ein vom Kollegium gemeinsam erstelltes und verabschiedetes Arbeitsprogramm Verbindlichkeit herzustellen: mit klaren Aufträgen und namentlich Verantwortlichen.

Aktionsplan zur Umsetzung

Leitfragen
- Was tun wir, um die geplanten Vorhaben in die Praxis umzusetzen?
- Wie sehen die einzelnen konkreten Schritte aus?
- Welche Etappenziele (»Meilensteine«) wollen wir bis wann erreichen?
- Woher nehmen wir die nötigen zeitlichen, personellen und finanziellen Ressourcen?
- Sind die erforderlichen Entscheidungsstrukturen und Verantwortlichkeiten geklärt?

Wie es geht

Als Rahmen eignet sich eine pädagogische Konferenz (»Programmkonferenz«), für die inklusive Pausen rund sechs Stunden zu veranschlagen sind. Bereits im Vorfeld sollten Planungsgruppen (siehe V 9) Vorschläge zur Erreichung all jener Ziele vorbereitet haben, die ins neue Schulprogramm aufgenommen werden. Die Lehrer/innen beraten nun darüber und wählen gemeinsam die geeignetsten Vorhaben aus. Für jedes dieser Maßnahmenpakete wird zudem ein Aktionsplan (mit klaren Aufträgen, Zuständigkeiten und Fristen) erstellt und von der Konferenz beschlossen. Für die Umsetzung der Vorhaben sind schließlich die zugeordneten Personen(gruppen) entsprechend den vereinbarten Rahmenvorgaben verantwortlich.

● **Konferenzprogramm vorstellen**

Schon vor der Einladung zur Arbeitstagung haben die Teilnehmer/innen von den einzelnen Planungsgruppen schriftlich ausgearbeitete Vorschläge für jeden schulischen Zielbereich – mit ausreichender Gelegenheit für einzuarbeitende Rückmeldungen – erhalten. Den folgenden Arbeitsphasen entsprechend, wird zu Beginn der Konferenz erläutert, was nun damit geschehen soll.

● **Maßnahmenpakete präsentieren**

Die Planungsgruppen präsentieren kurz und bündig – und aufeinander abgestimmt – das aus ihrer Sicht geeignetste Vorhaben (und eventuell einen Alternativvorschlag) für die jeweilige Zielvorgabe. In der Regel werden diese Vorschläge aus einer Kombination von Einzelmaßnahmen bestehen, alternative Maßnahmenpakete können durchaus Überschneidungen aufweisen! Nachfragen und kurze Statements dazu sind möglich; breite Diskussionen sollten an dieser Stelle vermieden werden.

Pro Vorschlag wird ein vorbereiteter Papierbogen mit Zielangabe, Kurzbezeichnung und stichwortartigem Abstract gut lesbar angebracht und mit einer fortlaufenden Nummer versehen (wie im folgenden Beispiel). Schließlich ist eine Reihe solcher Plakate vorhanden – sowie eine Liste der Vorschläge (Nummer und Kurzbezeichnung) auf Flipchart.

Vorschlag für das Ziel B

Mit welchen Maßnahmen wir die Leistungen der Schule wirkungsvoll in der Öffentlichkeit präsentieren können:

Maßnahmen-Abstract:

● Informationsfolder (mit Logo, Angebot …) gestalten
● Schule im Internet (Homepage) präsentieren
● Veranstaltung mit dem Partner-Betrieb B medial nutzen
● Szenische Aufführung (Schul-Revue) vorbereiten
● …

● **Vorschläge gewichten**

Jede/r überlegt nun für sich, welche der Maßnahmenpakete im Planungszeitraum grundsätzlich realisierbar scheinen, und schreibt die Nummern aller brauchbaren Vorschläge auf einen »Stimmzettel«. Die Nennungen werden in anonymer Form gesammelt, je Vorschlag summiert und auf Flipchart notiert. Pro Zielbereich wird jener Vorschlag zur Weiterarbeit herangezogen, der eine ausreichende (bei angebotenen Alternativen: höhere) Zustimmung erhält.

● **Themengruppen bilden**
Die Teilnehmer/innen ordnen sich nun einem der ausgewählten Vorschläge zu – je nach Interesse an der Aufgabenstellung und nach den eigenen Möglichkeiten an der Umsetzung der Vorhaben aktiv mitzuwirken. Auf eine möglichst ausgewogene Zusammensetzung ist dabei zu achten; ein Kern der Planungsgruppe, die den jeweiligen Vorschlag zusammengestellt hat, sollte jedenfalls dazugehören.

● **Durchführungspläne erstellen**
In diesen Gruppen werden die einzelnen Maßnahmen und Tätigkeiten, aus denen jeder Vorschlag besteht, besprochen und präzisiert: Welche Aufgaben sind im Einzelnen durchzuführen? Welche Personen sind jeweils dafür verantwortlich? Wer ist daran beteiligt und arbeitet dabei mit? Bis wann sind die einzelnen Arbeiten zu erledigen? Wie wird der Erfolg gemessen? Jede Themengruppe hält ihr Ergebnis auf einem Plakat fest.

● **Arbeitsprogramm verabschieden**
Die Gruppen präsentieren im Plenum jeweils einen zielführenden Aktionsplan – z.B. nach dem Raster der folgenden Abbildung: *Was?* (Tätigkeit) *Wer?* (Verantwortliche) *Mit wem?* (Beteiligte) *Wann?* (Termine) *Wie prüfen wir's?* (Erfolgskontrolle).

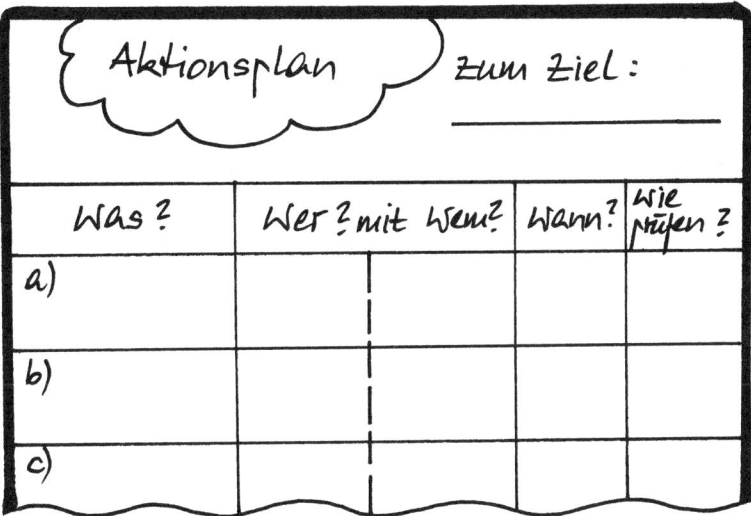

Abbildung 12: Aktionsplan

Verantwortlichkeiten und Zuständigkeiten sind noch einmal sorgfältig zu überprüfen – vor allem hinsichtlich jener Personen, die an der Erstellung des Maßnahmenkataloges nicht beteiligt waren. Und wo dies erforderlich ist, erhält eine Projektgruppe den Auftrag, die Durchführung im Detail zu organisieren und die Umsetzung zu begleiten. Somit kann das Arbeitsprogramm beschlossen werden – die Kurzbeschreibung der einzelnen Vorhaben liefert einen weiteren Baustein für das Schulprogramm.

Bei größeren Vorhaben ist es nützlich, wenn die verantwortlichen Personen (-gruppen) in einem weiteren Schritt eine detaillierte Aufgabengliederung und Terminplanung zur Steuerung und Kontrolle der Projektdurchführung erstellen.

Zur übersichtlichen Planung der Projektdurchführung stehen einige hilfreiche Instrumente zur Verfügung: zur Aufgabengliederung kann man den »Projektstrukturplan« verwenden, zur Terminplanung den »Balkenplan« (siehe dazu: Schratz/Steiner-Löffler 1998, 222f.).

	Aktivitäten	Okt.			Nov.				Dez.				Jänner				Feber				März			
		2	3	4	1	2	3	4	1	2	3	4	1	2	3	4	1	2	3	4	1	2	3	4
1	Planungssitzung Qualitäts-AG	■																						
2	Auswahl von Erhebungsmerkm.		■																					
3	Instrumente zusammenstellen				■■																			
4	Vorbereitung Pädagogischer Tag								■■■■■■■■■■															
5	Schüler/innen-, Elternbefragung									■■														
6	Erhebung im Kollegium									■														
7	Auswertung der Ergebnisse												■■■■											
8	Bericht erstellen																	■■						

Abbildung 13: Balkenplan

Was noch wichtig ist

Jede Schule sollte sich ein eigenes maßgeschneidertes Tagungsprogramm zusammenstellen. Auf inhaltliche Vorarbeiten (wie z.B. vorbereitete Vorschläge zur Zielerreichung; zeitgerechte Information der Lehrer/innen und weiterer interessierter Schulpartner/innen, Rückmeldungen in die Maßnahmenpakete einarbeiten) wird man auch unter dem Gesichtspunkt der Zeitökonomie kaum verzichten können.

Bei der Gestaltung des Tagungsdesigns kann man sich (in Anlehnung an Philipp 1995, 129) an folgender Checkliste orientieren:

Checkliste Programmkonferenz

- Ist das Design so angelegt, dass sich alle Teilnehmer/innen aktiv beteiligen können?
- Setzt es bei aktuellen Themen, Problemen und Entwicklungen der Schule an?
- Kann das Programm Energien zur Fortführung der gemeinsamen Arbeit mobilisieren und verstärken?
- Trägt das Programm dazu bei, Fragen der Zielerreichung der Schule zu beantworten?
- Schafft das Design Strukturen und Arbeitspläne für die Zeit nach der Konferenz?

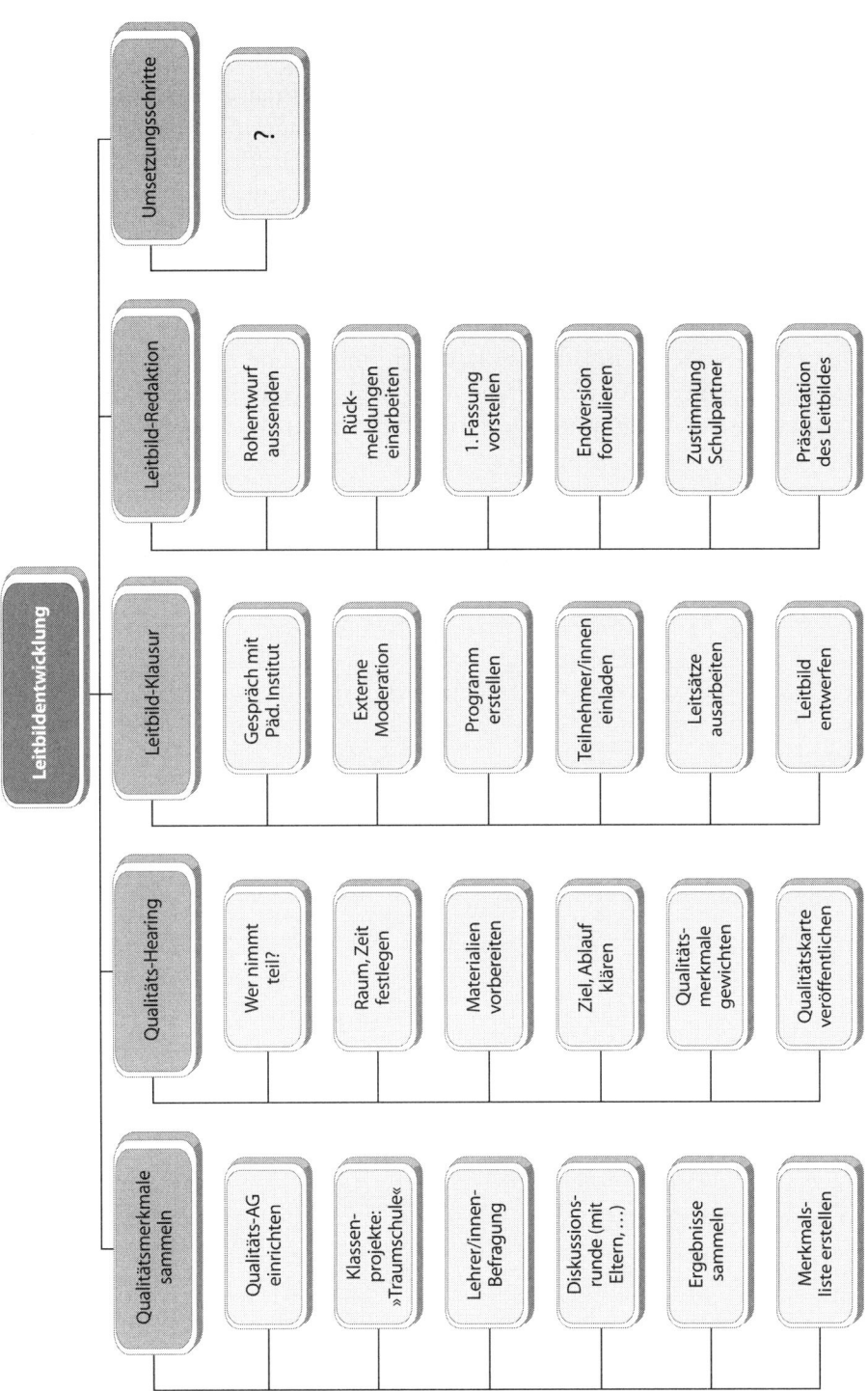

Abbildung 14: Projektstrukturplan

Wie immer man vorgeht, in der Programmkonferenz gilt es, Vorschläge zu gewichten und gemeinsam Prioritäten zu setzen. Die Akzeptanz der Vorhaben wird gefördert, wenn sich die Teilnehmer/innen schon im Vorfeld mit den Maßnahmenpaketen auseinander setzen sowie Anregungen und Änderungswünsche einbringen können. Und im Falle von Alternativ-Vorschlägen für einzelne Zielbereiche müssen nicht primär einander ausschließende, kontroversielle Maßnahmenpakete zur Auswahl stehen! Vorschläge, die zwar Zustimmung, aber keine Mehrheit erhalten, sollten für weitere Arbeitsschritte in Evidenz gehalten werden.

Das Aufschnüren von Maßnahmenpaketen – nach der Präsentation der Planungsgruppen und vor der gemeinsamen Abstimmung – im Zuge einer plenaren Diskussion ist wohl nur in kleineren Kollegien sinnvoll und machbar. An größeren Schulen kann man das Auswahlverfahren im Plenum verkürzen, wenn sich die Planungsgruppen auf die Präsentation je eines Vorschlages pro Zielbereich beschränken.

Für die (in der Regel arbeitsteilige) Erstellung und plenare Vereinbarung des Arbeitsprogrammes sollte jedenfalls ausreichend Zeit zur Verfügung stehen. Denn neben der Verschriftlichung der Vorhaben im Schulprogramm soll vor allem der gemeinsam getragene Aktionsplan Verbindlichkeit bei der Umsetzung herstellen.

V 11   Wie sich aus Teilen ein Ganzes fügt …

Bausteine zu einem Schulprogramm zusammensetzen

Worum es geht

Eine Schule hat unterschiedliche Maßnahmen zur Qualitätssicherung und Schulentwicklung gesetzt, bei denen bereits intensive Prozesse gelaufen und zahlreiche Protokolle, Berichte und sonstige Dokumente entstanden sind. Sie steht jetzt vor der Frage, wie aus all diesen Aktivitäten ein Schulprogramm entstehen soll. Die Schulleitung macht sich anlässlich der Direktor/innentagung bei anderen Schulen kundig, um zu sehen, wie deren Produkte aussehen, allerdings ohne Erfolg. Die einen haben erst begonnen, die anderen sind mitten in einem Teambildungsprozess, aber überall scheint es ähnlich zu sein: viele Aktivitäten, aber noch kein Produkt.

Da die im Laufe der Entwicklungsarbeit einer Schule entstandenen Dokumente noch kein »Programm« ergeben, ist es erforderlich, eine Struktur zu finden, welche die Ergebnisse in sinnvoller Form zusammenführt. Vielfach erweist sich der Begriff »Schulprogramm« auch als ein so anspruchsvolles Ziel, dass man sich nicht gleich an den großen Wurf traut. Daher ist es hilfreich, die bisher vorliegenden Materialien so aufzubereiten, dass sie die einzelnen Stränge der geleisteten Arbeit in kurzer und prägnanter Weise zusammenführen. Dazu eignet sich die Erstellung der ersten Fassung des Schulprogramms in Form einer mehrseitigen »Visitenkarte«, um die Prozesse und Produkte nach innen und außen transparent zu machen.

Welche Funktionen erfüllt ein Schulprogramm?

- Produkt/Prozess, das/der bei den Schulpartnern/partnerinnen identitätsstiftend wirkt
- Bezugsrahmen, der allen Beteiligten Orientierung und Sicherheit vermittelt
- Dokument, das Transparenz und Verbindlichkeit schafft
- Vereinbarung, die es erlaubt, Ressourcen auf wichtige Vorhaben zu zentrieren
- Bezugspunkt und Maßstab, an dem die Schule ihren Fortschritt messen kann
- Grundlage für Öffentlichkeitsarbeit, die externen Partnern/Partnerinnen ein klares Bild der Schule vermittelt
- Leistungsnachweis, mit dem die Schule ihre Rechenschaftspflicht gegenüber Öffentlichkeit und Behörde einlöst

Wie es geht

Verschiedene Wege führen zum Schulprogramm. Die Wahl des für die jeweilige Schule geeignetsten Weges ergibt sich u.a. aus der Attraktivität des gewählten Ansatzes *(Diesen Weg wollen wir gehen!)* und der Perspektive, möglichst bald ein Etappenziel zu erreichen *(Da haben wir etwas Konkretes in Händen!)*. Die Erstellung einer »Visitenkarte« der Schule, einer Art Mini-Schulprogramm, ist ein hilfreicher Zugang, der die Texte und Materialien aufgreift, die beim Durchlaufen der einzelnen Entwicklungsphasen entstanden sind. Sie werden hier zusammengeführt und in ein kohärentes System gebracht. Mit einer solchen »Visitenkarte« kann sich eine Schule durchaus sehen lassen. Dazu muss sie aber erst einmal mit Inhalten gefüllt werden …

Die **Seite 1** dient dazu, dass sich andere ein Bild von der Schule machen können. Es ist der »Zugang« zur Schule. Hier merkt der/die Leser/in gleich, ob man eingeladen ist. Wenn die Schule ein Logo besitzt, scheint es auch hier auf. Muss erst ein Logo erstellt bzw. in Auftrag gegeben werden, sind möglichst viele Mitglieder des Kollegiums und das Mitbestimmungsgremium einbezogen, wenn es um die Entscheidung zwischen mehreren Vorlagen geht. Jede Schule hat ihr eigenes Profil, das sich aus den standortspezifischen Eigenheiten zusammensetzt. Dazu gehören die Organisationsstrukturen, aber auch die inhaltliche Ausrichtung der Schule bzw. des Schultyps, incl. der sozio-ökonomischen Rahmenbedingungen (Einzugsgebiet u.Ä.).

Die **Seite 2** beinhaltet das »Leitbild«, die Identität der Schule. Sie gibt der Schule ihren Eigen-Sinn, für den sie (ein)steht, den Außenstehende auch erkennen können. Der Text für das Leitbild, das die gemeinsame Philosophie der Schule im Schulprogramm ausdrückt, erwächst aus der Arbeit an den Qualitätsansprüchen der Schule. Die Erstellung des Leitbilds baut auf eine längerfristige Auseinandersetzung mit den eigenen Werten in Bezug auf die pädagogische Grundorientierung der Schule. Sie sind üblicherweise in wenigen, aber prägnanten Formulierungen verfasst, auf welche sich die Schulpartner/innen einigen.

Die **Seite 3** gibt einen Eindruck davon, was diese Schule bereits erreicht hat, welche Aktivitäten zur Evaluation (z.B. Bestandsaufnahme) sie gesetzt hat, was dabei herausgekommen ist, welche Konsequenzen sich daraus ergeben haben. Wenn an der Schule bereits ein Evaluationsbericht geschrieben worden ist, können die Ergebnisse hier zusammengefasst werden. Zusätzlich sind auch Materialien angeführt, die darüber informieren, was es an der Schule schon gibt, wovon auch andere profitieren können. Sie können von der Schule angefordert werden.

Die **Seite 4** weist in die Zukunft der Schule. Hier sind alle Aktivitäten erwähnt, an denen die Schule in nächster Zeit arbeiten wird. Hier investiert die Schule Energie, hier entwickelt sie in die Zukunft. Die Zielsetzungen bauen u.a. auf den Ergebnissen der Ist-Analyse auf und beziehen sich auf wichtige Bereiche von Schule und Unterricht (pädagogisch, fachlich, überfachlich, Elternarbeit und schulisches Umfeld). Wo die Schule bisher Schwächen ortete, wird sie sich Ziele stecken, um sich

- Seite 1 -
Kommunikation

Wer wir sind:
- unser Schulprofil
- Schulform (im Kontext des Schulwesens)

Wo wir sind:
geografische Orientierung; das regionale Umfeld; Stadt, Land etc.

Wie man uns erreicht:
Adressen, Tel., Fax, E-mail

- Seite 2 -
Leitbild

Was wir wertschätzen:
- ♥ Ethos
- ♥ Leitsätze
- ♥ Grundsätze
- ♥ Motto
etc.

→ Wofür die Schule (ein-) steht

- Seite 3 -
Ist-Stand

Was wir schon erreicht haben (Bestandsaufnahme):

- Dokumente
- Methoden
- Prozesse

→ evtl. Hinweis, was wo und wie erhältlich ist

- Seite 4 -
Zielsetzungen

Was wir erreichen wollen:

- pädagogisch
- fachlich
- überfachlich
- im Umfeld, etc. mit konkreten Angaben, sodass Außenstehende danach fragen können (Ziele → was wollen wir damit erreichen?)

- Seite 5 -
Maßnahmen & Aktionen

Wie wir es umsetzen:
- Arbeitsstruktur
- Schritte zur Zielerreichung
- Aktionspläne
- Meilensteine
- Teambildung
- Koordination & Steuerung
→ evtl. Hinweis, was wo und wie dokumentiert ist

- Seite 6 -
Qualitätssicherung

Wie wir den Fortschritt überprüfen:
Maßnahmen zur schulinternen Evaluation:
- Bereiche
- Methoden
- Zeitpunkt/Dauer
- geplanter Ablauf
→ evtl. externe Unterstützung (»kritische/r Freund/in«)

den Herausforderungen zu stellen. Wo sie bisher erfolgreich gearbeitet hat, wird sie sich professionell weiterentwickeln. Ein Schulprogramm ist in seinen Zielsetzungen nur so gut, wie diese auch tatsächlich umsetzbar sind.

In der weiteren Entwicklungsarbeit wird die Seite 4 vor allem fachspezifisch ausgefüllt werden, da sich die Schulprogramme vermutlich stark auf die fachlichen Zielstellungen der schuleigenen Lehrpläne beziehen werden. Diese können zunächst auch als Beilage eingesetzt werden (z.B. für jedes Fach eine eigene Seite), in der Folge werden sie aber in das Schulprogramm integriert.

Die **Seite 5** enthält die Maßnahmen, die an der Schule geplant sind, um die Ziele von Seite 4 in die Tat umzusetzen. Für die Umsetzung ist es notwendig, eine Arbeitsstruktur zu finden, die den Zielen und Inhalten gerecht wird. Dazu ist es erforderlich, die Schritte zur Zielerreichung lang-, mittel- und kurzfristig zu bestimmen und entsprechende Aktionspläne zu erstellen. Dazu gehören auch Meilensteine, die es ermöglichen, den Fortschritt festzustellen. Hier können jene Unterlagen aufgegriffen werden, die in Programmkonferenzen u. Ä. erarbeitet worden sind.

Besonders wichtig ist auch die Klärung, welche Personengruppen sich in welcher Formation um die Umsetzung kümmern (Teams zu Schwerpunkten u. Ä.). Sie tragen nicht zuletzt auch die Last und Verantwortung des Fort-Schritts. Wenn mehrere Teams an der Entwicklungsarbeit beteiligt sind, stellt sich die Frage nach der Koordination der unterschiedlichen Maßnahmen: Wer steuert insgesamt die einzelnen Stränge, damit sie zu einem gemeinsamen Ganzen werden? Hier zeichnet sich auch die Frage nach einer hilfreichen Verbindung zwischen den Einzelaktivitäten und der Schulentwicklung als Ganzes ab.

Die **Seite 6** informiert darüber, wie die Schule den Fortschritt ihrer Arbeit überprüfen wird. Dazu gehören alle Maßnahmen zur Qualitätssicherung, die in der Schule geplant sind: In welchen Bereichen wird evaluiert, ob die gesetzten Aktivitäten auch die Erwartungen erfüllen, die in den Zielsetzungen formuliert sind? Welche Fragestellungen eignen sich dafür? Welche Methoden bieten sich an, um möglichst brauchbare Daten zur Beantwortung dieser Fragestellungen zu erhalten? Welcher Zeitpunkt ist günstig für die Durchführung einer schulinternen Evaluation? Wie lange soll sie dauern? Zu überlegen ist auch, ob in der gegenständlichen Zeit vielleicht eine externe Evaluation geplant ist und wie sich interne mit externer Evaluation verbinden lässt. Unter Umständen ist es hilfreich, eine externe Unterstützung einzubeziehen, welche als »kritische/r Freund/in« die Sicht von außen einbringt. In jedem Fall ist mitzudenken, welche Personen und Gruppen in welcher Form in den Evaluationsprozess einbezogen werden sollten.

Im Laufe der Entwicklung wird aus dem »Baukasten« der ursprünglichen sechs Seiten ein umfangreicherer Text, der das Schulprogramm darstellt, welches ein zukunftsbestimmendes Instrument der Schule für die Kommunikation nach innen und nach außen darstellt. Dafür braucht es auch eine geeignete Sprache. Die folgende Checkliste (nach einem Vorschlag von Walter Fischer, Kirchschlag) kann dazu beitragen, die Formulierung des Schulprogramms zu überprüfen.

Checkliste zur Überprüfung von Schulprogrammformulierungen

Kriterium	ja	nein
einfach, konkret, verständlich	❏	❏
genau, präzise, treffend	❏	❏
aktiv, positiv	❏	❏
wertvoll, überzeugend, sinnvoll	❏	❏
herausfordernd, einladend	❏	❏
erreichbar, passender Rahmen	❏	❏
von allen mitgetragen (integrierend, nicht ausschließend)	❏	❏
mit eigener Leistung erreichbar, unter eigener Kontrolle	❏	❏
überprüfbar – mit allen Sinnen	❏	❏

Was noch wichtig ist

Die Erstellung eines Schulprogramms lässt sich nicht über eine uniforme Vorgangsweise erreichen, vielmehr muss auf die jeweiligen Voraussetzungen Rücksicht genommen werden. So ist es etwa möglich, dass eine Schule gleich ein Schulprogramm erstellt, ohne den Weg über eine »Visitenkarte« zu wählen.

So unterschiedlich Schulprogramme aussehen, so unterschiedlich ist meist auch ihre Entstehungsgeschichte. Einmal ist es ein engagiertes Schul(entwicklungs)team, das sich für seine Erstellung stark macht, ein anderes Mal die Schulleitung. Was sich aber immer als wichtig herausstellt, ist die Berücksichtigung der vier Bereiche aus der Abbildung auf der folgenden Seite (aus Schratz/Steiner-Löffler 1998a, 228).

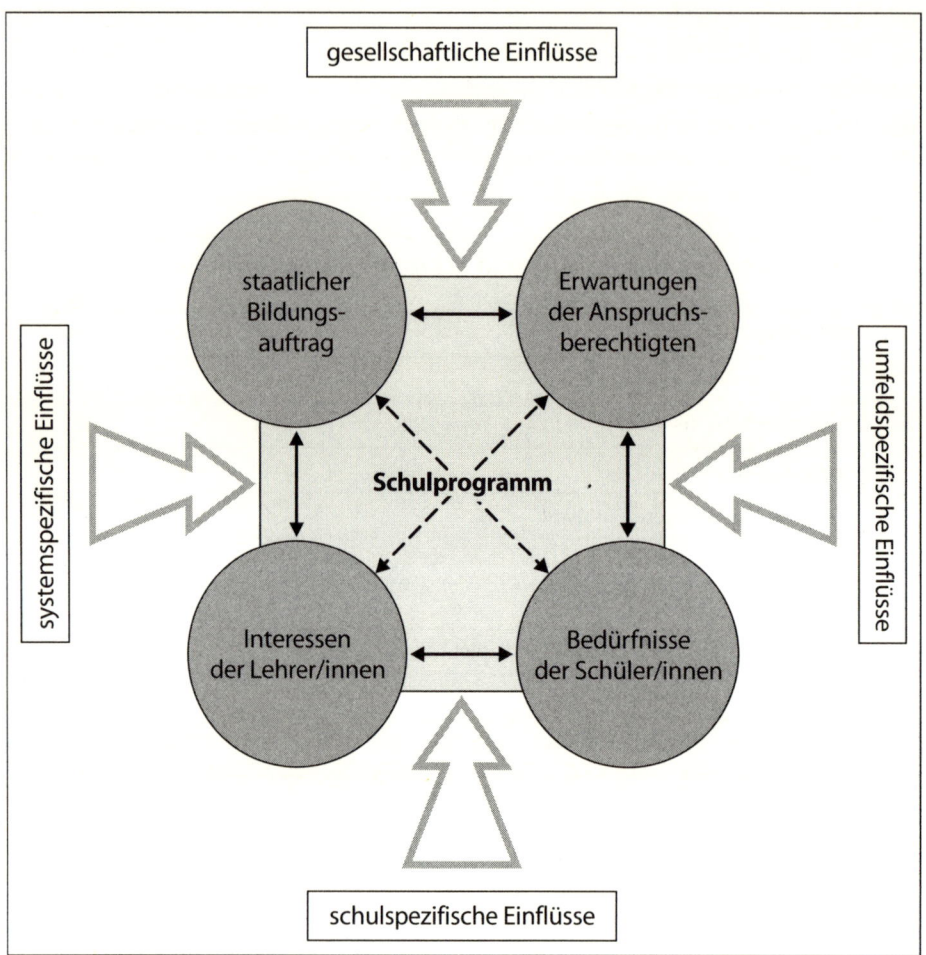

Abbildung 15: Die vier Einflussbereiche auf das Schulprogramm

Daraus wird deutlich, dass in der Erstellung des Schulprogramms möglichst alle vier Einflüsse Berücksichtigung finden sollten: der staatliche Bildungsauftrag, die Erwartungen des Umfelds (Eltern, Wirtschaft etc.), die Bedürfnisse der Schülerinnen und Schüler sowie die Interessen der Lehrerschaft. Das Schwierigste dabei ist das Ausbalancieren dieser unterschiedlichen (Wert-)Vorstellungen. Deshalb sollten sie sich auch in der Formulierung des Schulprogramms wieder finden. Denn erst aus dieser Vielfalt ergibt sich eine förderliche Entwicklungsdynamik.

Was lässt Schulprogramme gelingen?

Förderliche Prinzipien

- **Sinn und Zweck müssen klar sein**
  Es ist klar, welchen Nutzen die Schule von der Erstellung eines Schulprogramms erwarten kann. Das Programm betrifft wesentliche Bereiche der pädagogischen Arbeit, verknüpft Vision und Realität, ist in sich kohärent. Die Schulpartner/innen sind in seine Erstellung einbezogen.
- **Weniger ist oft mehr**
  In kurzer Zeit zu viel programmatisch festlegen und verändern zu wollen ist problematisch – nicht nur wegen des zusätzlichen Arbeitsaufwandes, auch wegen der demotivierenden Botschaft, »die bisherige Arbeit sei nicht gut genug gewesen«. Sich dagegen auf wenige Bereiche zu konzentrieren macht die Bemühungen überschaubar und hilft, die vorhandene Energie wirksam zu bündeln.
- **Strukturen und Abläufe sind transparent und funktionell**
  Ein Kern engagierter Lehrer/innen mag eine wichtige informelle Infrastruktur bilden, für die längerfristige Schulprogrammarbeit sind jedoch stabile, transparente Arbeitsstrukturen unerlässlich: etwa eine von Schulleitung und Schulgemeinschaft unterstützte Koordinationsgruppe oder für einzelne Schwerpunkte eingerichtete Arbeitsgruppen. Entscheidend ist, dass deren Arbeit und Funktion direkt mit den bestehenden formellen Strukturen (Schulleitung, Konferenz, Schulpartnerschafts-Gremium, Personalvertretung) verknüpft werden.
- **Verschriftlichung fördert Verbindlichkeit**
  Das gilt für die vom Kollegium bzw. von den Arbeitsgruppen erarbeiteten Vorschläge, die als Belege und zugleich als Stimulanz gemeinsamer Bemühungen dienen, besonders aber für die in den Gremien getroffenen längerfristigen Vereinbarungen. Ein schriftliches Schulprogramm schafft Klarheit und gibt für gewisse Zeit Orientierung im Flusse der Entwicklung.
- **Auf die schrittweise Umsetzung kommt es an**
  Pläne können bei der Steuerung helfen, aber Vorhaben werden nicht auf dem Papier realisiert. Es gilt, sie alltäglich im Bewusstsein, im Blick und im Gespräch zu halten. Auch daran sollte man bei der Gestaltung des Schulprogramms denken. Es braucht nicht nur »Pionierarbeit« – es braucht auch ständige Pflege. Man sollte also nicht zu viel auf einmal säen und auch daran denken, wie man die Früchte der Arbeit ernten kann. Step by step, durch konzentrierte Arbeit mit überschaubaren Teilzielen, erreicht man eher Erfolge.

V 12   Sind wir auf Kurs?

Maßnahmen überprüfen

Worum es geht

Es ist gelungen! Ein erstes Schulprogramm liegt an der Schule vor – die Schulgemeinschaft kennt es und kann sich daran orientieren. Was auf dem Papier steht, beginnt nach und nach auf die eigene Arbeit zu wirken: Schritt für Schritt werden die Vorhaben umgesetzt. Wenn Plan und Realität aufeinander treffen, da mag vieles geschehen, was ein Programm nicht vorsehen kann. Da gilt, es vor Ort bestmöglich zu verwirklichen, zu improvisieren und pragmatisch vorzugehen. All das ist bei Lehrkräften in guten Händen.

Ob die Bemühungen jedoch tatsächlich erfolgreich sind – das ist eine andere Frage, ob die gewünschte Richtung stimmt, ob die Dosierung passt und ob der Plan sinnvoll war. Nichts ist so gut, dass es nicht noch besser werden könnte, und Irrtümer sind schließlich möglich.

Es gilt also, die gesetzten Maßnahmen, das Erreichte einzuschätzen, mit Verständnis zu bewerten – zu evaluieren: Erzielen wir mit unseren Vorhaben, mit ihrer Umsetzung auch die gewünschten Effekte? Selbstvergewisserung ist angesagt, in einem sinnvollen Zeitabstand, mit dem Ziel, Qualität sicherzustellen und weiterzuentwickeln. Ob Individualfeedback, team- oder schulorientierte Evaluation – ausgehandelte Wertmaßstäbe sind dabei wichtig. Das Schulprogramm dient dafür als Richtgröße, spiegelt es doch innere und äußere Einflüsse wider. Interne Meinungsbildung, Schulgesetze, Behörde, Öffentlichkeit oder Wissenschaft: Was mit der Qualitätsdiskussion auf einen vorläufigen Nenner gebracht wurde, erhält nun eine neue Dynamik – und wirkt auf das Programm zurück.

Überprüfungsmaßnahmen

Leitfragen
- Wann und wie überprüfen wir, ob wir uns in die gewünschte Richtung bewegen?
- Nach welchen Kriterien und aufgrund welcher Indikatoren beurteilen wir die Ergebnisse?
- Welcher Methoden und Instrumente wollen wir uns bedienen?
- Wie schützen wir uns gegen »Betriebsblindheit«?
- Was geschieht mit den Daten und Ergebnissen?

Wie es geht

Wer evaluiert was, wozu, wie, wann und wo? Diese so genannten »W-Fragen« erscheinen auf den ersten Blick trivial. Die Erfahrung zeigt jedoch, dass ihre Beantwortung oft ein Vielfaches der ursprünglich dafür vorgesehenen Zeit beansprucht. Aus gutem Grund: Wenn es nämlich gelingt, diese Fragen wirklich präzise zu beantworten und die Ergebnisse auch schriftlich festzuhalten, ist das schon die halbe Miete für jedwedes Evaluationsvorhaben. Die W-Fragen können von einer Planungsgruppe als Strukturierungshilfe bei der Konzeption eines Vorhabens eingesetzt werden oder auch nachträglich als eine Art von Checkliste dienen.

- **Wer?**
  Auch bei der Überprüfung konkreter Maßnahmen gilt es, zu Beginn der Aktivitäten den beteiligten bzw. betroffenen Personenkreis zu definieren, Verantwortlichkeiten zu klären, Entscheidungsabläufe festzulegen (siehe V 2; angesichts des heiklen Themas Evaluation könnte der Aufwand für Rollenspiel-Ansätze besonders lohnen!).

Selbst- und Fremdevaluation – Begriffsklärung

- **Selbstevaluation**
  ist die datengestützte Selbstvergewisserung der an der Schule Tätigen mit dem Ziel, die Qualität am Standort weiterzuentwickeln. Auftraggeber/innen und Träger/innen sind die Akteure am Schulstandort. Sie entscheiden auch über den schulinternen Umgang mit Daten und Ergebnissen.
  Selbstevaluation kann externe Komponenten (z.B. Einbeziehung »kritischer Freunde/Freundinnen«, Auslagerung von Teilaufgaben u.Ä.) enthalten.
- **Fremdevaluation**
  ist die Ergänzung der Innensicht der Schule durch eine Außenperspektive sowie die Absicherung des staatlichen Bildungsauftrags von Schule auf Standort- und Systemebene. Auftraggeber/innen und Träger/innen der Evaluationsmaßnahme sind Personen/Institutionen außerhalb der einzelnen Schule (z.B. die Schulaufsicht); sie handeln entsprechend ihrem Auftrag und ihrer Funktion im Schulsystem.
  Die Abstimmung des Evaluationsvorhabens mit den Beteiligten an der Schule erhöht die Entwicklungschancen am Standort. Fremdevaluation kann sich auf interne Komponenten (Schulprogramm, Methoden und Ergebnisse von Selbstevaluation ...) beziehen.

(Eine weiterführende Klärung im Begriffsdschungel von Evaluation findet sich in Schratz 1999b.)

- **Wozu?**

Es muss klar sein, welche Absichten mit der Überprüfung einer konkreten Maßnahme verbunden sind und wer welchen Nutzen davon hat. Die genaue und verbindliche Klärung der Frage, was mit den Daten und Ergebnissen geschieht, steht
mit der Funktion der Evaluation natürlich in direktem Zusammenhang.

- **Was?**

Der Gegenstand der Überprüfung sollte so präzise wie möglich formuliert werden; dabei ist es oft hilfreich, ihn in Frageform zu fassen (»Werden an unserer
Schule sinnvolle und adäquate Unterrichtsmethoden eingesetzt?«). Davon ausgehend, werden Kriterien (»Worin äußern sich sinnvolle und adäquate Unterrichtsmethoden?«) und Indikatoren (»Woran werden wir erkennen, dass es der Fall
ist?«) definiert. Die Kriterien (Beurteilungsmaßstäbe) orientieren sich, so bereits
vorhanden, am Schulprogramm; je nach Zeitpunkt und Art des Einstiegs in den
Zyklus der Qualitätsentwicklung können sie aber auch eigens für eine konkrete
Evaluationsmaßnahme entwickelt werden – von den Beteiligten, möglichst auch
unter Zuhilfenahme vorliegender Erfahrungen und Erkenntnisse (siehe V 5).

Kategorien für Eva-Maßnahmen

- **Schriftliche Formen der Erhebung und Reflexion:** Fragebögen, Tests, Fallstu-
  dien, Schüler/innen-Aufsätze, Tagebuchaufzeichnungen …
- **Mündliche Kommunikation:** verschiedenste Arten von offenen/halbstrukturier-
  ten/strukturierten Gesprächen und Interviews
- **Beobachtungsverfahren:** (teilnehmende) Beobachtung, kollegiale Hospitation
  mithilfe von Protokollen, Notizen, Tonband-, Video-Aufzeichnungen …
- **Nonverbale/spielerische Zugänge mit gestalterischer Komponente:** Rollen-
  spiele, themenzentrierte Plakate, Raum-Soziogramme, Foto-, Video-Reportagen,
  Hörbilder …
- **Sammlung, Aufbereitung, Analyse und Vergleich bereits vorliegender Daten:** Statistiken, Noten, Protokolle, Aufzeichnungen, Unterrichts- und Service-An-
  gebot, Jahresberichte, Zeitungsartikel …

- **Wie?**

Bei der Entscheidung für bestimmte Methoden und Instrumente wird vor allem
auf Funktion und Gegenstand der Überprüfung, auf die jeweilige Zielgruppe sowie auf Machbarkeit und Angemessenheit zu achten sein: Es geht hier nicht um
wissenschaftliche Untersuchungen, allzu breit und über große Zeiträume ange-
legte Vorhaben bremsen oft den Schwung, drohen die Freude auf weitere Entwicklungsschritte zu ersticken. Umfang und Präzision der Evaluation sollten also
primär zweckorientiert sein, ohne deshalb unseriös zu werden. – Die Einbeziehung einer Außensicht ist prinzipiell sinnvoll und notwendig – sollte aber auch
Phasen interner Reflexion erlauben.

Zur Auswahl der Methoden und Instrumente: Wer den Ursachen eines Phäno-
mens auf die Spur kommen will, also an einer bestimmten Stelle in die Tiefe ge-

Einbeziehung einer Außensicht

Auch die beste Absicht bewahrt manchmal nicht vor Betriebsblindheit. Dies gilt beim Thema »Evaluation« in ganz besonderem Maße. Die Einbeziehung eines »kritischen Freundes«, einer »kritischen Freundin« von außen kann dabei helfen, »blinde Flecken« in der eigenen Wahrnehmung aufzuhellen.

Eine geeignete Person sollte …

- … von der Schule/dem Team/der Lehrkraft selbst ausgewählt sein;
- … das Vertrauen und die Akzeptanz möglichst vieler Beteiligter genießen;
- … der Schule/dem Team/der Lehrkraft gegenüber grundsätzlich positiv eingestellt sein;
- … ausreichend Distanz zum Geschehen und den handelnden Personen haben, um die Dinge jederzeit »von außen« betrachten zu können;
- … über Sozialkompetenz und ein ausreichendes Maß an Sachkenntnis verfügen.

Auf der Ebene der einzelnen Lehrkraft wird die Rolle der »kritischen Freundin«/des »kritischen Freundes« in der Regel von Kollegen/Kolleginnen der eigenen Schule übernommen. Als besonders wirksam haben sich gegenseitige Unterrichtsbesuche mit gemeinsam vereinbarten Beobachtungsschwerpunkten erwiesen. Vertraulichkeit, Feingefühl und die Beachtung der wichtigsten Feedback-Grundsätze sind dabei Voraussetzung.

Auf der Ebene der Schule als Ganzes bietet sich die Einbeziehung einer Außensicht an mehreren Stellen an, etwa bei der Konzepterstellung für die Evaluation, bei der Zielvereinbarung (Pädagogischer Tag) oder auch der »Programmkonferenz«. In diesen Fällen ist es besonders wichtig, dass die betreffenden Personen möglichst breite Akzeptanz bei den Beteiligten genießen.

---

hen möchte, wird mit geschlossenen Fragen (Ja/Nein-Antworten) vermutlich nicht sehr weit kommen. Und wer sich für den Einsatz eines Fragebogens entscheidet, wird andere Ergebnisse erhalten als jemand, der Gruppeninterviews durchführt. – Nicht alle Verfahren sind für alle Altersgruppen geeignet und kreativ-spielerische Zugänge brauchen besonders viel gegenseitiges Vertrauen, Akzeptanz und Einfühlungsvermögen.

Grundsätzlich steht eine bunte Palette einschlägiger Methoden und Instrumente zur Verfügung, die sich im Wesentlichen fünf Kategorien zuordnen lassen und in vielfältiger Weise kombinierbar sind:

- **Wann?**

Dauer und Ende der Untersuchung sind festgelegt, die Zielerreichung ist inhaltlich definiert (»Bis … werden wir Folgendes erreicht haben: …«) und möglichst auch mit einem vereinbarten Ereignis verknüpft (z.B. Präsentation bei einer pädagogischen Konferenz, bei einem Festakt). Bei umfangreicheren Evaluationen erscheint es sinnvoll, Etappenziele (Meilensteine) zu definieren und ihre Erreichung sichtbar zu machen. Derlei Markierungen tragen dazu bei, dass die Untersuchungen nicht im Sande verlaufen und zu konkreten Ergebnissen führen.

- **Wo?**

Diese Frage bietet noch einmal die Gelegenheit, über den Umfang des geplanten Vorhabens nachzudenken (»Wo überall wollen wir unsere Nachforschungen anstellen?«), vor allem aber, notwendige bzw. günstige Ortswechsel ins Auge zu fassen. Dies beinhaltet technische (Transport, Räumlichkeiten), rechtliche (Aufsichtspflicht), aber auch psychologische Aspekte: Ein Pädagogischer Tag außerhalb der Schule kann es den Beteiligten etwa erleichtern, zum eigenen Tun in Distanz zu treten, kann die Bereitschaft erhöhen, über Neuerungen nachzudenken.

Was noch wichtig ist

Evaluation kann verschiedenen Zwecken und Auftraggebern dienen, sie kann den Entwicklungsgedanken voranstellen oder auf Kontrolle abzielen (oder sogar beides auf einen Nenner bringen wollen). Sie kann formativ, also prozessbegleitend, oder summativ, im Nachhinein, erfolgen, kann eher Voraussetzungen und Rahmenbedingungen (»Input«), Prozesse oder Ergebnisse (»Output«) in den Blick nehmen. Man spricht von interner und externer, von Selbst- und Fremdevaluation – je nach Auftraggeber/in, Durchführung, Datenhoheit oder Entscheidungsgewalt über Konsequenzen. Evaluation bedient sich verschiedenster Instrumente und Methoden. Aber wie auch immer man es dreht und wendet: Sie ist und bleibt ein heißes Eisen.

Woran liegt das? – Weil sie an Dinge rührt, über die viele Menschen nicht gerne sprechen – oder es einfach nicht gewohnt sind? Evaluation hat mit Wertung zu tun, folglich mit Werten, Haltungen, Motiven, die den eigenen Handlungen zugrunde liegen – mehr oder weniger bewusst, reflektiert und oft unausgesprochen. Sie ans Tageslicht zu fördern kann mehr Verständnis füreinander, aber auch Angst erzeugen, zunächst einmal vor sich selbst: Wer gesteht sich schon gerne ein, dass nicht alle seine/ihre Handlungen von hehren (pädagogischen) Motiven getragen sind? Angst aber auch vor den anderen, vor Auseinandersetzungen, Konflikten. Und dann sind da noch die Blicke, das Gerede … – Evaluation hat also auch mit Bewertung, mit Wertschätzung zu tun, und mit ihren Folgen. Im günstigen Falle ist sie motivierend, bewirkt Bestätigung, Anerkennung und Wohlbefinden; manchmal erzeugen positive Ergebnisse aber auch Neid und Missgunst; zeitigt sie aber unerwünschte Resultate, drohen Bloßstellung, Kränkung, Verlust von Ansehen, Einfluss.

In jedem Fall – und vor allen sachlichen Argumenten – sind bei Evaluation also Emotionen im Spiel. Solche, die offen zutage treten, und solche, die wie im viel zitierten Bild vom Eisberg unter der Oberfläche verborgen bleiben. Besonders in der Anfangsphase von Evaluationsprozessen und in einem Umfeld, in dem (Selbst-)Evaluation noch nicht allgemein anerkannter Bestandteil der herrschenden Schulkultur ist, überwiegt erfahrungsgemäß der negative Impuls. Mit den bekannten Folgen: Misstrauen gegenüber der Idee und den dahinter vermuteten Absichten, Abwehrverhalten gegenüber Personen und Institutionen, die sie vertreten und/oder verordnen

Widerstände und Konflikte

Neue Entwicklungen bedeuten immer auch Veränderungen, die irritieren können, besonders, wenn sie uns persönlich treffen. Das Ausmaß der Betroffenheit und der daraus resultierende Widerstand mögen von Person zu Person variieren: Manche sind vom Wechsel eher angetan, andere wieder setzen stärker auf den Bestand von mehr oder weniger Bewährtem. Beides birgt Chancen und Gefahren: Lähmendes Verharren im Status quo kann die Organisation ebenso gefährden wie zu rasche Veränderung.

Widerstand hat dann sein Gutes, wenn er sich offen zeigt, wenn er sich nicht hinter Gleichgültigkeit versteckt oder hinter Scheinzustimmung … Nur wenn mit offenen Karten gespielt wird, kann traditionsbewusstes Bewahren mit dem Anspruch nach Veränderung in einen konstruktiven Wettstreit treten. Wer an solider Weiterentwicklung interessiert ist, wird wohl auf das Aushandeln von Interessen setzen, d.h., vorhandene Widerstände ernst nehmen, die beteiligten Personen einbeziehen, sich erst auseinander und dann zusammensetzen, Fahrtrichtung und Geschwindigkeit gemeinsam bestimmen, bevor man sich ins Ruder legt … – auch wenn dies alles in der Praxis oft recht schwierig ist!

Es geht jedenfalls nicht darum, Konflikte zu vermeiden. Sie sind ein alltägliches Phänomen, im sozialen Leben eher die Regel als die Ausnahme, keine Pannen in Organisationen, sondern notwendige Ereignisse, die ihren Sinn haben: widerstrebende Orientierungen zu einem neuen Gleichgewicht, zu ausgewogeneren Problemlösungen zu verbinden. Konflikte sind dann kein schlechtes Zeichen, wenn die unterschiedlichen Positionen und Interessen mit der grundsätzlichen Bereitschaft ihrer Vertreter/innen gepaart sind, sie dialogisch auszuhandeln. Natürlich können Konflikte gefährlich sein, können Enttäuschungen, Ängste, Rückzug bei den Betroffenen bewirken oder zur Bildung von Lagern führen, deren Aktivitäten jede Entwicklung hemmen … Dem gilt es sowohl auf struktureller Ebene als auch im persönlichen Umgang miteinander vorzubeugen.

könnten, Widerstände und Blockaden in verschiedensten Erscheinungsformen (»Das machen wir ja alles schon längst!« – Wer kennt nicht die berühmten »Killerphrasen«?).

All das ist nachvollziehbar, oft berechtigt, übrigens zutiefst menschlich, anders gesagt: ganz normal. Die Botschaft lautet auch nicht, derlei Emotionen zu unterdrücken, so zu tun, als ob es sie nicht gäbe. Eine Chance für Evaluation und Qualitätsentwicklung liegt vielmehr darin, sie ein Stück weit bewusster – und damit auch besprechbarer – zu machen, zu lernen offener damit umzugehen. Die »technische« Seite von Evaluation ist wichtig; beinahe noch wichtiger aber erscheinen Fragen der Haltung, der Einstellung, des Klimas und der sozialen Prozesse, die damit verbunden sind.

Wer also einen derartigen Prozess in die Wege leiten möchte, wird gut beraten sein, zu einem Klima des Vertrauens unter den Beteiligten beizutragen. Durch persönliche Haltung, durch Anerkennung des bisher Geleisteten, aber auch durch Maßnahmen und Strukturen, die – unabhängig von einzelnen Personen – Vertrauen schaffen. Die dazu geeignet sind, Offenheit und Transparenz zu fördern, Klärungs- und Aushandlungsprozesse zu ermöglichen, einen besseren Umgang mit Konflikten zu lernen. Die Rede ist von einem Klima, in dem Bewährtes geschätzt wird, in dem

Innovationen als notwendig erkannt werden und Irrtümer erlaubt sind, in dem Fehler auch und vor allem als Lernchance begriffen werden.

Abkehr von der Sachebene, vom Abwägen der Argumente, von kühler Einschätzung offenkundiger Interessen, die im Spiel sind? Das wäre ein Missverständnis. Es geht darum, den Blick für die »andere«, die emotionale und soziale Seite von Evaluation zu schärfen, und damit die Chancen für den Erfolg von Maßnahmen individueller und gemeinsamer Qualitätsentwicklung zu erhöhen. Es gilt, einen neuen Akzent im Spektrum pädagogischer Professionalität zu setzen, eine systematische Rückmelde- und Reflexionskultur zu etablieren, und dafür braucht es neben den nötigen Rahmenbedingungen vor allem Gelassenheit und Zeit. Und umsichtiges Vorgehen …

Was Selbstevaluation seriös und erfolgreich macht

- **Einsichtige Gründe und spürbare Folgen**
  Evaluation ist nicht Selbstzweck, sie zielt auf eine positive Beeinflussung der Praxis in wesentlichen Bereichen schulischen Lebens ab. Der Umgang mit Daten und Ergebnissen ist darauf abgestimmt. Ein Evaluationsbericht sorgt für größere Nachhaltigkeit. Er reflektiert auch Qualität und Auswirkungen des Evaluationsvorhabens auf das Schulgeschehen.
- **Ein positiver Ansatz**
  Die Weiterentwicklung von Qualität steht im Vordergrund der Bemühungen. Sie braucht Vertrauen in eigene Stärken und bisher Geleistetes, ohne dabei schönfärberisch zu sein.
- **Relevante Fragestellungen und Kriterien**
  Bedeutsamkeit und Zielgenauigkeit der Fragestellungen werden von den Beteiligten anerkannt, Kriterien und Indikatoren sind bereits vorab definiert. Auch die inhaltlichen Grenzen der Untersuchung werden sichtbar gemacht.
- **Wirksame Methoden und Instrumente**
  Sie entsprechen der Fragestellung und Zielgruppe, orientieren sich an Handhabbarkeit und Angemessenheit. Methodenvielfalt erhöht die Aussagekraft der Daten. Was die verwendeten Instrumente und Methoden *nicht* leisten können, ist ebenfalls klargestellt.
- **Ein multiperspektivischer Ansatz**
  Die Schulpartner/innen sind in sinnvoller und angemessener Weise in das Vorhaben einbezogen. Nur so entsteht »Ownership«. Rückmeldungen von außen sind oft bereichernd und schützen vor Betriebsblindheit.
- **Klare Verantwortlichkeiten und Entscheidungsstrukturen**
  Wer wofür verantwortlich ist, was bis wann zu geschehen hat und wer welche Entscheidungen trifft, ist in einem klaren und verbindlichen Evaluationsplan festgehalten.
- **Gesicherte Rahmenbedingungen**
  Die vorhandenen Ressourcen (Personal, Qualifikationen, Zeit, Geldmittel) stehen in einem ausgewogenen Verhältnis zu Aufwand und Nutzen der Untersuchung.

Teil 2:
Methoden und Instrumente zur Selbstevaluation

Was sind Methoden und Instrumente zur Selbstevaluation?

Im zweiten Teil werden vielfältige *Methoden* und *Instrumente* zum raschen, unkomplizierten Einsatz für die Evaluation der zentralen Qualitätsbereiche von Schule und Unterricht vorgestellt und übersichtlich beschrieben sowie mit Anwendungsbeispielen, Benutzungsleitfäden und Arbeitsblättern als Kopiervorlagen angereichert. Sie sollen es Einzelpersonen und Schulen ermöglichen, vielfältige Daten unterschiedlicher Tiefe und Reichweite über die Wirksamkeit von Schule und Unterricht zu erhalten. Die Methoden und Instrumente sind »offen« konzipiert, um eine größtmögliche Offenheit des Einsatzes vor dem Hintergrund der jeweiligen Bedingungen des Schulstandorts sicherzustellen. Im optimalen Fall können sie von der Schule so adaptiert werden, dass sie für den jeweiligen Zweck zu neuen Ideen, Methoden und Reflexionen anregen, die der gegebenen Zielstellung bestmöglich entsprechen.

> ## Das beste Instrument ist das selbst erstellte!

hört man oft im Kontext von Schulentwicklung. Das mag stimmen, doch ergibt sich unter den Herausforderungen des Schulalltags vielfach das Problem, dass dazu einfach nicht genügend Zeit vorhanden ist. Die Haupttätigkeit von Lehrerinnen und Lehrern ist durch die Vorbereitung, Durchführung und Auswertung des (Fach-)Unterrichts geprägt – und darauf nehmen die hier vorgestellten Methoden und Instrumente Bezug: In dieser Hinsicht heißt »offen« auch, dass sie so konzipiert sind, dass sie auch ohne besondere Vorkenntnisse im Bereich Evaluation zugänglich sind, d.h. *rasch* und *unkompliziert* eingesetzt werden können.

Andererseits sind die Materialien auch so angelegt, dass sie von Lehrerinnen und Lehrern eine gewisse Offenheit erwarten, sich darauf einzulassen, auch Neuland zu betreten, Unübliches zu erproben – einfach jene Neugierde zu zeigen, die es braucht, um *offen für das Unerwartete* zu sein. Darin liegen nicht zuletzt auch die Chancen – aber auch Gefahren – eines Ansatzes, der die Verantwortung für Evaluation in die Hände derer legt, die in erster Linie mit der Qualität und Entwicklung von Schule und Unterricht betraut sind. Die Chance liegt im Vertrauen, selbst – in aller Offenheit – die Verantwortung für Zielsetzung, Auswahl der Personen und Methoden, Auswertung und das Ziehen von Konsequenzen zu übernehmen. Eine derartige Offenheit lässt sich am ehesten dadurch erreichen, dass die (behördliche) Beurteilung und Maßnahmen der (Selbst-)Evaluation voneinander getrennt werden, um ein ehrliches (statt vorgetäuschtes) Bemühen um die Einschätzung der Qualität von Schule und Unterricht zu erreichen. Offenheit der Materialien heißt aber auch, dass sie sich – etwa im Falle einer Nachfrage – dazu eignen müssen, Rechenschaft über die Qualitäts(vor)sorge der Schule abzulegen.

Was können Methoden und Instrumente zur Selbstevaluation (nicht) leisten?

Methoden und Instrumente der Selbstevaluation eignen sich nicht als externes Kontrollinstrument der Schule, sondern dienen dem

> **Bemühen, die Qualität von Schule und Unterricht (Prozesse und Ergebnisse) zu verstehen, in der Absicht, sie weiterzuentwickeln.**

Wenn hier vom Bemühen die Rede ist, wird deutlich, dass es nicht um ein »endgültiges« Verstehen von Qualität gehen kann, denn Schulen lassen sich nicht nach einem simplen Regelkreis-Denken entwickeln. Vielmehr heißt das Bemühen, Qualität von Schule und Unterricht zu verstehen, sich auf die wesentlichen Fragen einzulassen, die im ersten Teil ausführlich entwickelt werden (siehe V 3). Daraus ergeben sich auch folgende Kriterien für eine »gute« Evaluation:

> **Eine gute Evaluation ...**
>
> ... hat einen positiven Zweck.
> *Weshalb wird sie durchgeführt? Wessen Evaluation ist es? Wer gewinnt dadurch? Was soll sie bewirken?*
> ... hat klare Zielstellungen darüber, was evaluiert werden soll.
> *Was will die Schule erreichen? Was sind die Erwartungen?*
> ... weist Indikatoren auf, nach denen Prozesse und Produkte bewertet werden können.
> *Woran kann man ablesen, ob ein Kriterium erfüllt wird? Was kann als »Beweis« gelten?*
> ... beruht auf dem Einsatz von stimmigen Methoden, wobei die Verhältnismäßigkeit von Aufwand und Ergebnis eines der wichtigsten Erfolgskriterien ist.
> *Welche Methoden sind für die erwarteten Ziele brauchbar? Wie lassen sich die zu erwartenden zusätzlichen Belastungen in Grenzen halten?*
> ... bezieht sich auf einen brauchbaren, für den Schulalltag relevanten Ausschnitt von Schulwirklichkeit.
> *Welche Reichweite haben die Ergebnisse der Evaluation?*
> ... reflektiert unerwartete Nebenwirkungen.
> *Was hat die Evaluation ausgelöst, das nicht den ursprünglichen Intentionen entspricht?*
> ... löst Entwicklung aus.
> *Was bewirken die Ergebnisse für die Zukunft der Schule?*

Wie sind die Methoden und Instrumente zur Selbstevaluation aufgebaut?

Der *äußere Aufbau* der Methoden und Instrumente richtet sich an den fünf Q-Bereichen aus, die im ersten Abschnitt vorgestellt worden sind (vgl. Kasten Qualitätsbereiche, S. 36). Sie werden hier nochmals zusammengefasst:

Q 1–3	Lehren und Lernen
Q 4–6	Lebensraum Klasse/Schule
Q 7–9	Schulpartnerschaft und Außenbeziehungen
Q 10–12	Schulmanagement
Q 13–15	Professionalität und Personalförderung

Für jeden Qualitätsbereich wird jeweils anhand von drei Unterbereichen ausführlich aufgezeigt, welche Methoden und Instrumente eingesetzt werden können, um Daten zu bestimmten Fragestellungen zu erhalten und daraus abgeleitete Entwicklungsmaßnahmen zu setzen.

Die *innere Struktur* des Aufbaus der einzelnen Abschnitte hat eine einheitliche Form, um die Orientierung und Arbeit zu erleichtern. Sie beginnt jeweils mit einer Kurzübersicht:

Auf einen Blick

❶ **Was?**   …
❷ **Wozu?**   …
❸ **Wann gelingt's?** …
❹ **Wer?**   …
❺ **Wie?**   …
❻ **Konkret?**   …
❼ **Mehr dazu?**   …
❽ **Womit?**   …

Diese Übersicht ermöglicht einen ersten Blick auf den Inhalt der jeweils vorgestellten Methode. Der Aufbau entspricht dabei folgender Struktur:

❶ **Was?** (**Zielstellung**)
Dieser Abschnitt gibt einen ersten Überblick darüber, worum es bei der vorgestellten Methode geht. Es erfolgt eine Kurzdefinition des Gegenstands und die Zielrichtung der Evaluation, sodass eine erste Einschätzung der Brauchbarkeit für die eigene Situation erfolgen kann.

❷ **Wozu?** (**Herausforderung**)
Hier werden Ausgangssituation, Hintergrund und Herausforderungen beschrieben, die aufzeigen, in welchem Kontext diese Methode eingesetzt werden bzw. auf welche Fragen sie eine mögliche Antwort geben kann.

❸ **Wann gelingt's? (Förderliche Bedingungen)**

Da sich Methoden nicht einfach in einen x-beliebigen Kontext übernehmen lassen, sind bestimmte Rahmenbedingungen zu berücksichtigen, die in diesem Abschnitt beschrieben werden. Es sind sozusagen die Gelingensbedingungen, die für den Einsatz der Methode anzustreben sind.

❹ **Wer? (Personen)**

Hier wird aufgezeigt, welche Personen beteiligt sein sollen, können bzw. welcher Adressatenkreis mit der Methode angesprochen ist. Diese Hinweise sind allerdings nur als Vorschlag zu verstehen, denn alle Methoden lassen sich so adaptieren, dass sie für unterschiedliche Personenkonstellationen einsetzbar sind.

❺ **Wie? (Durchführung)**

In diesem Abschnitt erfolgt eine genaue Erklärung der Methode, vor allem wie sie in der Praxis umgesetzt werden kann. Die Erklärung der methodischen Umsetzung kann allerdings nur in einer allgemein gültigen Form erfolgen, um sie überhaupt verstehbar zu machen. Über vorgegebene Ablaufschritte wird aber auf eine möglichst praxisnahe Darstellung Rücksicht genommen.

❻ **Konkret? (Beispiele)**

Hier werden praktische Beispiele aufgezeigt, wie die vorgestellte Methode in der schulischen Praxis umgesetzt worden ist. Der Abschnitt enthält die in ❺ beschriebene Methode in einem realen Kontext, wobei die Durchführung von der jeweiligen Situation an der Basis bestimmt wird. Daher sind hier auch Abweichungen, Variationen u.Ä. zu finden, die aufzeigen, dass sich eine Methode nicht einfach 1:1 in die alltägliche Schulsituation umsetzen lässt.

❼ **Mehr dazu? (Literatur)**

In diesem Abschnitt erfolgen Hinweise zu weiterführender Literatur, wenn jemand Lust bekommen hat, sich näher mit dem behandelten Thema zu befassen. Das Literaturverzeichnis enthält gegebenenfalls auch die Quellenangabe für die beschriebene Methode.

❽ **Womit? (Instrumente)**

Am Schluss des jeweiligen Kapitels sind jene Instrumente versammelt, die (zum Beispiel als Kopiervorlage) unmittelbar in Schule und Unterricht eingesetzt werden können. Sie beziehen sich auf die jeweils in ❺ beschriebene Durchführung.

Q 1   Kollegiale Unterrichtsbeobachtung

Auf einen Blick

❶ **Was?**	Kollegiales Feedback
❷ **Wozu?**	Entwicklung des Unterrichts
❸ **Wann gelingt's?**	Vertrauen, Feedbackkultur
❹ **Wer?**	Interessierte Lehrpersonen
❺ **Wie?**	Gegenseitige Unterrichtsbesuche
❻ **Konkret?**	Selbsttätigkeit der Schüler/innen
❼ **Mehr dazu?**	Literatur
❽ **Womit?**	Beobachtungsraster

---

❶ Was? (Zielstellung)

Die *kollegiale Evaluation durch gegenseitige Unterrichtsbesuche* ist eine Form der professionellen Entwicklung, in der das Wissen, das Können und die Fähigkeiten der Lehrenden genutzt werden, um Aussagen über die Wirksamkeit des Unterrichts von Kolleginnen und Kollegen zu machen. Sie trägt zu einer Neubewertung der eigenen Arbeit und der des Kollegiums (bzw. eines Fachbereichs) bei.

❷ Wozu? (Herausforderung)

Das Lehrerdasein ist stark dadurch gekennzeichnet, dass Rückmeldungen über die Wirksamkeit des Unterrichts hauptsächlich über die Leistungen der Schülerinnen und Schüler erfolgen. Die Schulnoten sind allerdings in erster Linie kein Indikator für die Qualität des Lehrens und Lernens, sondern geben eher darüber Auskunft, wie die Schülerinnen und Schüler die ihnen gestellten Aufgaben bewältigen, um die bestmögliche Note zu erhalten.

Kollegiales Feedback erfolgt an der Schule äußerst selten, die Klassentüren bleiben zumeist geschlossen, Anregungen zur Weiterentwicklung stammen eher von außen (Besuch von Fortbildungsveranstaltungen o. Ä.), weshalb Lehrerinnen und Lehrer kaum interne Rückmeldungen über ihr eigenes Lehr*verhalten* bekommen; schulinterne Lehrerfortbildung hat in den letzten Jahren zwar zu einer intensiveren Auseinandersetzung im Kollegium beigetragen, macht aber immer noch (zu) oft vor der Klassentüre halt. Für die Professionalisierung der Lehrerinnen und Lehrer ist es daher wichtig, eine Kultur gegenseitiger Unterstützung im Unterricht zu entwickeln. Die kollegiale Unterrichtsbeobachtung ist ein wichtiger erster Schritt in diese Richtung.

❸ Wann gelingt's? (Förderliche Bedingungen)

Sie stellt dann eine wirksame Form der Qualitätsentwicklung im Unterricht dar, wenn

- sie der Bereitschaft des einzelnen Lehrers bzw. der einzelnen Lehrerin entspringt,
- die gegenseitigen Besuche zu keiner (dienstlichen) Beurteilung (im Sinne einer Inspektion) führen,
- die Besuche in einer systematischen Form durchgeführt, das heißt auch entsprechend vor- und nachbereitet werden,
- die Schülerinnen und Schüler im Vorhinein darüber informiert werden, worum es geht,
- die wichtigsten Feedbackregeln beherrscht werden.

Die *kollegiale Evaluation durch gegenseitige Unterrichtsbesuche* ist in hohem Maße auf eine Vertrauensbasis angewiesen, da sowohl die Ehrlichkeit der Rückmeldung über die Wirksamkeit des beobachteten Unterrichts, als auch die Bereitschaft zur Annahme solcher Rückmeldungen eine zentrale Rolle spielen. Daher wird sie dann am erfolgreichsten sein, wenn im Kollegium notwendige Offenheit für das Annehmen von Kritik gegeben ist bzw. angestrebt wird.

> ### Leicht gesagt, schwer getan!

Die Vertrauensbasis lässt sich am besten dadurch erreichen, dass sich zunächst Tandems derjenigen bilden, die Interesse an gegenseitigen Unterrichtsbesuchen haben. Daraus können sich Gruppen bilden (»Qualitätsgruppen«), in denen der Austausch auf einer breiteren Basis erfolgt. Rahmenbedingung für eine intensivere Zusammenarbeit ist z.B. die Berücksichtigung der gegenseitigen Unterrichtsbesuche in der Stundenplangestaltung.

❹ Wer? (Personen)

Da die Wirksamkeit der *kollegialen Evaluation durch gegenseitige Unterrichtsbesuche* auf eine entsprechende Vertrauensbasis angewiesen ist, ist die *Bereitschaft* zur Teilnahme an dieser Evaluationsmethode ein wichtiges Kriterium dafür, wer daran teilnimmt. Daher sollte sie zunächst dort eingesetzt werden, wo sich Lehrerinnen und Lehrer selbst dafür bereit erklären. Erfahrungsgemäß schließen sich in der Folge immer mehr Kolleginnen und Kollegen an, sodass es zu einer Feedbackkultur kommen kann.

Eine derartige Kultur des gegenseitigen Feedback ergibt sich allerdings nicht von selbst. Es sind dazu Gelegenheiten zu schaffen, bei denen die Erfahrungen bei der kollegialen Unterrichtsbeobachtung ausgetauscht werden können. Eine derartige Austauschkultur erfolgt zunächst am leichtesten im Fachbereich, in dem eine bestimmte Fragestellung (z.B. »Wie viel Zeit erhalten die Schülerinnen und Schüler in einer Englischstunde zum eigenständigen Gebrauch der Fremdsprache?«) die Unterrichtsbeobachtung leitet. In anderen Fällen kann es aber auch sinnvoll sein, dass fachunterschiedliche Beobachtungen durchgeführt werden. Bestimmend ist immer die Bereitschaft der Personen, die ihre Klassentüre für einen kollegialen Besuch durch eine Kollegin oder einen Kollegen öffnen.

Die Schülerinnen und Schüler sollten von der betreffenden Lehrperson im Vorhinein darüber informiert werden, was das Ziel des kollegialen Besuchs im Unterricht ist. In einzelnen Fällen kann es sich auch als hilfreich erweisen, die Schülerinnen und Schüler selbst aktiv in die Unterrichtsbeobachtung einzubeziehen.

❺ Wie? (Durchführung)

Die *kollegiale Evaluation durch gegenseitige Unterrichtsbesuche* kann in unterschiedlichen Formen durchgeführt werden, was die Beobachtungsschwerpunkte anbelangt, nämlich:

- **offen** (ohne Festlegung eines Beobachtungsschwerpunkts),
- **gemeinsam festgelegt** (es steht ein bestimmter Aspekt im Vordergrund, der etwa für den Fachbereich bzw. für die gesamte Schule bedeutsam ist, z.B. »Selbsttätigkeit der Schülerinnen und Schüler [im Mathematikunterricht]«),
- **individuell ausgehandelt** (die hospitierende Lehrperson vereinbart mit dem Lehrer bzw. der Lehrerin einen Aspekt, der für sie/ihn von besonderer Bedeutung ist, z.B. »Probleme der Wirksamkeit des Gruppenunterrichts«).

Welche Form auch immer ausgewählt wird, der Erfolg von Unterrichtsbesuchen hängt von einer systematischen Vorbereitung ab. Unterrichtsbesuche können auf individueller Basis erfolgen (Lehrer A lädt Kollegin B in seinen Unterricht ein), sollten aber zur ständigen Einrichtung im Sinne einer professionellen Feedbackkultur werden. Dazu ist es hilfreich, sich auf ein gemeinsames Thema zu einigen, das den Fokus für die Unterrichtsbesuche bildet. Dieses Thema bildet die Grundlage für die Erstellung von *Indikatoren*, d.h. jener Kriterien, an denen erkennbar ist, dass das Beobachtungsziel erreicht wird (vgl. das Beispiel in ❻). Diese Erfolgsindikatoren werden auf einem Beobachtungsraster (siehe ❽) eingetragen. Während der Unterrichtsbeobachtung werden Notizen zu den vorgegebenen Beobachtungszielen *(Indikatoren)* gemacht. Die Spalte »Beobachtung« sollte möglichst nur eine Beschreibung des Beobachteten enthalten, während in der Spalte »Kommentar« mögliche Interpretationen, Gedanken und sonstige Hinweise subjektiver Einschätzung stehen sollten. Die beobachtende Person wertet die Aufzeichnungen möglichst rasch nach der Unterrichtsbeobachtung aus, um aus der Erinnerung noch wichtige Ergänzungen vornehmen zu können. Außerdem hat es sich bewährt, dass die beobachtende Person ein kurzes Gedächtnisprotokoll anfertigt, in dem alles kurz schriftlich festgehalten wird, was aus der beobachteten Stunde gefühlsmäßig in Erinnerung geblieben ist.

Bei einem vereinbarten Nachbesprechungstermin erfolgt die Rückmeldung der Beobachterin bzw. des Beobachters an die Lehrperson. Diese Nachbesprechung sollte in einer möglichst förderlichen Gesprächsatmosphäre stattfinden, damit das Feedback von der Lehrperson angenommen werden kann, ohne dass sie ihr Verhalten verteidigen muss (vgl. 10 Tipps für förderliches Feedback, S. 104).

Die Beobachtung kann stärker von der unterrichtenden Person gesteuert werden, wenn sie selbst ihr Interesse definiert, was in der kollegialen Unterrichtsbeobachtung im Vordergrund stehen soll. Aber auch in diesem Fall ist es wichtig, dass Erfolgsindikatoren festgelegt werden, die es der beobachtenden Person ermöglichen zu erkennen, woran das Beobachtungsziel erkannt werden kann. Diese Indikatoren werden vor der Beobachtung in den Beobachtungsraster (siehe ❽) eingetragen.

Was ist eine Triangulation?

Unter einer *Triangulation* wird das Einholen einer zusätzlichen (dritten) Sichtweise verstanden (triangle = Dreieck). Dies ist dann hilfreich, wenn aus den vorhandenen Daten keine schlüssigen Interpretationen zu gewinnen sind. So können nach der Beobachtung einzelne Schülerinnen und Schüler kurz interviewt werden, um Rückschlüsse über einzelne Verhaltensweisen bzw. die Einschätzung einer Situation aus ihrer Sicht zu erhalten. Wenn es situationsspezifisch erforderlich ist, kann auch ein kurzer schriftlicher Austausch mit einzelnen Schülerinnen und Schülern während des Unterrichts selbst erfolgen, indem ihnen ein Notizzettel mit einer Frage vorgelegt wird, die sie ad hoc beantworten können.

10 Tipps für förderliches Feedback

1) Geben Sie Feedback nur in einer Atmosphäre, in welcher der/die Partner/in das Feedback annehmen kann! (Emotionale Belastungen sind nicht förderlich, um Rückmeldungen über Verhalten annehmen zu können.)
2) Weisen Sie darauf hin, dass es nicht um Richtig/falsch-Urteile geht, sondern dass die Beobachtung durch eine/n Außenstehende/n eine neue Entwicklungsperspektive eröffnen kann.
3) Vermeiden Sie Pauschalurteile, Verallgemeinerungen und Typisierungen, beziehen Sie sich vielmehr auf das in der Situation Beobachtete.
4) Unterscheiden Sie zwischen dem, was Sie beobachtet haben (Spalte »Beobachtung«) und Ihrer Interpretation (Spalte »Kommentar«).
5) Verwenden Sie »Ich-Botschaften«. (»Ich habe … beobachtet und das hat bei mir … ausgelöst.«)
6) Geben Sie dem/der Partner/in genügend Möglichkeiten, seine/ihre eigene Sichtweise einzubringen.
7) Hören Sie Ihrem/Ihrer Partner/in aufmerksam zu, was er/sie Ihnen (noch) sagen möchte, und gehen Sie darauf ein. Fühlen Sie sich in seine/ihre Situation ein.
8) Bleiben Sie offen und halten Sie Ihre Meinung nicht zur Schonung des Partners/der Partnerin zurück, betonen Sie aber die subjektive Deutung und den Hintergrund Ihrer Sichtweise.
9) Konzentrieren Sie sich nicht nur auf Negatives, sondern argumentieren Sie auch Positives!
10) Reden Sie nach dem Feedback mit dem/der Partner/in über seine/ihre Empfindungen und bauen Sie durch gegenseitige Rückmeldungen gemeinsam an einer förderlichen Feedbackkultur.

❻ Konkret? (Beispiel)

Ein wichtiges Merkmal im Schulprogramm einer Schule ist die Selbstständigkeit der Schülerinnen und Schüler im Unterricht. In einer Konferenz wird der Vorschlag gemacht, die Umsetzung dieser Zielsetzung zu evaluieren, nicht zuletzt sähe auch der Lehrplan in der Selbsttätigkeit des/der Schülers/Schülerin ein übergeordnetes Bildungsziel, das es im Unterricht aller Fächer zu verwirklichen gelte. Die Schulleitung fragt, wer Interesse daran hat, die Selbstständigkeit im Unterricht durch gegenseitige Unterrichtsbeobachtung zu evaluieren. Eine solche Evaluation soll in möglichst vielen Fächern durchgeführt werden, um nicht nur Daten über einzelne Fächer zu erhalten. Es melden sich vier Lehrerinnen und Lehrer.

Sie legen einen Termin fest, bei dem sie die inhaltlichen und organisatorischen Vorbereitungen der gegenseitigen Unterrichtsbesuche besprechen. Anhand des Themas »*Selbsttätigkeit der Schülerinnen und Schüler im Unterricht*« starten sie ein Brainstorming, um herauszufinden, woran sich dieses Beobachtungsziel erkennen lässt. Von zehn gefundenen Indikatoren wählen sie vier aus, die ihnen geeignet und gut zu handhaben erscheinen, und zwar:

Was ist ein Indikator?

Ein Indikator ist ein Anzeiger dafür, dass ein (vorher) bestimmtes Merkmal (erfolgreich) erfüllt wird.

Indikatoren für Selbsttätigkeit der Schülerinnen und Schüler im Unterricht

Daran lässt sich erkennen, dass Schülerinnen und Schüler im Unterricht selbsttätig arbeiten:
- Sie treffen selbstständig Entscheidungen darüber, *was* sie *wie* machen.
- Sie haben Zeit, die gestellten Aufgaben nach ihrem eigenen Tempo zu bewältigen.
- Sie stellen Fragen, wenn sie mit den ihnen gestellten Anforderungen nicht zurechtkommen.
- Die Schülerinnen und Schüler überprüfen die von ihnen geforderte Leistung.

Diese Indikatoren werden im Beobachtungsraster in der Spalte »Indikatoren« eingetragen (vgl. Abbildung 16) und dann für alle Beobachterinnen und Beobachter mehrfach kopiert. Jeweils zwei Paare arrangieren die gegenseitigen Beobachtungstermine, falls nötig mittels Stundentausch.

Arbeitsblatt für kollegiale Unterrichtsbeobachtung

Beobachter/in: _____ bei: _____ Klasse: _____ Datum: _____ Seite: _____

vereinbartes Thema zur Beobachtung: ___*Selbsttätigkeit der Schüler/innen im Unterricht*___

Indikatoren	Beobachtung	Kommentar
Die Schülerinnen und Schüler treffen selbstständig Entscheidungen darüber, was sie wie machen.		
Sie haben Zeit, die gestellten Aufgaben nach ihrem eigenen Tempo zu bewältigen.		
Sie stellen Fragen, wenn sie mit den gestellten Anforderungen nicht zurechtkommen.		
Die Schülerinnen und Schüler überprüfen die von ihnen geforderte Leistung.		

Abbildung 16: Beobachtungsraster »Selbsttätigkeit der Schüler/innen«

Die kollegiale Unterrichtsbeobachtung wird von den beiden »Tandems« unabhängig voneinander durchgeführt, ebenso die Auswertung in einem nachträglichen Treffen. Nach zwei bis drei Beobachtungen treffen sich die vier zum Erfahrungsaustausch und diskutieren, welche Konsequenzen sich für die Unterrichtsgestaltung in den betreffenden Fächern daraus ergibt. Eine Deutschlehrerin entscheidet sich, einmal offene Unterrichtsformen zu erproben, um den Schülerinnen und Schülern eigenständigeres Arbeiten zu ermöglichen. Sie wird nach einigen Versuchen nochmals ihren Kollegen zur Unterrichtsbeobachtung einladen, um herauszufinden, ob sich dadurch in ihrer Unterrichtsarbeit für die Schülerinnen und Schüler tatsächlich etwas geändert hat. In der folgenden pädagogischen Konferenz berichten die beiden Tandems unter dem Tagesordnungspunkt »Kollegiale Unterrichtsbeobachtung« über ihre Erfahrungen.

❼ Mehr dazu? (Literatur)

Bachmair, Gerd: Handlungsorientierte Unterrichtsanalyse – Praxisnahe Anregungen für die Reflexion von Unterricht. Weinheim: Beltz 1980.
Beck, Gertrud/Scholz, Gerold: Beobachten im Schulalltag. Ein Studien- und Praxisbuch. Frankfurt/M.: Cornelsen Scriptor 1995.
Miller Reinhold: »Das ist ja wieder typisch« – Kommunikation und Dialog in Schule und Schulverwaltung. 25 Trainingsbausteine. Weinheim: Beltz 1995.
Pallasch, Waldemar/Reiners, Heino/Kölln, Detlef/Strehlow, Volker: Das Kieler Supervisonsmodell (KSM) – Manual zur unterrichtlichen Supervision. Weinheim: Juventa 1993.
Sanger, Jack/Kroath, Franz: Der vollkommene Beobachter? Ein Leitfaden zur Beobachtung im Bildungs- und Sozialbereich. Innsbruck: Studienverlag 1998.

❽ Womit? (Instrumente)

Arbeitsblatt für kollegiale Unterrichtsbeobachtung (S. 107)

Arbeitsblatt für kollegiale Unterrichtsbeobachtung

Beobachter/in: _____   bei: _____   Klasse: _____   Datum: _____   Seite: _____

vereinbartes Thema zur Beobachtung: _____

Indikatoren	Beobachtung	Kommentar

Q 2   Leistungsbeurteilung im Gespräch

Auf einen Blick

❶	**Was?**	Leistungsbeurteilung analysieren
❷	**Wozu?**	Beurteilungskriterien verbessern
❸	**Wann gelingt's?**	Vertrauen, Gesprächskultur
❹	**Wer?**	Fachteams, ganzes Kollegium
❺	**Wie?**	Standards vergleichen
❻	**Konkret?**	Gestufte Lernzielkontrolle
❼	**Mehr dazu?**	Literatur
❽	**Womit?**	Raster, Checklisten, Statistik

---

❶ Was? (Zielstellung)

Die Beurteilung von Schülerleistungen bestimmt den Unterrichtsalltag in hohem
Maß. Noten stellen dabei das wichtigste Instrument zur Bewertung der Schülerleistungen dar, weshalb sie Schülerinnen und Schüler, Lehrerinnen und Lehrer sowie Eltern in unterschiedlicher Weise betreffen. Die Beurteilung von Schülerleistungen
steht demnach in einem Spannungsfeld: Einerseits hat sie eine pädagogische Funktion, nämlich die Förderung von individuell zu erwerbenden Kenntnissen und Einsichten sowie anzueignenden Fähigkeiten und Fertigkeiten, andererseits hat sie die
Funktion, im Rahmen des Bildungswesens über entsprechende Abschlüsse gesell-
schaftlich anerkannte Berechtigungen zu vergeben.

Die Evaluation der Praxis von Leistungsbeurteilung an Schulen kann dazu beitragen,

- die Bewertung von Schülerleistungen transparent zu machen,
- die Prüfungsstandards und Bewertungsmaßstäbe zu vergleichen,
- die Verteilung von Noten zu analysieren und daraus Konsequenzen zu ziehen,
- Möglichkeiten der Selbstbeurteilung mit der Fremdbeurteilung zu verbinden,
- im Sinne eines »Frühwarnsystems« Beratungsgespräche zu führen.

❷ Wozu? (Herausforderung)

Die Beurteilung von Schülerleistungen bestimmt in vielerlei Hinsicht das Schulgeschehen. Eltern leiten daraus sowohl ihre eigene Einschätzung der Schülerleistungen (*»Sie ist gut, denn sie hat lauter gute Noten«*) als auch die Bewertung des Lehrerverhaltens ab (*»Er ist ein guter Lehrer, denn er ist in der Benotung sehr objektiv«*). Die Funktion von Noten wird im gegliederten Schulsystem vor allem an seinen Schnittstellen deutlich, wo sie als Eingangsvoraussetzung für einen bestimmten Schultyp eine wichtige Rolle spielen können (zum Beispiel bei der Aufnahme von Schülerinnen und Schülern in eine weiterführende Schule).

Während in den letzten Jahren zahlreiche Entwicklungen im Bereich der Didaktik und Methodik von Unterricht festgestellt werden können, wurden hinsichtlich alternativer Möglichkeiten der Leistungsbeurteilung wenig konkrete Fortschritte gemacht: Die Lehrpläne sind stärker an der Lebenswelt der Schülerinnen und Schüler orientiert und haben sich von umfassenden Katalogen enzyklopädischer Vorgaben zur eher exemplarischen Auswahl bei den Lehr- bzw. Lernzielformulierungen entwickelt. Wenig geändert hat sich allerdings die Praxis in der Leistungsfeststellung, was sich anhand folgender Grafik aufzeigen lässt, in der die beiden Achsen Schülerbestimmung – Lehrerzentriertheit und Offenheit – Geschlossenheit ein Koordinatensystem aufspannen (vgl. Abbildung 17 aus Schratz 1996, 134).

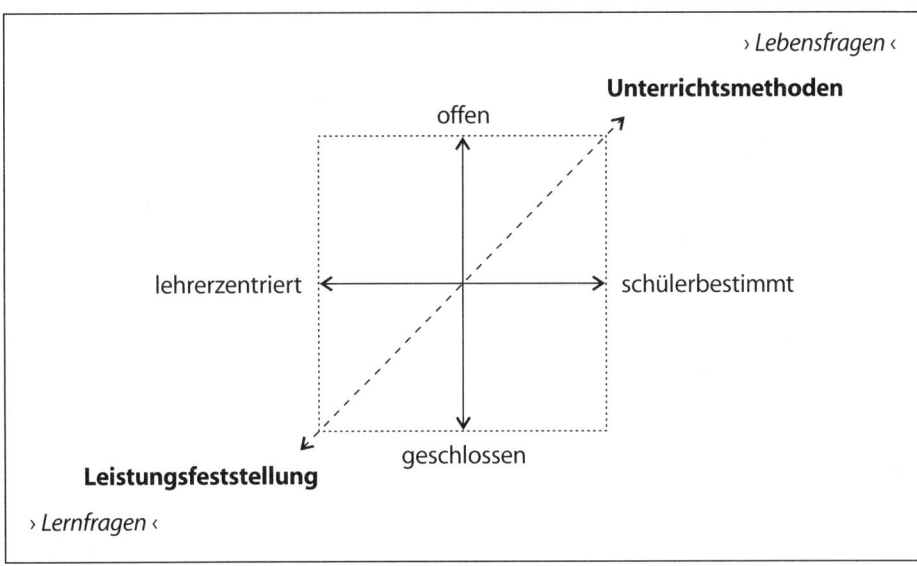

Abbildung 17: Leistungsfeststellung über »Lernfragen«

Während sich im Bereich der unterrichtlichen Vermittlung eine Tendenz von lehrerzentriertem, geschlossenem Unterricht zu eher schülerbestimmten, offenen Unterrichtsformen abzeichnet, bleibt Leistungsbeurteilung bzw. -bewertung mehr im

Quadranten der lehrerzentrierten Geschlossenheit. Die zunehmende Unsicherheit bezüglich der Bewertung von Schülerleistungen im Rahmen offener Unterrichtsformen hat zum Teil sogar dazu geführt, dass Lehrerinnen und Lehrer zu einem Rückzug in die »Sicherheit« geschlossener Beurteilungsformen tendieren. Es geht hier also darum, die Praxis der Leistungsbeurteilung an der Schule zum Thema von Reflexion und Entwicklung zu machen.

❸ Wann gelingt's? (Förderliche Bedingungen)

Je transparenter in der Praxis die Feststellung und Bewertung von Schülerleistungen mittels Note durchgeführt wird, umso nachvollziehbarer ist allen Beteiligten (Schülerinnen und Schülern, Eltern, Lehrerinnen und Lehrern) das Zustandekommen der (endgültigen) Beurteilung. Wenn sich die Maßstäbe der einzelnen Lehrerinnen und Lehrer innerhalb des Fachbereichs oder darüber hinaus sehr unterscheiden, führt dies bei den Beurteilten wie auch bei den Eltern zu einer gewissen Verunsicherung (*»Warum kriegt meine Tochter bei X mit so viel Fehlern ein »Gut« und die Freundin mit derselben Fehlerzahl bei Y ein »Genügend«?*). Daher ist es hilfreich, wenn innerhalb der Schule eine förderliche Gesprächskultur über die Beurteilungsmaßstäbe geschaffen wird, um sich über Maßstäbe klar zu werden, sie in Beziehung zu anderen zu setzen, Unterschiede zu reflektieren und Differenzen zu vermeiden. Dies setzt aber eine gewisse Vertrauensbasis voraus, da die Beurteilung der Schülerleistungen auch als eine Beurteilung der »Lehrerleistung« gesehen werden kann. Wenn eine Klassenarbeit wiederholt werden muss, stellt sich die Frage, ob die Schülerinnen und Schüler den Lernstoff nicht gut genug gekonnt haben, um positive Leistungen zu erbringen oder ob die Aufgabenstellung durch die Lehrperson zu schwierig war. Die Vertrauensbasis lässt sich am besten dadurch erreichen, dass sich zunächst Fachteams innerhalb eines Kollegiums bilden, welche ihre Bewertungskriterien diskutieren und eine für alle möglichst »stimmige« Regelung treffen. Daraus können fächerübergreifende und in der Folge schulübergreifende Diskussionen über »Standards« in der Leistungsbeurteilung wachsen, welche dazu beitragen können, unterschiedliche Beurteilungskriterien in Beziehung zu setzen und zu reflektieren.

❹ Wer? (Personen)

Da Schülerinnen und Schüler unabhängig von Lehrperson oder Schulstandort innerhalb eines Schulsystems für ihre Leistungen in vergleichbarer Weise beurteilt werden sollen, ist erstrebenswert, dass eine größtmögliche Transparenz in der Leistungsbeurteilung geschaffen wird. Dies setzt voraus, dass das Kollegium einer Schule für eine solche Transparenz den Schülerinnen und Schülern sowie den Eltern gegenüber sorgt. Darüber hinaus sollte die Brückenfunktion zu den »zuliefernden« sowie weiterführenden Schulen gewährleistet sein, um das Schnittstellenproblem (Übertritte) zu entschärfen, was im Sinne eines gemeinsamen Aushandelungsprozesses erfolgen sollte. Dies ist aber nur möglich, wenn beide Partner an einer solchen Entwicklung Interesse haben. Auch zwischen den Schulen sind Absprachen hilfreich, um eine Gleichwertigkeit der Bewertungskriterien in den einzelnen Fächern sicherzustellen, wozu ein Austausch unter den betreffenden Lehrerinnen und Lehrern hilfreich ist.

❺ ❻ Wie konkret? (Durchführung und Beispiele)

Da die Analyse von Schülerleistungen auf unterschiedlichen Ebenen erfolgen kann (Jahrgang, Fach, Fachgruppe, innerschulisch, überschulisch), sollten die Instrumente, die dafür eingesetzt werden, möglichst offen für die jeweilige Analyseperspektive sein. Je nach der Zielsetzung der Evaluation von Leistungsbeurteilung ergeben sich unterschiedliche Aufgabenstellungen. Es werden im Folgenden vier unterschiedliche Methoden und Instrumente vorgestellt, die derartig unterschiedliche Herangehensweisen aufzeigen:

- Prüfungsstandards vergleichen,
- Überprüfung des Lernerfolgs: Wunsch und Wirklichkeit,
- Notenverteilung analysieren,
- gestufte Lernzielkontrolle (von der Selbst- zur Fremdbeurteilung).

Diese Methoden und Instrumente mit unterschiedlichen Ausrichtungen und Reichweiten können natürlich auch abgeändert und den eigenen Bedürfnissen an der Schule angepasst werden. Sie werden im Folgenden einzeln vorgestellt.

Prüfungsstandards vergleichen

Durch die isolierte Tätigkeit des Unterrichtens und Beurteilens von Schülerleistungen durch die Lehrerinnen und Lehrer erfolgt selten ein Austausch über Standards bei der Durchführung und Bewertung von Leistungsmessungen. Zur Abstimmung unterschiedlicher Maßstäbe und Standards hat sich in den letzten Jahren die Einführung von so genannten Vergleichsarbeiten als hilfreiche Möglichkeit herausgestellt.
    Dazu tauschen Lehrerinnen und Lehrer desselben Faches zunächst innerhalb der Schule – später aber auch schulübergreifend – ihre Beurteilungsnormen (»Notenschlüssel«) aus und diskutieren die Für und Wider unterschiedlicher Herangehensweisen. Die Diskussion der von Lehrerinnen und Lehrern getrennt vorgenommenen Beurteilung derselben Schülerarbeit(en) soll zeigen, ob die Beurteilung auch »intersubjektiv« zum selben Ergebnis kommt. In der Folge können die unterschiedlichen Möglichkeiten für Aufgabenstellungen im Hinblick auf die jeweils abgeprüften Fähigkeiten und Fertigkeiten hin untersucht werden. Die »Checkliste zur Überprüfung von Prüfungsstandards« in ❽ kann dazu als Unterstützung dienen.

Die Analyse der Ergebnisse dieser Untersuchung sollte dazu führen, bei künftigen Maßnahmen zur Optimierung von Verfahren der Leistungsüberprüfung auf die Defizite der bisherigen Vorgangsweise Rücksicht zu nehmen. Möglicherweise sind dazu Fortbildungsveranstaltungen erforderlich, in denen neue Formen der Leistungsüberprüfung vorgestellt bzw. schulintern erarbeitet werden. Dies ist besonders dann erforderlich, wenn Schulen im Unterricht mit erweiterten Lernformen (offenes Lernen, Wochenplan u.Ä.) arbeiten. Dazu ein Beispiel:

Beispiel: Leistungsbeurteilung im offenen Lernen

Lehrer T. (vgl. Stern 1997) hat an einer Fachdidaktik-Fortbildungsveranstaltung teilgenommen, an der neue Unterrichtsformen für den naturwissenschaftlichen Unterricht erarbeitet worden sind. Angeregt durch das gelungene Seminar gewinnt er nach seiner Rückkehr an die Schule einige Kolleginnen und Kollegen im Team der Physiklehrer dazu, offene Lernformen in ihren herkömmlichen Unterricht zu integrieren. Offene Lernformen zielen darauf ab, einen Teil der Steuerung des Lernprozesses den Schülerinnen und Schülern zu überlassen, um ihnen die Möglichkeit zu bieten, Zusammenhänge und Erklärungsmuster selbstständig entdecken zu können.

Im Laufe der Arbeit kommt es zur Unzufriedenheit mit der Leistungsbeurteilung, da sich die unterschiedlichen Arbeitsweisen bei der Leistungsmessung nicht einfach über einen Kamm scheren lassen. Lehrer T. stellte sich daher Fragen wie: Woran lässt sich bei einer derartigen Vorgangsweise der Lernerfolg überprüfen? Wie wissen die Schülerinnen und Schüler selbst, wie die Lehrperson, wieweit sie ihre (Lern-)Ziele erreicht haben? Wenn Schülerinnen und Schüler in offenen Lernformen die Möglichkeit erhalten, ihre eigenen Lernwege zu gehen und eigene Lernziele zu verfolgen, stellen sich daher auch neue Herausforderungen für die Leistungsbeurteilung. Wenn die Schülerinnen und Schüler im Rahmen von Lernangeboten individuelle Lernziele und inhaltliche Interessenschwerpunkte formulieren, sind auch ihre Lernfortschritte daran zu messen.

Lektüre und seine eigenen Schwierigkeiten, offene Lernformen mit herkömmlichen Beurteilungsmethoden zu vereinbaren, ermutigen ihn, etwas Neues zu probieren. Er geht von der Fragestellung aus: »Wie schafft man Rahmenbedingungen, um Lernzielreflexion, Offenes Lernen und Selbstbeurteilung praktisch zu erproben und die vermuteten Zusammenhänge zu hinterfragen? Nämlich: *Wie wirkt sich die Festlegung eigener Lernziele und die Selbstbeurteilung auf das Offene Lernen aus? Können die Kinder damit zurechtkommen und daran Freude haben?*«

Im Laufe des Schuljahres trifft er mit der Klasse folgende Vereinbarungen:

- Es soll meistens »offen« gelernt werden, d.h., die Schüler/innen erhalten zu jedem Thema mehrere verschiedenartige Pflicht- und Wahlaufgaben, die alleine oder in Kleingruppen zu bearbeiten sind. Diese sollen durch eigene Beiträge (Referate, Versuchsvorführungen, Exzerpte …) ergänzt werden.

- Als Voraussetzung für die Auseinandersetzung mit Fachthemen sollen die Schülerinnen und Schüler individuelle Lernziele und inhaltliche Interessenschwerpunkte formulieren, an denen ihre Lernfortschritte zu messen sind.
- Selbstständige Aufzeichnungen im Heft über fachbezogene Aktivitäten innerhalb und außerhalb des Unterrichts (»Dossier«) sind die Grundlage für die Selbstbewertung des Lernerfolgs mittels der üblichen Notenskala. (Dies ist ein notwendiger Kompromiss mit den schulischen Gegebenheiten.)

  Zur Lernzielkontrolle gibt es außerdem für jedes Kapitel erstens eine Liste von Schlüsselbegriffen. Wie gut sie über diese Bescheid wissen, sollen die Kinder vor und nach der Bearbeitung in folgender Tabelle selber ankreuzen.

Begriffe	Vorher			Nachher		
	Ich kenne mich aus			Ich kenne mich aus		
	gut	teilweise	schlecht	gut	teilweise	schlecht
Was ist Licht?						
Lichtgeschwindigkeit						
usw.						

Aus den Veränderungen ergeben sich subjektive Rückschlüsse auf ihre Lernfortschritte. Zweitens können sie den eigenen Wissensstand anhand von Testaufgaben kontrollieren, deren schriftliche Beantwortung freiwillig ist. Dasselbe gilt drittens für die Ausarbeitung von Übungsaufgaben im Lehrbuch.

- Die Selbstbewertung ist zu begründen und mit den gesammelten Aufzeichnungen zu belegen. Ein »Vertrag« regelt, wie bei starken Abweichungen von der Lehrereinschätzung ein endgültiges Urteil in einem Schiedsverfahren ausgehandelt wird und welche Mindeststandards für eine positive Leistung gelten. (Dieser »Vertrag« stellt eine klasseninterne Regelung zwischen Lehrperson und Schülerinnen und Schülern dar, sodass sich auch das Schiedsverfahren nur darauf beziehen kann. Schulrechtlich ist eine derartige interne Regelung – beispielsweise bei Berufungsverfahren – nicht bindend!)

Überprüfung des Lernerfolgs: Wunsch und Wirklichkeit

Bei der Absprache über die Überprüfung von Schülerleistungen im Kollegium ist es hilfreich, die derzeitige Situation (= *real*) mit den Wunschvorstellungen (= *ideal*) in Verbindung zu setzen. Der Raster »Leistungsüberprüfung: Wunsch und Wirklichkeit« in ❽ bietet eine Möglichkeit, eine Erhebung über die Ist- und Wunschsituation als Basis für das Setzen weiterführender Maßnahmen durchzuführen.

Ablaufschritte

1) Die Lehrerinnen und Lehrer (eines Faches, einer Klasse, eines Jahrgangs, eines Teams, einer Schule) einigen sich auf einen Raster zur Erfassung von Real- und Wunschsituation. Dazu können sie entweder die Vorlage in ❽ verwenden oder einen eigenen Raster mit selbst gewählten Fragen erstellen.

2) Die beteiligten Lehrerinnen und Lehrer füllen den Raster individuell aus.

3) Ein Treffen der Lehrerinnen und Lehrer wird festgelegt, bei dem die ausgefüllten Raster besprochen werden. Bei größeren Gruppen ist es sinnvoll, wenn eine Person die Auswertung koordiniert und die Ergebnisse der einzelnen Fragen auf Flipchart o. Ä. sammelt.

4) Aufgrund der Gegenüberstellung von Wunsch und Wirklichkeit ergeben sich möglicherweise Differenzen, vielleicht auch nicht vereinbare Sichtweisen. In letzterem Fall werden für die weitere Folge Lösungen gesucht, die eine Möglichkeit schaffen, dass in den einzelnen (Fach-)Bereichen unterschiedliche Vorgangsweisen erprobt werden. Es ist nicht ausgeschlossen, dass sich bei einem späteren Austausch neue Ansatzpunkte zur Annäherung bzw. Neugestaltung ergeben.

5) Es kann auch sein, dass für die Kolumne »gegenwärtige Situation« noch nicht genügend Informationen vorliegen, um sie zufrieden stellend zu beantworten. In diesem Fall wird vereinbart, wie noch weitere Informationen (z.B. von den Schülerinnen und Schülern) gewonnen werden können.

6) Die Ergebnisse sollen dazu führen, dass das Kollegium eine Vereinbarung über künftige Maßnahmen trifft. Dazu eignen sich vor allem jene Bereiche, bei denen die Diskrepanz zwischen der gegenwärtigen und der gewünschten Situation besonders nach einer Lösung ruft.

Beispiel: Wunsch und Wirklichkeit von Leistungen an der Schnittstelle (Grundschule – Gymnasium)

Ein Gymnasium ist unzufrieden mit der unterschiedlichen Beurteilung der Schülerleistungen in den Grundschulen, aus der der Großteil der Schülerinnen und Schüler kommt[1]. Außerdem bestehen sehr unterschiedliche Erwartungen der Eltern über die Anforderungen am Gymnasium. Zur Erleichterung des Übertritts der Grundschülerinnen und -schüler veranstaltet das Gymnasium im März einen Abend an der Schule, zu dem einerseits die Lehrerinnen und Lehrer der Abschlussklassen aller 40 Grundschulen aus dem Einzugsgebiet und andererseits die Lehrerinnen und Lehrer der nächstjährigen ersten Klassen am Gymnasium eingeladen werden. Anwesend sind auch zwei Vertreter der Schulaufsicht.

Die Moderation übernimmt der Schülerberater. Nach einer Begrüßung durch den Leiter der einladenden Schule werden die Anwesenden in drei bis vier (je nach

---

1   Wir danken Maria Haindl vom BG/BRG Stainach für dieses Beispiel.

Anzahl der geplanten Parallelklassen) Kleingruppen eingeteilt, in denen ein mehr als einstündiges Gespräch zwischen Grundschul- und Gymnasiallehrerinnen und -lehrern stattfindet. Im anschließenden Plenum werden die Gespräche zusammengefasst und in einzelnen Fällen Vereinbarungen getroffen. Bei einem Büfett klingt der Abend informell aus, ermöglicht aber noch intensive Gespräche zum Abbau möglicher Vorurteile.

Das grundsätzliche Ergebnis der Gruppengespräche und des gesamten Abends ist die Einschätzung der eigenen Schule und ein Bild des Gymnasiums aus der Sicht der Grundschullehrer/innen, was die erwarteten Schülerleistungen anbelangt. Die Arbeit an der Grundschule ist geprägt von Selbsttätigkeit, ganzheitlichem Lernen und einem familiären Klima; das Ausmaß an Hausübungen und Leistungsfeststellungen ist zumutbar. Demgegenüber wird in Richtung Gymnasium eine methodisch-didaktische Bruchstelle vermutet (es wird angeregt, »besonders geeignete« Lehrerinnen und Lehrer für die ersten Klassen auszuwählen), die Wichtigkeit der Rolle des Klassenlehrers bzw. der Klassenlehrerin für das Klima betont, dass der Lernstress durch »*Weniger ist mehr!*«, sowie durch Anleitungen zum »*Lernen lernen*« stellenweise verringert werden könnte. Unterschiede in Bezug auf Hausarbeiten und Leistungsfeststellungen werden ebenso angemerkt. Weitere wichtige Themen sind der geringe Schwierigkeitsgrad der Aufnahmeprüfung, die Sinnhaftigkeit einer Auffrischung und Festigung in Deutsch im Laufe des zweiten Semesters, die Wichtigkeit einer umfassenden Information für Eltern und Kinder (den Übertritt betreffend) sowie die Kenntnis des Grundschullehrplans.

Zum Abschluss wurden Wünsche für die Zukunft geäußert: Den Lehrerinnen und Lehrern am Gymnasium möge es gelingen, die Begeisterung der Schüler zu erhalten. Gegenseitige Unterrichtsbesuche könnten die methodisch-didaktische Bruchstelle zu einer Nahtstelle werden lassen. Mehrheitlich wurde von den Teilnehmern der Wunsch nach einer Fortsetzung und Institutionalisierung dieses ersten Kontaktgesprächs geäußert.

Daher wird dieses Kontaktgespräch jedes Jahr wieder durchgeführt, damit die Lehrenden der künftigen Eingangsklassen am Gymnasium sich mit den Leistungserwartungen der Lehrerinnen und Lehrer der letzten Grundschulklassen auseinander setzen können. Bezogen auf die verschiedenen Unterrichtsfächer werden in der Folge besprochen: Lehr- und Lernformen, Art und Umfang von Hausarbeiten, Arten, Frequenz und Umfang von Leistungsfeststellungen, Unterschiede in der Leistungsbeurteilung.

Notenverteilung analysieren

In manchen Fällen kann es hilfreich sein, die Übersicht der Noten in einzelnen Fächern, im Jahrgang oder aber an der Schule insgesamt zu vergleichen, um auf besondere Verteilungen aufmerksam zu werden. Die Tabelle in ❽ stellt eine Möglichkeit dar, derartige vergleichende Analysen durchzuführen.

Es gibt unterschiedliche Möglichkeiten, Erkenntnisse aus der ausgefüllten Übersicht zu gewinnen, nämlich

- im Querschnitt, etwa durch Vergleiche zwischen
  - Fächern,
  - Klassen bzw. Jahrgängen,
  - Fachgruppen,
  - Schulen;
- im Längsschnitt, etwa durch Vergleiche aufsteigender
  - Klassen,
  - Jahrgänge,
  - Schülergruppen (z.B. Mädchen, Buben).

Bei der Beurteilung der Ergebnisse geht es nicht darum, bestimmte »Idealverteilungen« zu erhalten, sondern aufgrund der vorliegenden Daten auf Besonderheiten aufmerksam zu werden und dem Grund dafür in der Folge nachzugehen. Wenn beispielsweise die Ergebnisse eines Faches (bzw. einer bestimmten Lehrperson) sich immer stark von den anderen Werten abheben, ist es sinnvoll, den Weg zu diesen Ergebnissen zu verfolgen bzw. zu dokumentieren. Wenn eine bestimmte Klasse besonders schwache Leistungen aufweist, kann es sinnvoll sein, für diese besondere (Förder-)Maßnahmen vorzusehen.

Beim Vergleich von Notenverteilungen ist besonders darauf zu achten, in welcher Form diese Statistik bekannt gemacht und weiterbearbeitet wird. Ein derartiger Vergleich sollte auf keinen Fall zum Ausspielen einzelner Fächer oder Personen gegeneinander verwendet werden, sondern zur Auseinandersetzung und damit zum Verstehen über das Zustandekommen von Notenwerten. (Dabei kann natürlich die Fragestellung auftauchen, inwieweit die Noten in den einzelnen Fächergruppen gleich schwer zu erreichen sind, worüber nicht immer Konsens besteht.)

Gestufte Lernzielkontrolle (von der Selbst- zur Fremdbeurteilung)

Eine gestufte Lernzielkontrolle unter Einbindung von Selbst- und *Peer*-Kontrolle ist eine Möglichkeit, auch in der Leistungsbeurteilung dem Charakter des Lernprozesses einer eigenverantwortlichen Steuerung gerecht zu werden. Dazu eignet sich folgende Vorgangsweise:

1) Am Ende eines Kapitels oder einer längeren Unterrichtseinheit findet die Überprüfung mithilfe einer Art Checkliste statt, in der die zu erreichenden Lernziele eingetragen werden (siehe ❽).
2) Zunächst überprüft der Schüler/die Schülerin *selbst*, ob er/sie eine Frage beantworten kann bzw. er/sie das Lernziel, wie es auf der Liste formuliert ist, erreicht hat; wenn ja, dann trägt er/sie einen Haken in der Spalte »*selbst*« ein; wenn nein,

dann muss der Schüler/die Schülerin sich selbst darum kümmern, weitere Information, Erklärungen etc. zu bekommen, sei es von der Lehrperson, sei es von irgendjemand anderem, und sich so lange damit auseinander setzen, bis eine positive Selbsteinschätzung gegeben ist.

3) Dann ersucht er/sie eine/n Mitschüler/in, die Selbsteinschätzung zu überprüfen, etwa indem diese/r ihn/sie auffordert, die gefragte Formel oder den Zusammenhang zu erklären; die Wahl dieses Partners/dieser Partnerin ist frei. Findet der Partner/die Partnerin diese Erklärung ausreichend, trägt sie/er ihren/seinen Namen ein und hakt diese Frage in der neuen Spalte ab. Die Wahl des *Peers* ist dabei natürlich wichtig: Nur wenn diese/r selbst eine Ahnung von der Materie hat, ist es sinnvoll, ihn/sie um Kontrolle zu ersuchen!

4) Schließlich wird die Lehrperson aktiv und checkt nun ihrerseits anhand der Liste, wer wirklich welche Lernziele erreicht hat.

5) Bereiche, in denen keine Haken in der Liste aufscheinen, weil die Fragen laut Selbst- oder Peer-Einschätzung nicht ausreichend beantwortet werden konnten, sind offensichtlich nicht verstanden worden; tritt das gehäuft auf, ist das für den Lehrer/die Lehrerin ein Hinweis: Es ist nicht sinnvoll, diese Ziele zu diesem Zeitpunkt der Lehrerkontrolle zu unterziehen, und es kann daraus geschlossen werden, dass Teile des Stoffes neuerlich auf andere Weise zu erarbeiten sind.

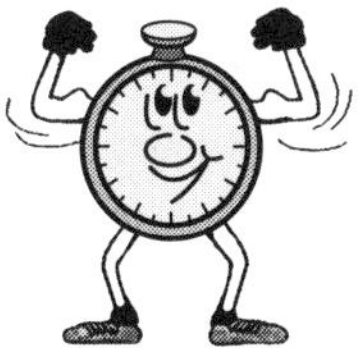

Abbildung 18: Beispiel für gestufte Lernzielkontrolle

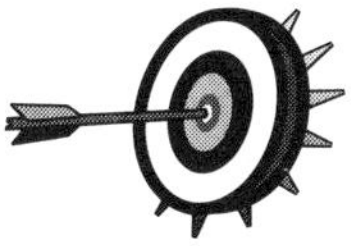

Hinweise für Lehrerinnen und Lehrer

- Die ersten beiden Schritte sind im Allgemeinen *nicht* während der Unterrichtszeit zu erledigen, das heißt, die Schüler/innen müssen sich darum kümmern, wann sie wie zu Unterstützung kommen, es handelt sich also auch um ein Stück Selbstverantwortung bzgl. der Lernorganisation.

- Wenn Sie diese Methode erstmals ausprobieren, starten Sie mit einer kurzen, überschaubaren Liste von Fragen und wählen Sie für den Einstieg einen Bereich, von dem Sie annehmen, dass er im Großen und Ganzen von den Schülern/Schülerinnen verstanden worden ist, sonst überwiegen die Frusterlebnisse.

- Erfolg und Sinnhaftigkeit dieser Methode hängen wesentlich davon ab, ob in der Klasse/Lerngruppe eine grundsätzlich vertrauensvolle, positive Atmosphäre herrscht; wenn nicht, sollte man die Partnerkontrolle so organisieren, dass die Schüler/innen sich paarweise (mit einigermaßen zusammenstimmender Leistungsfähigkeit) zusammentun und innerhalb der Paare Überprüfende/r und Überprüfte/r die Rolle wechseln.

- Für Sie als Lehrer/in ist es besonders wichtig, die Aufgaben und Ziele »schülergerecht« zu formulieren, das heißt, so einfach wie möglich, so anschaulich wie möglich etc.

- In welcher »Dichte« Sie den »Lehrercheck« durchführen, hängt wiederum von der Gesamtsituation ab: Welchen *Peers* Sie vertrauen, wo Sie lieber selbst genau nachprüfen, das müssen *Sie* entscheiden; insgesamt gewinnen Sie aber mit dieser Methode sicher Zeit, um z.B. auftretende Verständnisprobleme gezielt zu bearbeiten!

⑦ Mehr dazu? (Literatur)

Anlanger, Otto/Pirchner, Heidi/Pirstinger, Susanne/Prammer, Wilfried/Reichmayr, Josef: Noten verboten – Alternativen der Leistungsbeurteilung. 2 Bände. Schulheft 75 und 76. Wien: Jugend und Volk 1994.

Sacher, Werner: Prüfen – Beurteilen – Benoten. Theoretische Grundlagen und praktische Hilfestellungen für den Primar- und Sekundarbereich. Bad Heilbrunn: Klinkhart 1994.

Schratz, Michael: Lernchance oder Herrschaftsinstrument? Leistungsbeurteilung in der Schule. In: Michael Schratz: Gemeinsam Schule lebendig gestalten – Anregungen zu Schulentwicklung und didaktischer Erneuerung. Weinheim: Beltz 1996, S. 131–148.

Schratz, Michael/Steiner-Löffler, Ulrike: Gut sein, besser werden – und verstehen warum: evaluieren. Themenheft Lernende Schule 2 (1999) 5, S. 4–9.

Weiß, Rudolf: Leistungsbeurteilung in den Schulen – Notwendigkeit oder Übel? Problemanalysen und Verbesserungsvorschläge. Wien: Jugend und Volk 1989.

Checkliste zur Überprüfung von Prüfungsstandards

Kriterien	sehr effektiv	effektiv	wenig effektiv
Wie wird bei der Leistungsmessung das erforderliche Wissen überprüft?			
Wie lassen sich die erworbenen fachlichen Fähigkeiten und Fertigkeiten (*Know-how*) einschätzen?			
Wie weit werden erworbene soziale Kompetenzen überprüft?			
Wie weit sind Aspekte der Persönlichkeitsbildung berücksichtigt?			
Wie werden metakognitive Fähigkeiten (das »Wissen über das Wissen«; z.B. Lernen lernen) überprüft?			

Kommentar:

❽ Womit? (Instrumente)

Checkliste zur Überprüfung von Prüfungsstandards (S. 119)
Gestufte Lernzielkontrolle (S. 120)
Leistungsüberprüfung: Wunsch & Wirklichkeit (S. 121)
Notenübersicht in den einzelnen Fächern an der Schule insgesamt (S. 122)

Gestufte Lernzielkontrolle

Name: _____

Klasse: _____

Fragestellung	geprüft	Datum	Unterschrift	👍	👍👎	👎
	selbst					
	Lehrer/in					
	selbst					
	Lehrer/in					
	selbst					
	Lehrer/in					
	selbst					
	Lehrer/in					
	selbst					
	Lehrer/in					

Leistungsüberprüfung: Wunsch & Wirklichkeit

Fragen	gegenwärtige Situation	gewünschte Situation
In welcher Form werden die am meisten zählenden Leistungsüberprüfungen durchgeführt?		
Wie wird der Lernerfolg der Schülerinnen und Schüler an der Schule überprüft? → Wissen → Fähigkeiten/ Fertigkeiten		
Werden die Ergebnisse zur Steigerung des Lernerfolgs der Schülerinnen und Schüler verwendet? Auf welche Weise?		
Überprüfen Sie das, was Ihnen wichitig ist?		
Wie wird die pädagogische Wirksamkeit der Leistungsbeurteilung bei den Schülerinnen und Schülern überprüft?		

Notenübersicht in den einzelnen Fächern an der Schule insgesamt

Fach/Klasse	1		2		3		4		5		Notendurchschnitt	Anmerkungen
	N	%	N	%	N	%	N	%	N	%		

Q 3   Lernen kennen lernen

Auf einen Blick

❶ **Was?**	Lernprozessanalyse
❷ **Wozu?**	Lernprobleme identifizieren
❸ **Wann gelingt's?**	Transparenz, Fehlerfreundlichkeit
❹ **Wer?**	Schülerinnen und Schüler
❺ **Wie?**	Rückmeldeverfahren
❻ **Konkret?**	Lernproblem, Lernhilfen
❼ **Mehr dazu?**	Literatur
❽ **Womit?**	Kraftfeldanalyse, Lernrad, Wochenrückschau, Hausarbeitenraster

---

❶ Was? (Zielstellung)

Lernen ist ein von Schülerinnen und Schülern individuell gesteuerter dynamischer, ganzheitlicher Prozess, bei dem neue Informationen in das vorhandene Repertoire von Wissen, Können, Fähigkeiten und Fertigkeiten integriert werden. Dabei spielen Aspekte wie Authentizität, Flexibilität, soziale Lernumwelt eine große Rolle – auch für die Evaluation von Lernprozessen! Da die inneren Abläufe von Lernprozessen nicht beobachtbar sind, ist es für deren Erkundung notwendig, von den Schülerinnen und Schülern Informationen u.a. darüber zu erhalten

- wie sie den Unterricht erleben,
- wo sie Verständnisprobleme haben,
- welche unterrichtlichen Maßnahmen sie förderlich oder hemmend empfinden,
- ob die Aufgaben in der vorgegebenen Zeit bewältigbar sind (wenn sie im Prinzip erfüllt werden können),
- was sie aus ihrer Sicht gelernt haben,
- wieweit sie im Unterricht unter- bzw. überfordert sind,
- wieweit außerschulische Anregungen sie beim Erwerb von Wissen, Fähigkeiten und Fertigkeiten zu unterstützen vermögen.

Da es sich bei der Beantwortung derartiger Fragen um individuelle Wahrnehmungen und Verarbeitungsprozesse durch die Schülerinnen und Schüler handelt, müssen die Instrumente zur Evaluation möglichst offen gestaltet sein.

❷ Wozu? (Herausforderung)

Während für die Lehrperson das *Lehren* im Vordergrund der täglichen Arbeit steht, ist für die Schülerinnen und Schüler das *Lernen* die Hauptbeschäftigung, die sich – wie bei den Lehrerinnen und Lehrern – nicht nur auf die Zeit der Anwesenheit in der Schule bezieht. Da in der Lehrerausbildung das Hauptaugenmerk auf das Lehren als Kerntätigkeit des professionellen Handelns von Lehrerinnen und Lehrern gelegt wird, setzt die Einschätzung der Unterrichtsqualität meist an der *Lehr*kompetenz an, die u.a. auch bei Unterrichtsauftritten, Inspektionen u.Ä. überprüft wird. Analog dazu wird der Erfolg eines »guten Unterrichts« an dem, *was* die Schülerinnen und Schüler erreicht haben, d.h. an den Schülerleistungen gemessen. Wir wissen allerdings wenig darüber Bescheid, *wie* die Schülerinnen und Schüler lernen.

Die Lerntätigkeit, d.h. die Art, *wie* gelernt wird, stellt ein wichtiges – wenn nicht das wichtigste – Verbindungsglied zwischen dem Lehren und dem Erfolg der Schülerinnen und Schüler dar. Aus der Forschung ist inzwischen bekannt, dass Lernende die Inhalte, die ihnen präsentiert werden, sehr unterschiedlich interpretieren, sodass die Gestaltung der Lernsituation eine wichtige Rolle spielt, um den Schülerinnen und Schülern individuelle Zugänge zum Wissenserwerb zu eröffnen. Dies hat nicht zuletzt auch zur Einführung von offeneren Lernformen geführt (erweiterte Lernformen, Wochenpläne, Projektarbeit u.Ä.), eine Entwicklung, die auch neue Anforderungen an die Evaluation der Unterrichtsqualität stellt.

Da die Hauptaktivität im Lehrberuf auf eine möglichst optimale Gestaltung von Unterricht ausgerichtet ist, ist die Analyse von Lernprozessen ein wichtiger Bestandteil von Lehrerprofessionalität.

❸ Wann gelingt's? (Förderliche Bedingungen)

Individuellen Erfahrungen auf den Grund zu gehen ist eine anspruchsvolle, aber auch verantwortungsvolle Aufgabe, da es um persönliche Einschätzungen geht. Daher sollten die Schülerinnen und Schüler auch darüber informiert werden, dass es im gemeinsamen Interesse liegt, sich ernsthaft mit ihren Problemen und Nöten beim Lernen auseinander zu setzen. Die überzeugendste Möglichkeit dazu ist dann gegeben, wenn sie selbst erleben, dass sie aufgrund ihrer Rückmeldungen bei künftigen Unterrichtserfahrungen profitieren. Dies erfordert auch eine gewisse Transparenz in der Vorgangsweise, etwa die Rückmeldung der Lehrenden darüber, was sie aus den Ergebnissen für Konsequenzen ziehen.

❹ Wer? (Personen)

Ein Unterricht, der auf die individuellen Bedürfnisse von Schülerinnen und Schülern eingeht, sollte nicht nur das Anliegen einer Lehrperson bzw. eines Unterrichtsfaches sein. Daher ist es erstrebenswert, dass alle Lehrerinnen und Lehrer einer Klasse Auskunft darüber erhalten, wie ihr Unterricht »ankommt« bzw. welche individuellen Erfahrungen damit verbunden sind. Ein erster Schritt könnte sein, dass der Klassenlehrer bzw. die Klassenlehrerin mit einer »Entdeckungsreise« in das »Wunderland des Lernens« beginnt und im Laufe der Zeit auch weitere Kolleginnen und Kollegen einlädt, sie/ihn dabei zu begleiten. Entdeckungsreisen machen immer mehr Spaß, wenn man die Erfahrungen mit anderen teilen kann …

❺ ❻ Wie konkret? (Durchführung und Beispiele)

Da die Evaluation von individuellen Erfahrungen im Unterricht sehr von der jeweiligen Lehr-/Lernsituation abhängt, sollten die Instrumente, die dafür eingesetzt werden, möglichst offen für die persönliche Einschätzung durch die Lernenden sein. Je nach der Zielsetzung der Evaluation von Lernprozessen ergeben sich unterschiedliche Aufgabenstellungen. Es werden im Folgenden vier unterschiedliche Instrumente vorgestellt, die ohne großen Aufwand eingesetzt werden können:

- die *Kraftfeldanalyse* zur Ermittlung von Pro und Kontra,
- das *Lernrad* als Mittel zur Identifzierung von Lernproblemen,
- die *Wochenrückschau* als Vergewisserung,
- *der Hausarbeitenraster* als Vergleichsinstrument.

Diese Instrumente mit unterschiedlichen Ausrichtungen und Reichweiten können natürlich auch abgeändert und den eigenen Bedürfnissen an der Schule angepasst werden. Sie werden im Folgenden einzeln vorgestellt.

Die Kraftfeldanalyse zur Ermittlung von Pro und Kontra

Die »Kraftfeld«-Analyse stellt eine Hilfe bei der Analyse der Pro und Kontra-Argumente dar, wenn es um die Darstellung von Gegensätzen geht. Sie lässt sich für unterschiedliche thematische Schwerpunkte verwenden. Das folgende Beispiel hilft bei der Einschätzung der Lernsituation der Schülerinnen und Schüler an der Schule. Dazu erhalten sie ein Arbeitsblatt (siehe ❽), auf dem sie notieren sollen, was sie beim Lernen fördert bzw. hindert. Die folgende Abbildung zeigt beispielhaft, was eine Schülerin in der Kraftfeldanalyse eingetragen hat.

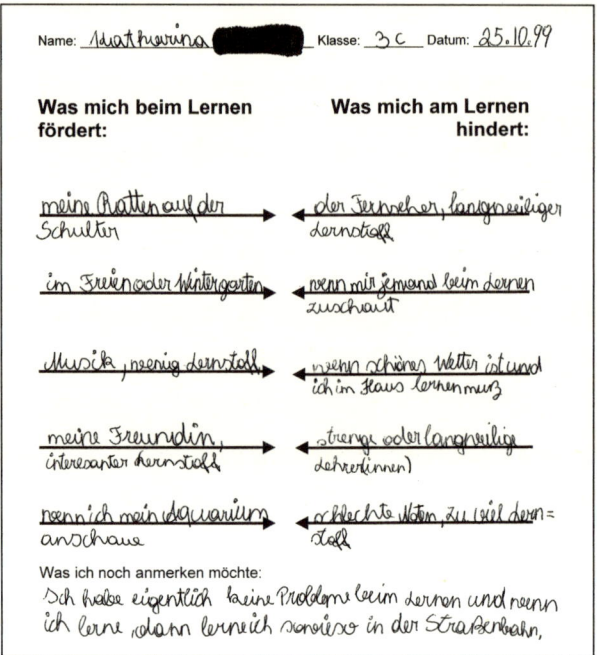

Ablaufschritte:

1) Das Arbeitsblatt aus ❽ wird den Schülerinnen und Schülern ausgeteilt und erklärt.

2) Die Schülerinnen und Schüler erhalten genügend Zeit, um ihre Eintragungen zu machen.

3) Die Auswertung erfolgt zunächst durch die Schülerinnen und Schüler selbst. In Kleingruppen (mit Partner/in bzw. in Tischgruppen) vergleichen sie ihre Ergebnisse. Folgende Fragen können dabei hilfreich sein: Was gibt es für Gemeinsamkeiten? Wo sind Unterschiede? Welche Möglichkeiten gibt es, um die Hindernisse beim Lernen aus dem Weg zu räumen?

4) Die einzelnen Gruppen berichten über die Erkenntnisse aus der Gruppenarbeit. Die förderlichen und hemmenden Aspekte werden (auf der Tafel) gesammelt. In einem Klassengespräch versucht die Lehrperson gemeinsam mit den Schülerinnen und Schülern Konsequenzen zu erarbeiten: Was sollte die Lehrerin bzw. der Lehrer berücksichtigen? Was können die Schüler/innen tun, um besser zu lernen? Eventuell kann sich daraus auch das künftige Thema der Vermittlung von Lerntechniken ergeben.

5) Die Lehrperson sammelt die Arbeitsblätter der Schülerinnen und Schüler ein und analysiert sie noch speziell im Hinblick auf erforderliche Unterstützungsmaßnahmen. Nach einiger Zeit werden die Blätter wieder ausgeteilt und von den Schüler/innen überprüft, ob die ursprünglichen Aussagen noch »stimmen« bzw. welche Konsequenzen sich daraus ergeben haben.

Das Lernrad als Mittel zur Identifizierung von Lernproblemen

Lehrerinnen und Lehrer haben im Unterrichtsalltag gewöhnlich wenig Zeit, sich der individuellen Probleme der Schülerinnen und Schüler bei der Verarbeitung des Lernstoffes anzunehmen. Das Lernrad (siehe ❽) kann helfen, individuelle Lernprobleme im Unterricht zu analysieren und gezielt Hilfestellungen zu erarbeiten.

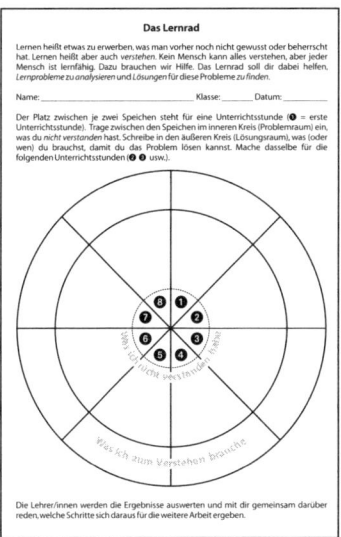

Ablaufschritte

1) Das Lernrad wird den Schülerinnen und Schülern am Beginn eines Schultags ausgeteilt und erklärt (siehe ❽). Unterrichten mehrere Lehrerinnen und Lehrer, ist eine vorherige Absprache erforderlich, da die Ergebnisse im Hinblick auf die einzelnen Unterrichtsstunden des gewählten Tages ausgewertet werden sollen.
2) Am Ende jeder Unterrichtsstunde erhalten die Schülerinnen und Schüler fünf Minuten Zeit, um ihre Eintragungen in das Lernrad zu machen.
3) Nach der letzten Unterrichtsstunde des Tages werden die ausgefüllten Lernräder eingesammelt.
4) Die Auswertung erfolgt zunächst durch die einzelnen Lehrenden, deren Unterrichtsstunden am ausgewählten Tag betroffen waren. Dabei kann es sich herausstellen, dass Details bei den Schülern/Schülerinnen noch nachgefragt werden müssen. Aufgrund der individuellen Schüleranalysen werden Maßnahmen für die weitere Unterrichtsarbeit getroffen.
5) Zur gezielten Entwicklung ist eine fachübergreifende Diskussion der Ergebnisse anzustreben, in der die Probleme der Schülerinnen und Schüler über die Fachgrenzen hinweg analysiert und besprochen werden. Daraus lassen sich entsprechende Konsequenzen ableiten und Maßnahmen zur gezielten Förderung entwickeln (z.B. Vermittlung von Lerntechniken).

Beispiel »Lerntiger«: Schüler/innen helfen Schüler/innen beim Lernen lernen

Im Projekt »Lerntiger«[1] beschäftigen sich die Schülerinnen und Schüler des Wahlpflichtfaches »Psychologie, Philosophie, Pädagogik« am Gymnasium (11. Schulstufe) etwa sechs Wochen intensiv mit Lernpsychologie in Theorie und Praxis. Sie erstellen gemeinsam ein Skriptum (mit einem sehr starken Tiger auf dem Titelblatt) für ihre »kleinen« Schulkameraden/kameradinnen (5. Schulstufe) und versuchen an zwei Nachmittagen, ihnen dabei zu helfen, eine individuelle Lern- und Arbeitsorganisation – vor allem für die Hausarbeiten und Lernaufgaben zu Hause – aufzubauen. Die Beraterschüler/innen arbeiten zu zweit mit je fünf bis sieben »Kleinen«. Die Teilnahme ist kostenlos und freiwillig, durchschnittlich nehmen etwa 75% der Erstklässler/innen des Gymnasiums das Angebot in Anspruch.

Vorbereitung:
- Die Berater/innen (=Schüler/innen in »Psychologie, Philosophie, Pädagogik«) eignen sich im Unterricht Kenntnisse in Lernpsychologie an, studieren Broschüren über Lerntipps und entwickeln auch neue Ratschläge.
- In Gemeinschaftsarbeit wird ein Skriptum erstellt, hergestellt und vervielfältigt.
- Herstellung und Verteilung einer Einladung an die Klienten, die Anmeldung erfolgt über den Klassenlehrer/in (= Klassenvorstand), die Teilnahme ist selbstverständlich freiwillig.

Ablauf:
- Die erste Einheit dauert 90 Minuten, die Berater/innen arbeiten zu zweit mit einer Kleingruppe (vier bis sieben Erstklässler/innen). Am Beginn steht eine Situationsanalyse mittels Lernrad oder Kraftfeldanalyse, dann wird das Skriptum verteilt und durchgearbeitet, Lerntechniken werden ausprobiert (z.B.: Vokabellernen mit Karteikarten). Fantasiereisen oder edukinestetische Übungen stehen ebenso auf dem Programm. Bis zur nächsten Einheit soll jede/r Schüler/in mindestens eine Lerntechnik ausprobieren.
- Etwa vier Wochen später findet der zweite Nachmittag statt. Die Schüler/innen berichten über Probleme, ihre Erfolge beim Lernen oder über die Erfahrungen mit den ausprobierten Lerntechniken. Weitere Programmpunkte sind: Festigung bevorzugter Lerntechniken, Fantasiereisen und edukinestetische Übungen.

Nachbereitung:
Für die Berater/innen gibt es sowohl nach der ersten als auch nach der zweiten Einheit einen Feedback-Nachmittag. Die Klassenlehrer/innen erheben die Rückmeldungen der »Klienten«.

---

1   Wir danken Maria Haindl, BG/BRG Stainach, für dieses Beispiel.

Die Wochenrückschau als Vergewisserung

Wenn in der Schule ungewohnte Unterrichtsformen (Projektunterricht, offene Lernformen u.Ä.) eingesetzt werden, haben Lehrerinnen und Lehrer wenig Möglichkeiten, auf bisherige Erfahrungen, wie ihre Unterrichtsarbeit auf die Schülerinnen und
Schüler wirkt, aufzubauen. Daher hat es sich als zielführend erwiesen, diese projekt-
bezogen über ihre Einstellungen, Lernerfahrungen und künftigen Vorstellungen zu
befragen. Hierzu sind offene Instrumente zu bevorzugen, bei denen die Befragten
nicht nur vorgegebene Aussagen bewerten, sondern ihre Einschätzungen subjektiv
beschreiben. Es ist aber hilfreich, die Schüleräußerungen zu strukturieren und zu li-
mitieren. Der folgende Auswertungsraster (siehe ❽) ermöglicht eine wenig zeitauf-
wendige Befragung der Schülerinnen und Schüler. Die erste Frage (Erwartungen
zum Projekt) sollte bereits in der Eingangsphase beantwortet werden.

Die Wochenrückschau

Thema/Projekt: _____

Name: _____   Datum: _____

Diese Woche hatte ich mir vorgenommen, zu lernen …

Ich habe gelernt …

Am
meisten hat
mir gefallen …

Ich hätte gerne …

Ich brauche jetzt …

Als nächstes werde ich …

Ablaufschritte

1) Das Arbeitsblatt »Wochenrückschau« wird den Schülerinnen und Schülern am Beginn eines Schultags ausgeteilt und erklärt (siehe ❽). Unterrichten mehrere Lehrerinnen und Lehrer, ist eine vorherige Absprache erforderlich, da die Ergebnisse im Hinblick auf die einzelnen Unterrichtsstunden des gewählten Tages ausgewertet werden sollen.
2) Am Ende jeder Unterrichtsstunde erhalten die Schülerinnen und Schüler fünf Minuten Zeit, um ihre Eintragungen in die Wochenrückschau zu machen.
3) Nach der letzten Unterrichtsstunde des Tages werden die ausgefüllten Arbeitsblätter eingesammelt.
4) Die Auswertung erfolgt zunächst durch die einzelnen Lehrenden, deren Unterrichtsstunden am ausgewählten Tag betroffen waren. Dabei kann es sich herausstellen, dass Details bei den Schülern/Schülerinnen noch nachgefragt werden müssen. Aufgrund der individuellen Schüleranalysen werden Maßnahmen für die weitere Unterrichtsarbeit getroffen.
5) Zur gezielten Entwicklung ist eine fachübergreifende Diskussion der Ergebnisse anzustreben, in der die Probleme der Schülerinnen und Schüler über die Fachgrenzen hinweg analysiert und besprochen werden. Daraus lassen sich entsprechende Konsequenzen ableiten und Maßnahmen zur gezielten Förderung entwickeln (z.B. Vermittlung von Lerntechniken).

Der Hausarbeitenraster als Vergleichsinstrument

Eine nützliche Informationsquelle über Zeit- und Arbeitsaufwand für Hausarbeiten bietet die Vorgangsweise, dass die Schüler/innen einer Klasse eine Woche lang Aufzeichnungen über ihre Hausarbeitenpraxis machen. Die Abbildung (siehe ❽) gibt eine Anregung für einen möglichen Aufbau eines solchen »Erhebungsinstruments«[1]. Von den Schülerinnen und Schülern soll über jeden Lernabschnitt Buch geführt und aufgezeichnet werden, *was* sie getan haben und *wann*. Die ausgefüllten Hausarbeitenraster werden von den Lehrern/Lehrerinnen einer Klasse entsprechend der Verteilung der Arbeit zu unterschiedlichen Zeitpunkten bzw. durch verschiedene Leistungsniveaus verglichen und analysiert.

Alternative: Von den Schülern/Schülerinnen wird ein Kreisdiagramm (Tortendiagramm) über die Verteilung der Zeit für die Arbeit an Hausarbeiten erstellt.

---

1   Der Hausarbeitenraster wurde in Anlehnung an John MacBeath, Denis Meuret und Michael Schratz: *Praktischer Leitfaden zur Selbstevaluation*, im Rahmen des EU-Projekts »Evaluating Quality in School Education« erstellt.

- Der Hausarbeitenraster wird den Schülerinnen und Schülern am Beginn einer Schulwoche ausgeteilt und erklärt (siehe ❽). Unterrichten mehrere Lehrerinnen und Lehrer, ist eine vorherige Absprache erforderlich, da die Ergebnisse auch Bezug auf die einzelnen Unterrichtsstunden nehmen.
- Die Schüler/innen füllen den Raster zu Hause aus, indem sie die einzelnen Fragen beantworten und die jeweiligen Ergebnisse darin eintragen.
- Nach dem vereinbarten Termin (z.B. nach einer Woche) werden die ausgefüllten Hausarbeitenraster ausgewertet (mit in die Schule nehmen nicht vergessen).
- Die Auswertung erfolgt zunächst durch die Schülerinnen und Schüler, indem sie die Ergebnisse aus den einzelnen Spalten zusammentragen. Dadurch zeigt sich etwa, in welchen Fächern am meisten Zeit für die Bearbeitung der Hausarbeiten erforderlich ist, wo sich die meisten Probleme ergeben etc.
- Zur gezielten Entwicklung ist eine fachübergreifende Diskussion der Ergebnisse anzustreben, in der die Ergebnisse der Schülerinnen und Schüler über die Fachgrenzen hinweg analysiert und besprochen werden. Daraus lassen sich entsprechende Konsequenzen ableiten und Maßnahmen zur gezielten Förderung entwickeln (z.B. Vermittlung von Lerntechniken).

❼ Mehr dazu? (Literatur)

Delors, Jacques: Lernfähigkeit: Unser verborgener Reichtum: UNESCO-Bericht zur Bildung für das 21. Jahrhundert. Neuwied: Luchterhand 1997.

GEO Wissen: Denken – Lernen – Schule. Hamburg: Gruner & Jahr 1999.

Hüholdt, Jürgen: Wunderland des Lernens: Lernbiologie, Lernmethodik, Lerntechnik. Bochum: Verlag für Didaktik 1995.

Kösel, Edmund: Die Modellierung von Lernwelten. Ein Handbuch zur subjektiven Didaktik. Elztal-Dallau: Verlag Laub 1993.

Lefrancois, Guy R.: Psychologie des Lernens. Berlin: Springer 1994.

Markova, Dawna: Wie Kinder lernen. Eine Entdeckungsreise für Eltern und Lehrer. Freiburg im Breisgau: Verlag für angewandte Kinesiologie 1997.

Schratz, Michael: Abenteuer Lernen. In: Lernende Schule 2 (1999a) 7, S. 4–9.

Siebert, Horst: Pädagogischer Konstruktivismus. Eine Bilanz der Konstruktivismusdiskussion für die Bildungspraxis. Neuwied: Luchterhand 1999.

Themenheft »Dem Lernen auf der Spur« der Zeitschrift Lernende Schule, Heft 7, 2. Jahrgang 1999.

❽ Womit? (Instrumente)

Kraftfelddiagnose (S. 132)
Lernrad (S. 133)
Wochenrückschau (S. 134)
Raster für Hausarbeiten (S. 135)

Kräfte, die beim Lernen (nicht) helfen

Name: _____ Klasse: _____ Datum: _____

Was mich beim Lernen fördert: **Was mich am Lernen hindert:**

——————————————————▶ ◀——————————————————

——————————————————▶ ◀——————————————————

——————————————————▶ ◀——————————————————

——————————————————▶ ◀——————————————————

——————————————————▶ ◀——————————————————

Was ich noch anmerken möchte:

Das Lernrad

Lernen heißt etwas zu erwerben, was man vorher noch nicht gewusst oder beherrscht hat. Lernen heißt aber auch *verstehen*. Kein Mensch kann alles verstehen, aber jeder Mensch ist lernfähig. Dazu brauchen wir Hilfe. Das Lernrad soll dir dabei helfen, *Lernprobleme* zu *analysieren* und *Lösungen* für diese Probleme *zu finden*.

Name: _____   Klasse: _____   Datum: _____

Der Platz zwischen je zwei Speichen steht für eine Unterrichtsstunde (❶ = erste Unterrichtsstunde). Trage zwischen den Speichen im inneren Kreis (Problemraum) ein, was du *nicht verstanden* hast. Schreibe in den äußeren Kreis (Lösungsraum), was (oder wen) du brauchst, damit du das Problem lösen kannst. Mache dasselbe für die folgenden Unterrichtsstunden (❷ ❸ usw.).

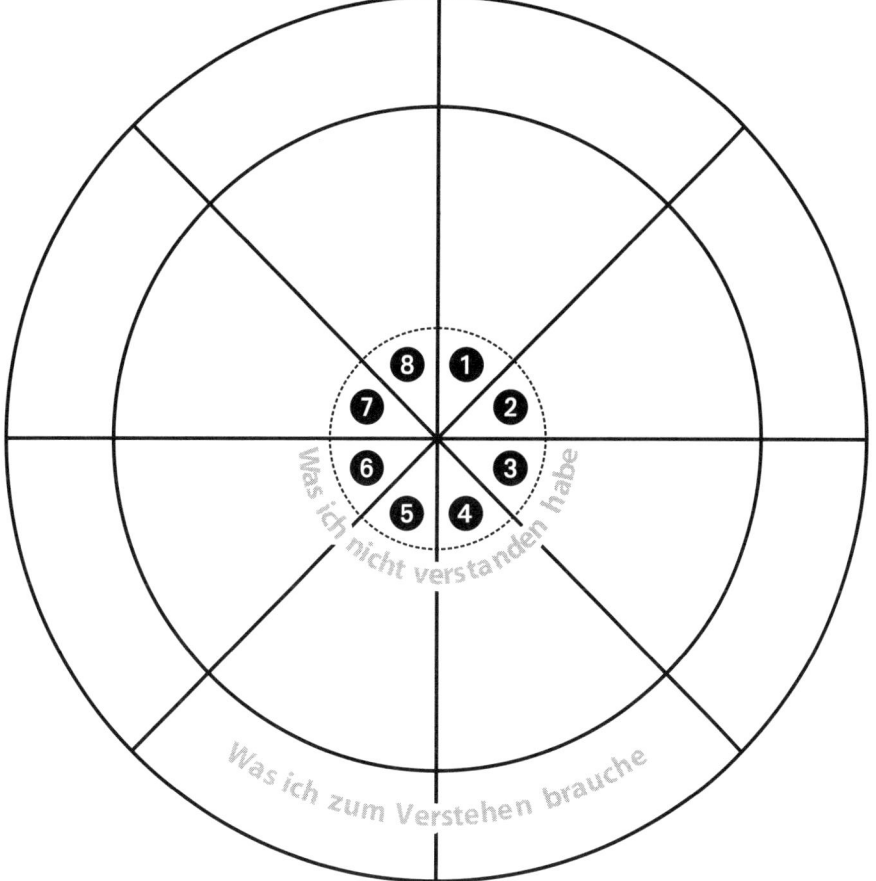

Die Lehrer/innen werden die Ergebnisse auswerten und mit dir gemeinsam darüber reden, welche Schritte sich daraus für die weitere Arbeit ergeben.

Die Wochenrückschau

Thema/Projekt: _____

Name: _____   Datum: _____

Diese Woche hatte ich mir vorgenommen, zu lernen …

Ich habe gelernt …

Am
meisten hat
mir gefallen …

Ich hätte gerne …

Ich brauche jetzt …

Als nächstes werde ich …

Raster für Hausarbeiten

Beginn?	Ende?	Zeitaufwand?	Fach/Thema	Wann wurde die Aufgabe gestellt?	Bis wann ist sie zu erledigen?	Welche Schwierigkeiten?	Hilfe durch?	Wie hat mich die Arbeit herausgefordert?	Wie nützlich war sie?

Q 4   Schul- und Unterrichtsklima analysieren

Auf einen Blick

❶ **Was?**	Unterrichts- und Schulklima
❷ **Wozu?**	Förderliches Klima schaffen
❸ **Wann gelingt's?**	Transparenz, Offenheit
❹ **Wer?**	Klasse, Jahrgang, Stufen, alle
❺ **Wie?**	Analyse von Schul-/Unterrichtsklima
❻ **Konkret?**	Selbsttätigkeit der Schüler/innen
❼ **Mehr dazu?**	Literatur
❽ **Womit?**	Zielscheibe

---

❶ Was? (Zielstellung)

In der Evaluation des Schul- und Unterrichtsklimas einer Schule geht es darum, Informationen darüber zu erhalten, wie Schülerinnen und Schüler Schule und Unterricht subjektiv erleben. Dazu gehören einerseits die individuell wahrgenommenen Wechselbeziehungen zwischen Schülerinnen, Schülern und den Lehrenden, in denen sich eine Ich-Wir-Beziehung aufbaut, aber auch ein förderlicher Zugang zum Unterrichtsgegenstand erfolgt. Andererseits gehört dazu die Gestaltung einer Lernumwelt, welche es den Schülerinnen und Schülern erlaubt, ihr eigenes kreatives Potenzial im Hinblick auf ihre Lernmöglichkeiten, aber auch die Entwicklung persönlicher und sozialer Kompetenzen zu entfalten.

● Die Lehrerinnen und Lehrer
  – achten die Schülerinnen und Schüler,
  – gestalten den Unterricht abwechslungsreich.
● Die Schülerinnen und Schüler
  – haben einen guten Umgang miteinander,
  – identifzieren sich mit der Schule.
● Die Schule
  – ist ein Ort, an dem man sich wohl fühlt,
  – ist ein Ort, an dem man weiß, wie man dran ist.
● Im Unterricht
  – wird die persönliche und soziale Entwicklung gefördert,
  – werden die Inhalte verständlich dargeboten.

Aus dieser (nicht vollständigen) Übersicht lässt sich das Zusammenspiel zwischen der Gestaltung der Beziehungen zwischen den beteiligten »Akteuren« und der pädagogischen Modellierung des »Arbeitsplatzes« Schule erkennen.

❷ Wozu? (Herausforderung)

Mit dem Klima an Schulen ist es wie in der Metereologie (woher auch der Begriff stammt): Erst ein förderliches Klima schafft gute Voraussetzungen für das Wohlbefinden und damit für eine positive Arbeitsatmosphäre. Das Klassen- und Schulklima stellt somit eine Art »Soziotop« dar, welches für die Entwicklung der Leistungsfähigkeit und der Persönlichkeit sehr wichtig ist. Dabei spielen einerseits die stimmungs- und gefühlsmäßigen Wahrnehmungen aus individueller Sicht eine Rolle, andererseits aber auch die Lernumwelten und deren pädagogisch-didaktische Architektur. Es geht um die Gestaltung einer pädagogisch wirksamen Schul- und Lernkultur, welche die Entfaltung von Verstand, Gefühl und Intuition im Unterrichtsprozess ermöglicht.

Aufgrund der (auch empirisch erforschten) Bedeutung des Schul- und Unterrichtsklimas für die Förderung von Lern- und Bildungsprozessen stellt sich für eine Schule die Frage, wie »gut« die pädagogischen Grundbedingungen in den einzelnen Klassen und an der Schule insgesamt sind. Denn eines zeigt sich immer wieder: Je lieber Schülerinnen und Schüler in die Schule gehen, desto eher besteht die Gewähr, dass sie sich mit ihr identifizieren und auch mit Freude lernen.

❸ Wann gelingt's? (Förderliche Bedingungen)

Wenn Menschen über ihr Wohlbefinden am »Arbeitsplatz« befragt werden, erwarten sie sich auch, dass ihre Aussagen gegebenenfalls zu einer Verbesserung der gegenwärtigen Bedingungen beitragen. Daher ist größtmögliche Transparenz bezüglich der Zielsetzung der Untersuchung und der Konsequenzen, die daraus gezogen werden sollen, anzustreben. Je mehr Schülerinnen und Schüler einbezogen werden, desto ergiebiger sind die Ergebnisse und desto stärker ist die Identifikation mit dem Anliegen. Auf alle Fälle ist eine Vorgangsweise zu wählen, die möglichst geringen Aufwand in der Vorbereitung, Durchführung und Auswertung erfordert. Darüber hinaus soll es den Befragten möglich sein, ihre Aussagen anonym zu machen, als Schutz bei negativen Aussagen. Wenn die Voraussetzungen für die gesamte Schule noch nicht gegeben sind, lässt sich vielleicht zunächst eine Evaluation in einer Klasse bzw. einem Jahrgang durchführen, um dabei entsprechende Erfahrungen zu sammeln.

❹ Wer? (Personen)

Da die Evaluierung des Schul- und Unterrichtsklimas die Erkundung subjektiver Sichtweisen ist, ergibt sich ein für die Klasse, den Jahrgang oder die Schule gültiges »Stimmungsbild« erst, wenn möglichst alle Schülerinnen und Schüler der betreffenden Gruppierung einbezogen werden. Die einbezogene Zahl richtet sich nach der Grundgröße, für welche die Evaluation durchgeführt werden soll (z.B. Klasse, Jahrgang, Unterstufe, Oberstufe u.Ä.). Achtung, unbedingt alle davon betroffenen Lehrerinnen und Lehrer möglichst früh informieren und einbinden, sonst werden sich in der Folge viele mit den Ergebnissen der Evaluation nicht auseinander setzen und keine Konsequenzen für den Unterricht und die Schule ziehen. Darüber hinaus könnte dies aufgrund von Uninformiertheit bis zum aktiven Widerstand führen!

❺ Wie? (Durchführung)

Eine einfache Form der Erhebung von Aussagen zum Klima im Unterricht und an der Schule stellt die *Zielscheibe* (siehe ❽) dar, auf der die Schülerinnen und Schüler in Relation zur Mitte (»Volltreffer«) ihre subjektiven Einschätzungen vorgegebener Aussagen im Hinblick auf Beziehungen und Lernumwelten einschätzen.

Ablaufschritte

1) Nachdem (z.B. in einer Klassenkonferenz) die Durchführung einer Erhebung von Aussagen zum Klima in der Klasse und an der Schule beschlossen worden ist, werden die Schülerinnen und Schüler über das Interesse der Lehrerinnen und Lehrer sowie die Zielsetzung der Evaluation informiert.
2) Die Schülerinnen und Schüler der betreffenden Klasse erhalten von einer Lehrperson (z.B. Klassenlehrer/in) die vorbereitete Zielscheibe (siehe ❽). Vor dem Ausfüllen wird die Form der Markierung auf der Zielscheibe besprochen (innen/ 5 = trifft voll zu, außen/1 = trifft nicht zu).
3) Nach dem Ausfüllen werden die Zielscheiben eingesammelt und möglichst bald ausgewertet. (Je rascher eine Auseinandersetzung mit den Daten erfolgt, umso stärker die Identifikation mit dem Anliegen!)
4) Die Auswertung wird am besten so vorgenommen, dass eine Person die einzelnen Schülerergebnisse vorliest und eine zweite diese in eine leere vorbereitete Zielscheibe einträgt. Bei großen Schülergruppen sollte die Vorlage vergrößert werden, um genügend Platz zum Eintragen der Ergebnisse zu haben.

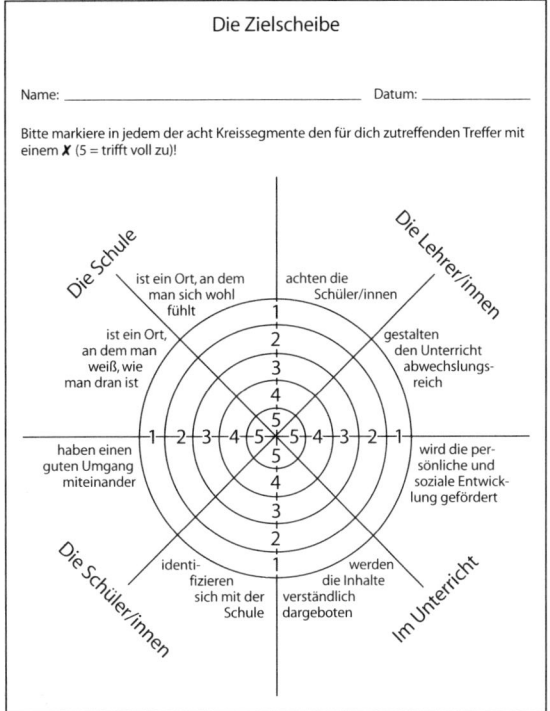

Abbildung 19: Zielscheibe zur Erfassung des Schulklimas

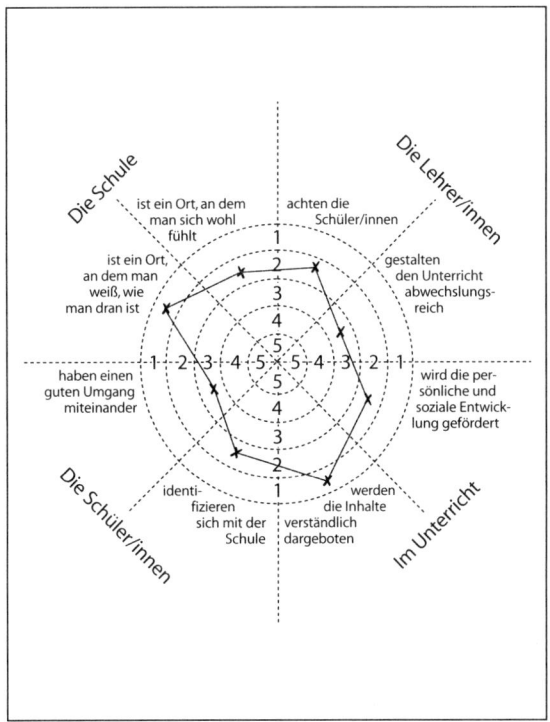

Abbildung 20: Durchschnitts-diagramm

5) Für die Präsentation die Ergebnisse möglichst gut sichtbar machen! Eine Möglichkeit besteht darin, den einzelnen Ringen unterschiedliche Farben oder einen Verlauf an Intensität zuzuordnen, sodass sich die Verteilung der »Treffer« im jeweiligen Farbcode erkennen lässt (z.B. von dunkel [in der Mitte] nach hell [gegen den Rand]). Ob in der Zusammenfassung der Ergebnisse die Treffer in numerischer Form angeführt werden oder in Form der Darstellung der jeweiligen Einzeltreffer, hängt nicht zuletzt von der Übersichtlichkeit der Vorlage ab. Für bestimmte Zwecke lassen sich auch Durchschnittswerte errechnen, welche die Möglichkeit des Vergleichs über einen bestimmten Zeitraum hinweg (z.B. Anfang und Ende des Schuljahres) oder zwischen einzelnen Klassen ermöglicht.

6) Eine entsprechende Visualisierung schafft (z.B. durch Übereinanderlegen von Folien) genug Anlässe zur Diskussion der Ergebnisse (vgl. Abbildung 20).

7) Vorsicht: Das Schaffen von Durchschnittswerten nimmt dem Ergebnis die »Stimme« der individuellen Wahrnehmung der einzelnen Aspekte des Schul- und Unterrichtsklimas (im Durchschnitt findet sich nicht die Einzelmeinung!). Daher immer abwägen, was der »Preis« des Durchschnittswerts ist, bzw. beide Formen in die Diskussion mit einbeziehen.

8) Die Diskussion der Ergebnisse sollte möglichst alle betroffenen Lehrpersonen mit einbeziehen, da es gilt, die Wahrnehmung des Schul- und Unterrichtsklimas für die betreffende Gruppe (Klasse, Jahrgang etc.) zu interpretieren, gegebenenfalls rückzufragen und mit den Schülerinnen und Schülern zu problematisieren. Der größte Erfolg liegt für Letztere zweifellos darin, wenn sie merken, dass sich aufgrund dieser Evaluation im Unterrichts- und Schulklima etwas ändert.

Variante 1:
Ein Lehrerteam arbeitet selbst »maßgeschneiderte« Statements für die Zielscheibe aus – dafür dann die leere Scheibe (siehe ❽) verwenden!

Variante 2:
Die Schülerinnen und Schüler erhalten die Zielscheibe ohne Eintragungen (keine vorgegebenen Aussagen; vgl. Zielscheibe in ❽). Mit einer Lehrerin oder einem Lehrer (z.B. Klassenlehrer/in in einer Stunde zum sozialen Lernen u.Ä.) werden gemeinsam Aussagen gesucht und anschließend in die leere Zielscheibe eingetragen. Diese Vorgangsweise führt zu einer stärkeren Identifikation der Schülerinnen und Schüler mit dem Anliegen, was aber auch heißt, dass deren Erwartungen, was die Auseinandersetzung mit sich ergebenden Defiziten aus der Befragung betrifft, hoch sind.

❻ Konkret? (Beispiel)

Das Lehrerteam einer 5. Schulstufe hat im Zuge der gesetzlichen Grundlagen zur Einführung schulautonomer Maßnahmen einen Unterrichtsgegenstand »Soziales Lernen« eingeführt. Nachdem die drei Klassenlehrer/innen während des ersten

Halbjahrs vor allem Zeit in die Erstellung von Materialien zur Arbeit mit den neuen Unterrichtsinhalten investiert haben, wollen sie in der zweiten Hälfte des ersten Schuljahres, an der die Maßnahme »Soziales Lernen« durchgeführt wird, herausfinden, wieweit sich diese auch tatsächlich auf das Klassenklima auswirkt. Aufgrund ihrer bisher aufwendigen Curriculumarbeit wollen sie nicht viel Zeit investieren und möglichst rasch Daten darüber erhalten. Die Ergebnisse sollen einerseits beim anstehenden Elternabend präsentiert werden, um die Erziehungsberechtigten über die bisherigen Erfahrungen zu informieren (100% hatten sich in einer schriftlichen Befragung am Schuljahresanfang nach einer Informationsveranstaltung dafür ausgesprochen).

Lehrer M. schlägt die Erstellung eines Fragebogens vor. Die beiden Kolleginnen sind gegen den Einsatz eines Fragebogens, da sie einerseits bei einer vergangenen Fortbildungsveranstaltung vom Referenten gehört haben, dass Fragebögen – besonders bei jüngeren Schülerinnen und Schülern – eher nicht ideal seien, andererseits wollen sie nicht zu viel Zeit in das Auswerten investieren. Daher greifen sie die Idee mit der Zielscheibe auf, die sie als rasche Möglichkeit für Feedback in unterschiedlichen Situationen kennen gelernt hatten. Gerade das Argument der raschen Auswertung und des geringen Zeitaufwands überzeugt auch Lehrer M. Sie diskutierten darauf, ob sie die Zielscheibe mit den vorgegebenen Aussagen verwenden oder eigene Aussagen im Hinblick auf ihre spezielle Situation des »Sozialen Lernens« erstellen sollten.

Nach einigen Argumenten für und gegen die Erstellung einer eigenen Zielscheibe entscheiden sie sich, beim ersten Mal – sozusagen zur Erprobung des Instruments – die vorgegebenen Aussagen zu verwenden. Da es ihnen beim Unterricht im Sozialen Lernen ohnehin um Aspekte des Schul- und Unterrichtsklimas geht, finden sie das Instrument »passend«. Sie einigen sich auf folgende Vorgangsweise: Die Zielscheibe wird so vergrößert, dass sie annähernd die Größe einer echten Zielscheibe aufweist. Da ihr Kopierer an der Schule diese Größe nicht schafft, behelfen sie sich mit der Overheadtechnik: Von der Zielscheibe wird mittels Kopierer zunächst eine Folie erstellt. Diese wird per Overheadprojektor an die Wand projiziert, sodass die gewünschte Größe erscheint. Ein dort aufgehängtes Packpapier bildet die Projektionsfläche, auf der die Umrisse der Zielscheibe mit dicken Plakatstiften nachgezogen werden. Dadurch entstehen drei lebensgroße Zielscheiben, je eine pro Klasse.

Für die nächsten Stunden des Sozialen Lernens werden die Zielscheiben in den betreffenden Klassen angebracht (in zwei Klassen an der Wand, in der dritten wird sie am Boden aufgelegt, da die Kinder hier im Kreis sitzen). Diese lebensgroße Vorlage dient den Lehrpersonen zum Erklären der Vorgangsweise. Nach einigen Rückfragen der Schülerinnen und Schüler zur Klärung der Vorgangsweise werden Kopien der Zielscheibe in DIN-A4-Größe ausgeteilt. Sie erhalten fünf Minuten zum Eintragen ihrer »Treffer« auf ihre eigene Kopie. Danach erhält jedes Kind acht Klebepunkte (in jeder Klasse eine andere Farbe!), die sie – entsprechend ihrer individuell ausgefüllten Originalzielscheibe – auf der großen Zielscheibe anbringen. Dadurch ergibt sich die »Gesamttrefferzahl« der jeweiligen Klasse.

Im Anschluss an das Anbringen der einzelnen Treffer der ganzen Klasse auf der Klassenzielscheibe werden die Schülerinnen und Schüler gebeten, ihre eigene Zielscheibe mit der gemeinsamen zu vergleichen. Sie sollen ihre Begründungen für ihre eigene Einschätzung anschließend mitteilen. Von einer Lehrerin und dem Lehrer werden die Schülerkommentare in Notizenform festgehalten, eine Lehrerin hat sich entschieden, die Rückmeldungen ihrer Klasse auf Kassettenrekorder aufzunehmen, um sich voll auf die Diskussion konzentrieren zu können. Die Rückmeldungen der Schülerinnen und Schüler bringen dem Lehrerteam wichtige Rückmeldungen, die in der nächsten Teambesprechung weiterdiskutiert werden.

Es hat sich gezeigt, dass bei der Trefferzahl in allen drei Klassen eine Tendenz zur Mitte festzustellen war, was die Lehrpersonen in ihrem Anliegen zum Sozialen Lernen bestärkt. Allerdings hat die differenziertere Auseinandersetzung in der Besprechung des Gesamtergebnisses in den drei Klassen ergeben, dass beim Unterricht in den Fächern (d.h. außerhalb des Sozialen Lernens) durchaus Probleme auftreten und die Förderung der persönlichen und sozialen Entwicklung in der Schülerwahrnehmung nicht sehr stark ist. Auch der Umgang der Schülerinnen und Schüler untereinander zeigt – trotz des insgesamt guten Ergebnisses, dass es zwischen einigen Schülern bzw. Gruppen (vor allem zwischen Mädchen und Jungen) Probleme gibt. Dieser Aspekt wird von den Lehrenden auch gleich aufgegriffen, um im restlichen Halbjahr mehr Augenmerk auf die geschlechtsspezifische Situation zu lenken.

Das Lehrerteam entscheidet sich weiters dafür, die Ergebnisplakate in der nächsten Konferenz vorzustellen, um dem Gesamtkollegium die Rückmeldungen über die bisherigen Erfahrungen aus Schülersicht zu präsentieren, da im Folgejahr ein neues Lehrerteam den neuen 5. Jahrgang in der Maßnahme »Soziales Lernen« übernehmen wird. Aufgrund der ergiebigen Arbeit in der Klasse wird darüber hinaus entschieden, dass die Methode der »Zielscheibe« auch bei den Elternabenden der betreffenden Klassen eingesetzt werden soll. Die Eltern sollen in derselben Weise wie ihre Kinder die Zielscheibe ausfüllen. Die beiden Zielscheiben (Eltern und Klasse) sollen verglichen und im Hinblick auf ihre Differenz besprochen werden.

❼ Mehr dazu? (Literatur)

Bessoth, Richard: Verbesserung des Unterrichtsklimas. Neuwied: Luchterhand 1989.
Eder, Ferdinand: Schul- und Klassenklima. Ausprägung, Determinanten und Wirkungen des Klimas an höheren Schulen. Innsbruck: Studienverlag 1996.
Kösel, Edmund: Die Modellierung von Lernwelten. Elztal-Dallau: Laub 1993.
Miller, Reinhold: Beziehungsdidaktik. Weinheim: Beltz 1997.

❽ Womit? (Instrumente)

Zielscheibe (S. 143 mit Vorgaben, S. 144 leer)

Klasse: _____   Datum: _____

Die Zielscheibe

Bitte markiere in jedem der acht Kreissegmente den für dich zutreffenden Treffer mit einem ✗ (5 = trifft voll zu)!

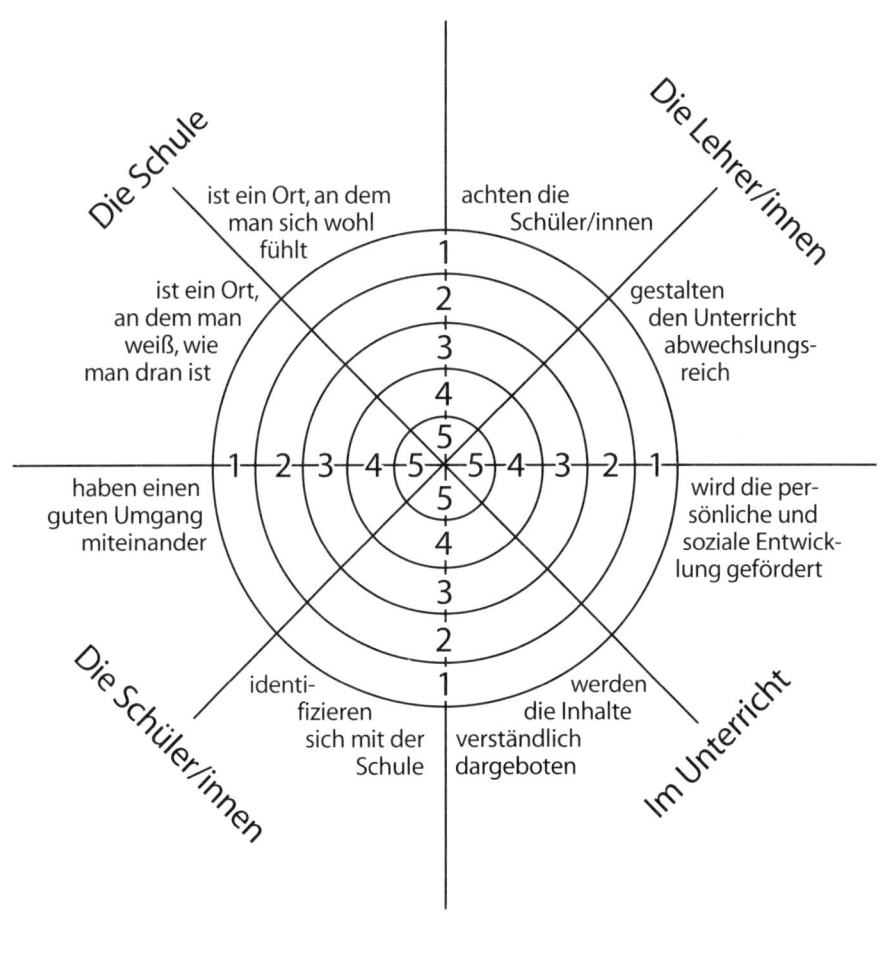

Klasse: _____   Datum: _____

Die Zielscheibe

Bitte markiere in jedem der acht Kreissegmente den für Dich zutreffenden Treffer mit einem ✗ (5 = trifft voll zu)!

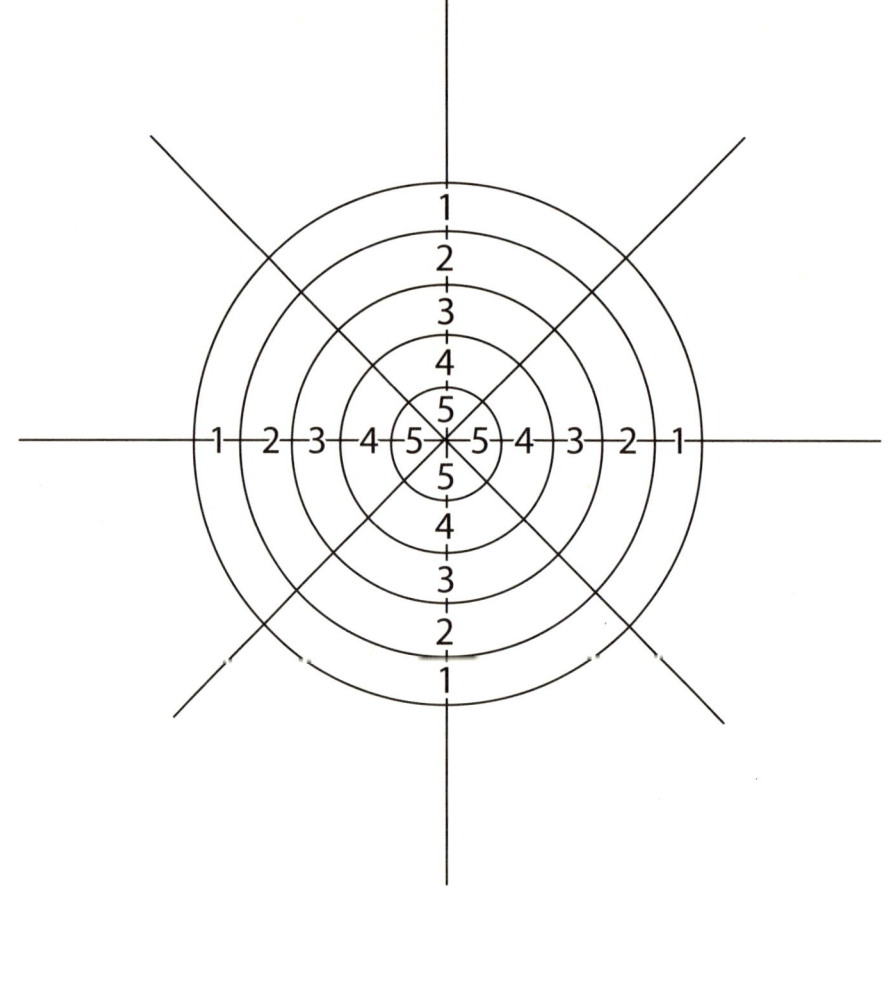

Q 5 Fotoevaluation

Auf einen Blick

❶ **Was?** Zufriedenheit der Schüler/innen
❷ **Wozu?** Schule als Lebensraum
❸ **Wann gelingt's?** Schulöffentlichkeit wird erreicht
❹ **Wer?** Klasse bzw. Schülerjahrgang
❺ **Wie?** +/− Orte fotografieren
❻ **Konkret?** Wunschkatalog von Schüler/innen
❼ **Mehr dazu?** Literatur
❽ **Womit?** Kamera, Checkliste

---

❶ Was? (Zielstellung)

Mit der hier vorgestellten Methode der Fotoevaluation lassen sich (zumindest) zweierlei Absichten verfolgen: einerseits auszuloten, wo sich Schülerinnen und Schüler unter den derzeitigen Bedingungen von Schule und Unterricht »zu Hause« fühlen (oder auch nicht); andererseits ihnen eine Möglichkeit zu bieten, selbst als Forscherinnen und Forscher aktiv zu sein und für sie relevante Erkenntnisse am Arbeitsplatz Schule zu gewinnen, der ja üblicherweise als Thema gar nicht »vorkommt« – und das, obwohl die Schule, wie gesagt, für die Schülerinnen und Schüler jener Lebensraum ist, in dem sie einen Großteil ihrer schulpflichtigen Zeit verbringen (müssen), und obwohl über die Relevanz des räumlichen Umfelds von Lehren und Lernen längst kein Zweifel mehr besteht.

Es geht hier also darum, den Schülerinnen und Schülern die Möglichkeit zu geben, selbst aktiv zu werden, den Schulraum zu erkunden und Daten darüber zu sammeln, womit sie positive und negative Erfahrungen verbinden. Die Benutzung der Kamera macht es entbehrlich, Befunde in elaborierter sprachlicher Formulierung festzuhalten, im Film wird das festgehalten, was die Schülerinnen und Schüler durch die Linse orten. Die Ergebnisse sollen in der Folge dazu dienen, das Schulleben für alle Beteiligten und Betroffenen förderlicher zu gestalten.

❷ Wozu? (Herausforderung)

Die Schule stellt für die Schülerinnen und Schüler den »Arbeitsplatz« dar, an dem sie einen großen Teil ihrer Zeit verbringen (müssen). Die »soziale« Architektur einer Schule ist aber meistens an pädagogisch-didaktischen Vorgaben ausgerichtet, was dazu führen kann, dass Schülerinnen und Schüler sich wenig damit identifizieren, im Extremfall führt dies zu Zerstörung und Vandalismus. Reinhard Kahl (1992, 31) nennt Ursachen dafür und beschreibt, was ohnehin viele wissen: »Schüler wählen in der Schule Anti räume als ihre bevorzugten Plätze (…) verkriechen sich in die Toiletten, flüchten in der Pause zur Imbissbude oder drücken sich in den hässlichen Rau cherecken herum. (…) Warum? Die Schüler sagen nichts, außer dass hier kein Platz für sie ist. Umstellt vom gebieterischen Sollen der Institution, lauter wohl gemeinten und herrschsüchtigen, letztlich infantilisierenden Ansprüchen, suchen sie nach nicht vernutzten Räumen, nach Räumen jenseits aller pädagogischen Definitionen.«

Auch wenn sich die Voraussetzungen in Schulen in den letzten Jahren geändert haben und Pädagoginnen und Pädagogen sich sehr darum bemüht haben, Schulräume zu Lebensräumen zu machen, mit denen sich die Schülerinnen und Schüler während ihres Aufenthalts identifizieren, ist im Kollegium oft wenig darüber bekannt, was für sie die Schule zu *ihrer* Schule macht.

❸ Wann gelingt's? (Förderliche Bedingungen)

Die Methode der Fotoevaluation kann als Unterrichtsprojekt sowohl an der Grundschule als auch in der Sekundarstufe I und II durchgeführt werden. Im Fachunterricht ist sie etwa in Deutsch, in Geschichte und Sozialkunde, in Kunsterziehung, aber auch in Geographie und Wirtschaftskunde integrierbar, aber auch die übrigen Fächer bieten sich an, wenn ein Unterrichtsbezug hergestellt wird (z.B. im Fremdsprachenunterricht zur Präsentation der Ergebnisse). Dadurch ist es möglich, dass eine Lehrperson, die Interesse am Einsatz der Fotoevaluation hat, diese in ihrem eigenen Unterricht einsetzen kann. Da die Ergebnisse aber auch der »Schulöffentlichkeit« zugeführt werden sollen, ist eine Information darüber innerhalb des betreffenden Kollegenkreises sinnvoll, um die Ergebnisse über Maßnahmen der Schul- und Unterrichtsentwicklung wirksam werden zu lassen. Nicht zuletzt deshalb ist es erstrebenswert, dass die Schule insgesamt Interesse zeigt, dass die Ergebnisse einer Schülerrecherche auch eine über den einzelnen Unterricht hinausgehende Beachtung finden.

❹ Wer? (Personen)

Die Fotoevaluation kann in einer einzelnen Klasse durchgeführt werden, dann beziehen sich die Ergebnisse natürlich nur auf die Sichtweise dieser Schülerinnen und Schüler. Es zeigen sich hinsichtlich der Räume, in denen sich Kinder und Jugendliche (nicht) wohl fühlen, große Unterschiede; darüber hinaus spielen auch die (Lehr-) Personen, die mit einzelnen Räumen assoziiert werden, eine Rolle. Wenn an der Schule Interesse besteht, die Sichtweisen der unterschiedlichen Altersstufen kennen zu lernen, ist es erstrebenswert, die Fotoevaluation in unterschiedlichen Jahrgängen anzuwenden.

Abbildung 21: Fotoausstellung an der Schule

❺ Wie? (Durchführung)

Bei der Wahl der Kamera sollte die Bedienerfreundlichkeit im Vordergrund stehen. Auch bei jüngeren Schülerinnen und Schülern ergibt sich bei einfachen Kameras (mit Autofokus) kaum ein Problem, zumal die meisten Kinder und Jugendlichen bereits Erfahrung im Umgang mit technischen Geräten haben. Da es sich großteils um Innenaufnahmen handelt, sollte ein Blitz integriert sein, was ohnehin dem gängigen Standard entspricht. Da das Entwickeln und Herstellen der Papierbilder heute sehr rasch erfolgt, ist eine Polaroid-Kamera nicht erforderlich.

Die Beschränkung auf den Einsatz *einer* Kamera hat den Vorteil, dass sich die Schülerinnen und Schüler nur in Einzelgruppen fotografierend durch das Schulhaus bewegen, denn je mehr Kameras zur Verfügung stehen, umso mehr Schülergruppen sind gleichzeitig im Einsatz, was bei der Planung und Umsetzung der Fotoevaluation mehr Unruhe und Durcheinander bringt.

Ablaufschritte

1) Es werden Fünfergruppen gebildet; das Kriterium kann etwa sein »Gleichgesinnte bezüglich Stunden- und Pausengestaltung zusammen in eine Gruppe«, bei jüngeren Schülerinnen und Schülern (etwa im Grundschulalter) hat sich als Kriterium die (Gruppen-)Sitzordnung in der Klasse bewährt.

2) Jede Gruppe einigt sich auf etwa vier Orte, an denen sich die Gruppenmitglieder in der Schule wohl fühlen, und etwa vier Orte, an denen sie sich nicht wohl fühlen.

3) Es wird von den Gruppen exakt geplant, in welcher Reihenfolge diese Orte fotografiert werden sollen und welches Arrangement die beabsichtigte Aussage am besten verdeutlicht: Nur die Örtlichkeit oder auch Personen im Bild festhalten? Eine Totale oder ein bestimmtes Detail? etc.

4) Fotografieren: Jede Gruppe bewegt sich *ohne* Lehrer/innen-Begleitung durch das Schulhaus und muss auch mit etwa auftauchenden Problemen allein fertig werden (z.B. wenn sie einen Raum fotografieren will, in dem gerade Unterricht stattfindet, muss meist mit der Lehrperson verhandelt werden); dafür etwa 20 Minuten Zeit pro Gruppe zur Verfügung stellen, etwa acht Fotos dürfen »verschossen« werden. Es muss (siehe ❸) vorher ausgemacht sein, wer was fotografiert und wer posiert.

5) Parallel dazu wird eine exakte Liste der aufgenommenen Motive angefertigt, um nach dem Entwickeln der Filme die Fotos den einzelnen Teams zuordnen zu können.

6) Sobald die Fotos entwickelt sind, gestaltet jede Gruppe ein Plakat, auf dem die Fotos mit Motiven, wo sich die Schülerinnen und Schüler wohl fühlen, denen, wo sie sich nicht wohl fühlen, gegenübergestellt und von der Gruppe schriftlich kommentiert werden.

7) Präsentation der Plakate vor der Klasse als Einstieg in die Diskussion über die Situation; wenn es sich aus der Analyse ergibt, Planung weiterführender Schritte (z.B. ein Gespräch mit einem bestimmten Lehrer, mit dem ein Konflikt besteht, Termin bei der Schulleitung wegen Änderung der Pauseneinteilung; Anfrage an den Elternverein wegen finanzieller Unterstützung einer Ausmalaktion usw.).

Die Checkliste auf Seite 152 ist für die Gruppenarbeit vorgesehen, damit die Schülerinnen und Schüler einen Leitfaden zur Unterstützung ihrer Arbeit haben. Aufgrund von bisherigen Erfahrungen lassen sich folgende *Do's & Don'ts* ableiten, die bei der Planung und Durchführung der Fotoevaluation hilfreich sein können.

Do's & Don'ts für Lehrerinnen und Lehrer

Folgende Hinweise sollen den Einstieg in die Fotoevaluation durch Schülerinnen und Schüler erleichtern:

- Haben Sie bei der Gruppeneinteilung ein Auge darauf, wie die *opinion leader* und die Außenseiter verteilt sind, um faire Entscheidungsfindungsprozesse in den Guppen zu gewährleisten.
- Achten Sie auf die Zeitressourcen: *Eine* Unterrichtsstunde ist auf alle Fälle zu kurz, denn alle Gruppen müssen Zeit haben, ihre Aufnahmen zu machen; andererseits hat es keinen Sinn, zu viele Fotos oder eine zu lange Zeitspanne pro Gruppe vorzusehen. Ein wichtiger Teil des Lernprozesses ist der Umgang mit knappen Zeitressourcen.
- Berücksichtigen Sie das Alter der Schülerinnen und Schüler; vielleicht lässt sich bei jüngeren eine zweite Lehrerin oder ein zweiter Lehrer zur Betreuung der Gruppen während des Fotoprojektes organisieren.
- Ein besonders wichtiger Punkt: Verwenden Sie für das ganze Projekt nur *eine* Kamera und lassen Sie die Schülerinnen und Schüler Listen mit einer exakten Aufstellung »ihrer« Orte und der Personen, die fotografieren bzw. fotografiert werden, anfertigen. Gestatten Sie den Kindern nicht, einen eigenen Fotoapparat zu verwenden, sonst müssten diese die Bilder dann auch selbst entwickeln lassen, und dann werden kaum jemals alle Fotos gleichzeitig für die Weiterarbeit in der Klasse sein; das ist aber notwendig für die nächsten Schritte. Zudem ergibt sich aus der Verwendung *einer* Kamera, dass immer nur ein Team nach dem anderen im Schulhaus unterwegs ist, was erfahrungsgemäß die Akzeptanz der Aktion bei den anderen (Lehrerinnen und Lehrern) erhöht.
- Das Projekt kann starke Emotionen wecken, denn die Frage »Wo in der Schule fühlst du dich wohl und wo nicht?« vermittelt folgende Botschaft: »Es ist wichtig, was du denkst und fühlst, so wichtig, dass es sogar mit Fotos dokumentiert und öffentlich gemacht wird!« – Deshalb seien Sie darauf gefasst, dass die Kinder sich tief in diesen »Gefühlsdschungel« einlassen!
- Ein anderer Knackpunkt des Projekts ist der Entscheidungsfindungsprozess in den Gruppen: Er braucht eine gewisse Reife sowie Kommunikations- und Konfliktkultur; zugleich bietet das Projekt den involvierten Schülerinnen und Schülern *sowie* Lehrerinnen und Lehrern die Chance, sich in eben diesen Bereichen durch *learning by doing* weiterzuentwickeln.
- Seien Sie auch darauf vorbereitet, dass das Fotoprojekt die *corporate identity* (»Wir und unsere Schule« – aber möglicherweise auch »Wir gegen diese Schule«) stärkt, besonders dann, wenn die Schülerinnen und Schüler beschließen, aus den Ergebnissen ihrer Evaluation die Konsequenzen zu ziehen, etwa indem sie Arbeitsgruppen zur Erstellung konkreter Verbesserungsvorschläge bilden.

❻ Konkret? (Beispiele)

Zwei Lehrer, die an einem internationalen Projekt teilgenommen haben, lernten dort die Fotoevaluation als Möglichkeit der Evaluierung des Lebensraums Schule kennen. Sie berichten an der Schule darüber, worauf die Entscheidung getroffen wird, sie an der Schule zu erproben. Bei der Planung wird darauf geachtet, dass aus jeder Schulstufe mindestens eine Unterrichtsgruppe beteiligt ist, da es wahrscheinlich ist, dass Schülerinnen und Schüler verschiedener Altersstufen unterschiedliche Sichtweisen zum Thema »Wohlfühlen« haben. Daher erklärt sich in jeder Schulstufe eine Lehrperson bereit, mit einer Schülergruppe eine Erkundung der Schule mit der Kamera durchführen zu lassen. Sie einigen sich darauf, die Fotoevaluation mit einer Polaroid-Kamera durchzuführen, welche dafür eigens angeschafft wird.

Einer Schülergruppe gehören fünf Teilnehmer/innen an, die gemeinsam vier Orte, an denen sie sich wohl fühlen, und weitere vier, an denen sie sich nicht wohl fühlen, auswählen sollen. Die Schülerinnen und Schüler überlegen sich zunächst, welche Aussage sie über jeden der gewählten Orte fotografisch abbilden wollen und wie sich diese Aussage am deutlichsten ausdrücken lässt (z.B. durch enges Beieinander-Sitzen in zu »kalten« Räumen). Anschließend werden die jeweiligen Örtlichkeiten mit einer Sofortbildkamera abgelichtet, die Fotos auf ein Plakat geklebt, mit kurzen Erläuterungen versehen und durch grafische Strukturierungen unterstützt (z.B. Wohlfühlorte – Sonnenschein; unangenehme Plätze – Regenwolken).

Die Schülerinnen und Schüler sind mit großem Eifer bei der Sache. So ist es z.B. überhaupt kein Problem, die Pausen durchzuarbeiten. Sie freuen sich darüber, ihre Sichtweise zu Papier bringen zu können, wobei auffällt, dass die sprachlich weniger Begabten unter ihnen ganz besonders aktiv waren. Bei dieser Evaluationsform können sie ihre Meinungen auf »bildliche« Art (Fotografie) zum Ausdruck bringen. »Im Vergleich zur sonst oft üblichen Form der Selbstevaluation mittels schriftlicher Befragung, bei der sich sprachlich und kognitiv begabte Schüler/innen besser einbringen können, ermöglicht die Fotoevaluation also eine ganzheitlichere Betrachtung der Schule!«, schildert ein beteiligter Lehrer. Die fertigen Plakate werden den anderen teilnehmenden Schüler/innen in einem kurzen Referat vorgestellt und anschließend besprochen.

Insgesamt entstehen im Laufe der Untersuchung zwölf Plakate, die etwa acht Wochen lang in der Aula der Schule ausgestellt werden. Auf diese Weise können sich auch die bislang nicht beteiligten Schülerinnen und Schüler mit der Idee und dem Anliegen der Fotoevaluation befassen. Der Diskussionsprozess auf Schülerebene wird zusammengefasst, indem die Schulsprecherin die Klassensprecherinnen und -sprecher jeder einzelnen Klasse bittet, die drei dringlichsten Verbesserungswünsche ihrer Klasse in Bezug auf das Schulgebäude zu nennen. Auf diese Weise entsteht ein »Schüler-Wunschkatalog« von 24 Wünschen, den die Schulsprecherin an die Schulleitung übergibt. In der folgenden Konferenz tragen die Schülerinnen und Schüler ihre Wünsche dem Kollegium vor. In einer gemeinsamen Besprechung der Schüler- und Lehrervertretung wird beschlossen, welche Wünsche in welchem Zeitrahmen umzusetzen sind. Bei einigen Wünschen, etwa wenn es um bauliche Veränderungen ging, wird es auch notwendig, den Schulerhalter einzubinden.

Es ist der Schulleitung und den beteiligten Lehrpersonen bewusst, dass sie mit der Durchführung der Fotoevaluation eine Bereitschaft zur Veränderung des Schulgebäudes signalisiert haben. Bei den Schülerinnen und Schülern werden Erwartungen geweckt, dass sich die Lehrenden daran beteiligen würden, die Schule attraktiver zu gestalten. Einige der Wünsche, die durch die Fotoevaluation zum Ausdruck kommen, benötigen zu ihrer Verwirklichung nur einen geringen Material- und Kostenaufwand und werden auch bereits in Zusammenarbeit von Lehrer- und Schülerschaft realisiert (z.B. Ausgestaltung von Klassenräumen). Es ist aber auch ganz besonders wichtig, den Schülerinnen und Schülern bei jeder Ablehnung eines Verbesserungswunsches zu erläutern, warum ihrem Anliegen in diesem speziellen Fall nicht entsprochen wird. Die notwendigen Entscheidungen wiederum führen zu verstärkten Reflexions- und Diskussionsprozessen innerhalb der Lehrerschaft selbst, die einen positiven Schritt in ihrem Schulentwicklungsprozess darstellen.

➐ Mehr dazu? (Literatur)

Kahl, Reinhard: Lob der Unübersichtlichkeit. Schülerorte – Lehrerräume. In: Pädagogik (1992) 4, S. 30–33.

Prosser, Jon (Hrsg.): Image-based Research – A Sourcebook for Qualitative Researchers. London: Falmer 1998.

Rottensteiner, Erika: Fotografie als Instrument der Evaluation bzw. Reflexion. In: Erziehung und Unterricht 148 (1998) 7/8, S. 664–672.

Schratz, Michael/Steiner-Löffler, Ulrike: Im Dschungel der Gefühle: Fotografie als Medium der (Selbst-)Reflexion. In: Michael Schratz: Gemeinsam Schule lebendig gestalten. Anregungen zu Schulentwicklung und didaktischer Erneuerung. Weinheim: Beltz 1996, S. 68–82.

➑ Womit? (Instrumente)

Checkliste Fotoevaluation für Schülerinnen und Schüler (S. 152)

Checkliste Fotoevaluation für Schülerinnen und Schüler

Aktion	Hinweis	☑ Erledigt?
sich auf drei bis vier »Plus«-Orte und drei bis vier »Minus«-Orte einigen	Achtung! Die Gruppenlösung muß so ausfallen, daß alle Gruppenmitglieder damit leben können!	Orte gefunden und aufgeschrieben
eine Liste machen, wer welche Orte in welcher Reihenfolge fotografiert und wer andere Arbeiten erledigt, z. B. wer die Physiklehrerin fragt, ob man den Physiksaal fotografieren darf, in dem sie gerade unterrichtet, oder wer den Schlüssel für einen abgesperrten Raum organisiert	angenehme und unangenehme Aufträge möglichst gerecht verteilen (welcher Junge traut sich den Mädchenturnsaal inclusive turnender Mädchen zu fotografieren?)	komplette Liste gemacht
auf Fototour gehen	• auf die Zeit achten, die anderen warten schon auf die Kamera! • die Liste nachher unbedingt aufheben, die könnt ihr dann für die Zuordnung der Fotos als Erinnerungsstütze gut gebrauchen!	Fotos geschossen
(während ihr wartet, bis ihr die entwickelten Fotos bekommt) ausmachen, wer Scheren, Klebstoff, Fotoecken, Papier für das Plakat, besondere Stifte etc. mitbringt	unbedingt schon vor dem Tag, an dem die Plakate gemacht werden sollen, alles mitbringen! Sonst ist dann vielleicht gerade derjenige krank, der die Superstifte hätte mitbringen sollen, und das Posterpapier liegt statt vor euch auf dem Boden bei jemandem zu Hause auf dem Kasten im Vorzimmer.	Material in die Schule gebracht und vorbereitet
das Plakat gestalten	Auch jetzt gilt: alle sollen mit dem Endprodukt leben können; Wenn ihr euch in bestimmten Punkten nicht einigen könnt, dann schreibt doch die strittigen Punkte auf das Plakat (ein Foto kriegt etwa ein Plus und ein Minus!)	Plakat fertig
das Plakat präsentieren und »verteidigen«, den anderen Präsentationen zuhören	Hört auf die Argumente der anderen!	eigene Präsentation erledigt
mögliche Konsequenzen und nächste Schritte überlegen	In welcher Form ihr das als Klasse am besten überlegen könnt, darüber soll sich euer Lehrer bzw. eure Lehrerin einmal Gedanken machen.	nächste Schritte festgelegt

Q 6   Schulethos erkunden

Auf einen Blick

❶ **Was?**   Gemeinsamkeit herstellen
❷ **Wozu?**   Schulethos: Faktor für gute Schule
❸ **Wann gelingt's?**   Alle machen mit
❹ **Wer?**   Lehrer/innen, Eltern, Schüler/innen
❺ **Wie?**   Gruppeninterviews
❻ **Konkret?**   Persönlichkeit als Leitprinzip
❼ **Mehr dazu?**   Literatur

---

❶ Was? (Zielstellung)

Das *Ethos* der Schule ist die Gesamtheit jener Werte und Grundsätze, welche von den Lehrerinnen und Lehrern in ihrer pädagogischen Arbeit als selbstverständlich und verbindlich angesehen werden. In der Evaluation des Ethos einer Schule geht es darum, Informationen über etwas zu erhalten, was eigentlich nicht sichtbar ist. Saint Exupéry schreibt im »Kleinen Prinzen«: »Das Eigentliche ist unsichtbar … man muss mit dem Herzen sehen.« Daher ist es nicht leicht, dieser Herausforderung »instrumentell« zu begegnen. Dennoch ist es wichtig, dass die Schule sich mit ihrem Ethos auseinander setzt, zumal dieses für die gemeinsamen Haltungen eine zentrale wichtige Rolle spielt. Da es sich dabei um ein Zusammenspiel eines Bündels von einzelnen Dimensionen handelt, lassen sich diese Aspekte hier nur in Form einer Aufzählung (in Anlehnung an Erkenntnisse aus der Forschung) darstellen, nicht aber in ihrer Verwobenheit.

Das Ethos einer Schule zeigt sich u.a.
… im Sinn für Identität und Stolz auf die Schule,
… in einer anregenden Atmosphäre,
… an hohen Erwartungshaltungen von Schülern/Schülerinnen und Lehrern/Lehrerinnen,
… an einer starken und Sinn stiftenden Schulleitung,
… in einer positiven Einstellung den Schülerinnen und Schülern gegenüber,
… in der Anerkennung von Leistung als Motivationsförderung,
… im Bemühen um Zusammenarbeit mit den Eltern und dem weiteren Umfeld.

Die Einigung über die Berücksichtigung einer gemeinsamen Wertverpflichtung wird meist in Form einer Sammlung von Aussagen zusammengefasst und bei der Erstellung eines *Leitbilds* des Schule verschriftlicht (vgl. S. 44 und Schratz/Steiner-Löffler 1998a, 211).

❷ Wozu? (Herausforderung)

Auch wenn das Ethos einer Schule in Form eines Leitbilds verschriftlicht wird, stimmen die individuellen Verhaltensweisen der Mitglieder der Organisation Schule nicht immer mit den gemeinsamen Wunschvorstellungen, dem »Gemein-Sinn« der Schule, überein. Dennoch ist für die förderliche Entwicklung einer Schule ein Konsens erforderlich, der über das Ethos der Schule als eine Art ideell-kulturelles Subsystem das Verhalten bestimmt, welches vor allem in Grenzsituationen deutlich wird: etwa dadurch, dass Schülerinnen und Schülern der Aufstieg in die nächste Klasse erst nach einer ausführlichen Behandlung ihres »Falles« durch mehrere Lehrerinnen und Lehrer verweigert wird oder dass Disziplinarkonferenzen erst nach Rücksprache mit dem Elternhaus abgehalten werden. Dieses Beispiel macht deutlich, dass der Wertekonsens als Einstellung zu verstehen ist, welche als Gesamthaltung nach innen und außen wirksam wird. Sie entspricht einem pädagogischen Selbstverständnis, das dafür sorgt, dass Verhalten und Maßnahmen pädagogisch kalkulierbar sind.

Effektivitätsstudien haben aufgezeigt, dass das Schulethos ein starker Wirksamkeitsfaktor für eine »gute« Schule ist. Gute Schulen als Ganzes zeichnen sich demnach nicht nur durch die persönlichkeitsbedingten Qualitäten der einzelnen Lehrerinnen und Lehrer aus, sondern vor allem dadurch, dass die Übereinstimmung bezüglich bestimmter pädagogischer Grundsätze im Kollegium sich in Verhaltensweisen und Maßnahmen erkennen lässt. Sie bewirkt, dass die Schule zu einer *lernenden Organisation* wird, in der »die Menschen kontinuierlich die Fähigkeit entfalten, ihre wahren Ziele zu verwirklichen, in denen neue Denkformen gefördert und gemeinsame Hoffnungen freigesetzt werden und in denen Menschen lernen, miteinander zu lernen« (Senge 1996, 11).

❸ Wann gelingt's? (Förderliche Bedingungen)

Das Klima, in dem das Ethos einer Schule evaluiert werden soll, ist von besonderer Bedeutung. Gemeinsame Verantwortung und gegenseitiges Vertrauen sind Voraussetzung dafür, dass offen über die tragenden Wertvorstellungen gesprochen wird. Daher ist es bei der Auswahl der Vorgangsweise günstig, wenn ein Rahmen gefunden wird, der eine gewisse Offenheit des Gesprächs ermöglicht, zugleich aber auch Vertrauen schafft. Dazu ein Zitat aus Clemmett und Pearce (1986), das diesen Aspekt besonders hervorhebt: »*It is no accident that the root words of evaluation and confidentiality are value and confidence – if pupils, teachers or education itself are not valued, or teachers, managers and politicans do not inspire confidence, then the climate for any kind of development will be a cold and inhospitable one.*«

Offenheit und Vertrauen lassen sich am ehesten dann herstellen, wenn die Mitglieder einer Organisation nicht unmittelbar vom Alltagsdruck belastet sind. Daher werden pädagogische Klausuren bzw. Tage oft außerhalb der Schule durchgeführt. Das Klima eines Bildungshauses kann vielfach bessere Voraussetzungen für ein offenes Miteinander schaffen als das Konferenzzimmer, in dem man ständig mit den Herausforderungen des Alltags konfrontiert ist. Dies gilt auch für die Befragung von Schulpartnern/partnerinnen: Eltern fühlen sich an Schulen selten »zu Hause«, weshalb sie sich dort auch am schwersten tun, ihre eigenen Werte einzubringen. Am wichtigsten für das Schaffen einer Vertrauenskultur an einer Schule ist aber, dass die Offenheit der Auseinandersetzung auch Kritik ermöglicht, die nicht als persönliche Angriffe gewertet werden, sondern eine entwicklungsfördernde Auseinandersetzung ermöglichen. Wenn Eltern beispielsweise das Gefühl haben, dass sich ihre Äußerungen negativ auf den schulischen Fortgang ihrer Kinder auswirken könnten, werden sie sich bei der gemeinsamen Arbeit an der Entwicklung von Schule eher zurückhalten. In einem solchen Fall ist das Ethos einer Schule auch eher durch Misstrauen geprägt denn durch Vertrauen.

❹ Wer? (Personen)

Da sich die Wirksamkeit des Ethos als gemeinsame Wertvorstellungen einer Schule auf allen Ebenen nach innen und außen zeigen soll, sind möglichst viele Personengruppen in den Evaluationsprozess einzubeziehen. Um die Bedingungen für das Gelingen (vgl. ❸) zu berücksichtigen, ist es sinnvoll, zunächst in den Subsystemen des Gesamtsystems Schule zu arbeiten. Dazu lassen sich einzelne Gruppen (z.B. Schülerinnen und Schüler, Eltern, Lehrerinnen und Lehrer einzelner Fachbereiche usw.) bilden, deren Sichtweisen jeweils getrennt in den Prozess eingebunden werden.

❺ Wie? (Durchführung)

Eine brauchbare Form der Erhebung von Aussagen zum Ethos einer Schule stellt die *Focusgruppe* dar. Die Methode der *Focusgruppe* ist eine Interviewform, in der Personen, stellvertretend für die Gesamtgruppe, gezielt zu einem bestimmten Thema befragt werden. Die Gruppen bestehen üblicherweise aus sechs bis acht Personen, die an einem ein- bis zweistündigen Interview teilnehmen. Die Gruppen sollten möglichst homogen sein, das heißt die wünschenswerte Zielgruppe repräsentieren. Dabei geht es nicht um eine Diskussion, noch soll eine Art von Konsens unter den Teilnehmenden erreicht werden. Durch die Befragung in mehreren Focusgruppen ist es möglich, in kurzer Zeit qualitativ aussagestarke Rückmeldungen zur betreffenden Fragestellung zu erhalten, ohne dass Einzelmeinungen oder Extremaussagen die Ergebnisse beherrschen.

Ablaufschritte

1) Nachdem (z.B. in einer Konferenz) die Durchführung einer Erhebung von Aussagen zum Ethos der Schule beschlossen worden ist, wird eine Gruppe gebildet, welche sich um die Vorbereitung, Durchführung und Auswertung einer Befragung mittels Focusgruppe kümmert.
2) Die Vorbereitungsgruppe berät, welche unterschiedlichen Personengruppen gebildet werden können, um die vorgesehene Befragung durchzuführen. Die Abbildung zeigt eine Einteilung in vier Gruppen:
   – Schülerinnen und Schüler,
   – Mütter und Väter,
   – Lehrerinnen und Lehrer,
   – andere (z.B.: nicht lehrendes Personal, Lehrerinnen und Lehrer anderer Schulen u. Ä.).
   Dann ist zu klären, wie viele Focusgruppen für die jeweilige Personengruppe gebildet und befragt werden sollen. Daraus ergibt sich auch die Zahl der Interviewerinnen und Interviewer, die aus dem Vorbereitungsteam stammen.

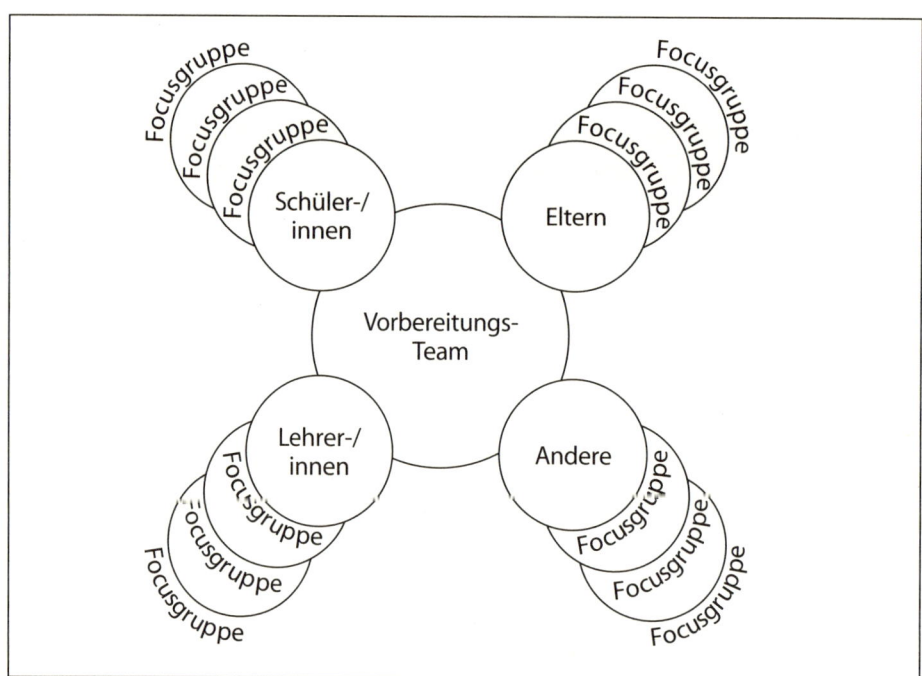

3) Die folgenden Fragestellungen können bei der Arbeit in der Focusgruppe hilfreich sein.

Wie weit spiegelt das Leitbild bzw. Schulprogramm
- die Bedeutung von gemeinsamen Wertvorstellungen,
- Zusammenarbeit innerhalb des Kollegiums,
- ein Qualitätsdenken,
- Verantwortung für die übertragenen Aufgaben

wider?

Wie weit reflektiert die Unterrichtsarbeit an der Schule ein Klima, in dem
- Respekt für die/den Einzelnen,
- Anerkennung für Leistungen,
- Vertrauen in die Fähigkeiten des/der Einzelnen,
- Freude für Lernen,
- Rechte, Verantwortung und Regelungen,
- ein Gemeinsamkeitsgefühl

vorherrschen?

Wie weit trägt der Schulraum zum
- Wohlfühlen,
- Gefühl des Dazugehörens,
- Stimulieren von Aktivität,
- Gefühl des Eigennutzens (*ownership*),
- Zusammenarbeiten,
- Arbeiten

bei?

---

4) Mit den für Interviews ausgewählten Personengruppen werden Termine vereinbart, bei denen sie zum Ethos der Schule befragt werden sollen.

5) Innerhalb der Focusgruppen erfolgt eine Stellungnahme der Gruppenmitglieder zu den genannten (oder anderen) Fragestellungen. Dabei können auch die in den Kästen von 3) vorgegebenen Fragen als Vorbereitung in schriftlicher Form vorgegeben werden. Die Person, welche die Moderation (aus der Vorbereitungsgruppe) übernimmt, hat die Aufgabe, möglichst viele Aussagen aus der betreffenden Focusgruppe zu sammeln, wozu sie entsprechende Aufzeichnungen vornimmt.

6) Die Ergebnisse aus den zahlreichen Treffen von Focusgruppen werden zusammengetragen und für eine Präsentation vor allen Beteiligten aufbereitet (vgl. V 7).

➏ Konkret? (Beispiel)

Die Grundschule S. (vgl. Hasche u.a. 1998) hat sich aufgrund früherer Vorkommnisse im Umfeld bereits seit einiger Zeit mit dem Thema Vorbeugung gegen Sucht und Drogen befasst und als Ansatzpunkt zur Verwirklichung einer präventiven Erziehung »Persönlichkeitsstärkung« zum Leitthema gemacht. Da sich alle Schulpartnerinnen und -partner erst dann voll in die Gestaltung von Schule einlassen können, wenn sie als Personen ernst genommen werden, hat sich das Thema Persönlichkeit auch als zentrales Element für das Ethos der Schule entwickelt. Das weitere Verfolgen dieses Themas im Rahmen einer Bestandsaufnahme hat die Gemeinschaft »Kollegium« an der Schule wieder lebendiger gemacht. Es hat zu einem neuen Gesprächsstoff geführt, mit dem sich alle identifizieren konnten: Seien dies die Eltern, die selbst nicht die Möglichkeit hatten, die Schule als Ort der Persönlichkeitsentwicklung zu erleben, als auch die Schülerinnen und Schüler, die damit die Chancen erhalten, sich mehr als in der üblichen Schülerrolle in das Schulleben einbringen zu können.

Eine Vorbereitungsgruppe hat sich dafür entschieden, möglichst viele Gesprächspartnerinnen und -partner aus unterschiedlichen Bereichen zu befragen, wie sie die Schule diesbezüglich erleben. Sie ist sich klar, dass sie trotz des hohen Konsensstands an der Schule mit Widerstand einiger Mitglieder des Kollegiums rechnen muss, setzt sich aber das Ziel der 80:20-Regel: »Erreichen wir 80% unseres Kollegiums, ist dies sehr viel und für uns das Ziel erfüllt. Den restlichen 20% sollte man sehr genau zuhören, denn ihr Widerstand ist u.U. sehr kostbar und wichtig (reframing: Was können wir Positives aus der Kritik für uns nutzen?). Wir glauben, ein Kollegium entwickelt sich auch dann weiter, wenn sich einige distanziert und kritisch verhalten, denn sie machen oft auf Dinge aufmerksam, die man durch allzu intensive Nähe zum Thema nicht mehr sieht. Hierbei ist für uns eine konstruktive Kritikkultur Voraussetzung.«

In der Vorbereitungsgruppe wird eine Befragung von Schülerinnen und Schülern, Eltern(teilen) bzw. Alleinerziehenden, Menschen aus dem unmittelbaren Umfeld der Schule (Geschäfte, Vertreter/innen der Kommune, Post, Kirche) sowie Mitgliedern des Kollegiums vorgeschlagen. Als Methode wird die Focusgruppe gewählt, um in möglichst kurzer Zeit so viele Informationen wie möglich zu erhalten. Nach einer Abstimmung des Befragungsinstruments (Gesprächsleitfaden mit einheitlichen Fragestellungen) werden von den einzelnen Gesprächsleitern/leiterinnen Termine für Gespräche ausgemacht, die an unterschiedlichen Orten stattfinden. Die Ergebnisse werden zusammengetragen und im Hinblick auf das Leitthema »Persönlichkeitsstärkung« gesichtet. Daraus sind folgende thematische Orientierungen entstanden:

Persönlichkeitsstärkung in der Grundschule bedeutet:
- Stärkung Ich-Gefühl und Wir-Gefühl,
- Bewährtes in neuem Kontext sehen, Aufgreifen von Rhythmen,
- immer im Kontakt bleiben,
- Visionen – Strukturen – Prozesse,
- gleiche Zielrichtung zwischen Schule und Elternhaus,
- Mut zu neuen Konzepten,
- vielfältiges Erleben,
- Gemeinsames erleben,
- mehrdimensional und in Prozessen denken,
- Ganzheitlichkeit im Konzept,
- Aufgreifen von Stärken,
- eindeutig definierte Grundlagen,
- erlebnisorientiertes Be-greifen,
- Stimmigkeit zwischen Material – Klasse – Lehrerin,
- Erziehung ist Beziehung,
- soziale Einbettung,
- verantwortungsbewusster Umgang,
- emotionale Prozesse beachten,
- gemeinsam zum Ziel mit Spaß und Spiel.

Aus dieser Liste werden für die Umsetzung in der Unterrichtsarbeit sieben Themen herausgearbeitet, welche die Grundlagen einer gemeinsamen Philosophie einer »Pädagogik der Persönlichkeitsstärkung« bilden sollen: *Gesundheit*, *Wahrnehmung* (Schärfung der Sinnesorgane als Grundlage jeglichen Lernens – ganzheitliche Erlebnisweise durch Nutzen aller Sinne), *Gefühle* (Umgang mit eigenen und fremden Gefühlen – Übernehmen von Verantwortung für sich und andere), *Fantasie* (Entfaltung von Kreativität und Fantasie – inneren Reichtum entdecken), *Selbstständigkeit* (Eigenverantwortlichkeit in der Lebensgestaltung durch Selbstständigkeit), *Kooperation*, *Bewegung*.

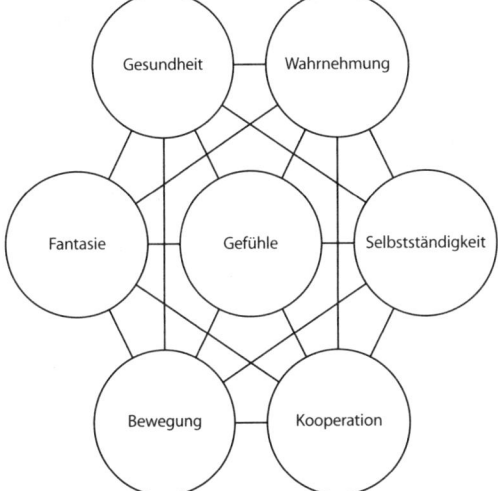

Zur Umsetzung dieser »Pädagogik der Persönlichkeitsstärkung« werden für das Schulprogramm sieben Handlungsfelder erarbeitet, die den Alltag an der Schule im Hinblick auf die sieben Themen gliedern sollen:

1) Der *Lebensraum* in der Region A bietet den Kindern Lernortverlagerung und der Schule Kooperation und Unterstützung.
2) Die *Eltern* tragen durch Kooperation und Mitarbeit gemeinsame Verantwortung.
3) Die *Schülerinnen* und *Schüler* erleben Schule individuell und in Gemeinschaft und lernen gemeinsame Verantwortung füreinander.
4) Das *Kollegium* entwickelt engagiert gemeinsame Verbindlichkeiten zur Ausrichtung des Zusammenlebens und des Lernens und bietet Kindern Orientierung.
5) Der *Unterricht* wird durch das Konzept der sieben Themenschwerpunkte in Form und Inhalt modifiziert und ergänzt.
6) Die *Organisationsbedingungen* fordern eine Veränderung der äußeren Voraussetzungen, um das Konzept der sieben Themenschwerpunkte zur Umsetzung der Persönlichkeitsstärkung in allen Bereichen von Schulen wirksam werden zu lassen.
7) *Akzente* entstehen in besonderer Art durch die konsequente Anwendung der sieben Themenschwerpunkte.

Das Kollegium ist der Meinung, dass die Vorstellungen über die kindliche Persönlichkeit im schulischen Zusammenleben zwischen allen am Erziehungsprozess Beteiligten reflektiert werden müssen, wozu folgende gemeinsame Prinzipien für Schule und Elternhaus zur Entwicklung der Persönlichkeit erarbeitet werden: loben, Mut machen, anerkennen, konsequent sein, Grenzen setzen, auf Gefühle achten, Selbstvertrauen steigern, Erfolgszuversicht vermitteln, Angst abbauen, Freiräume zur Selbsterfahrung gewähren, Selbstständigkeit fördern, Nein sagen können, klare Ziele festlegen, Verhaltensvielfalt anstreben, Entscheidungsfreude wecken, zur Selbsteinschätzung ermutigen, Beziehungsfähigkeit fördern, zuhören können, Kind mit Stärken und Schwächen ganzheitlich sehen, Erwartungen auf Angemessenheit hin überprüfen, Ausgleich zwischen Verstand, Gefühl und Intuition. Diese Prinzipien werden in einem Wortbild (siehe Kasten) festgehalten und sollen dazu beitragen, dass die Schule – trotz aller Individualität von Lehrerinnen und Lehrern, Schülerinnen und Schülern und Klassen – dem Ethos der Schule gerecht zu werden versucht.

P ositives Wahrnehmen
E igenverantwortung übernehmen
R uhe finden
S oziales Verhalten erlernen
O ffenheit entwickeln
E igenständigkeit anstreben
N ein sagen können
L eben lieben
I ndividuelles erleben
C harakter entfalten
H ilfsbereitschaft zeigen
K onfliktfähigkeit trainieren
E nergie entfachen
I dentität bewahren
T eamfähigkeit anstreben

❼ Mehr dazu? (Literatur)

Clemett, Anthony J./Pearce, John S.: The evaluation of pastoral care. Oxford: Basil Blackwell 1986.

Hasche, Marita/Hoffmann, Lothar/Kauth, Felicitas/Massoth, Ursula: Auf dem Weg zu unserem Schulprogramm. Wiesbaden: Hessisches Landesinstitut für Pädagogik 1998.

Schratz, Michael/Steiner-Löffler, Ulrike: Die Lernende Schule – Arbeitsbuch pädagogische Schulentwicklung. Weinheim: Beltz 1998a.

Senge, Peter M.: Die fünfte Disziplin – Kunst und Praxis der lernenden Organisation. Stuttgart: Klett-Cotta 1996.

Senge, Peter M./Kleiner, Art/Smith, Bryan/Roberts, Charlotte/Ross, Richard: Das Fieldbook zur Fünften Disziplin. Stuttgart: Klett-Cotta 1996.

Senge, Peter/Kleiner, Art/Roberts, Charlotte/Ross, Richard/Roth, George/Smith, Bryan: The Dance of Change. The Challenges to Sustaining Momentum in Learning Organizations. New York: Doubleday 1999.

Stewart, David W./Shamdasani, Prem N.: Focus Groups – Theory and Practice. Newbury Park: Sage 1990.

Q 7   Eltern beteiligen

Auf einen Blick

❶	**Was?**	Einbindung der Eltern
❷	**Wozu?**	Eltern als Schulpartner
❸	**Wann gelingt's?**	Information, Transparenz
❹	**Wer?**	Schulgremium, Kollegium, Eltern
❺	**Wie?**	Maßnahmen (real vs. ideal)
❻	**Konkret?**	Eltern befragen
❼	**Mehr dazu?**	Literatur
❽	**Womit?**	Checkliste für Elternarbeit/Tipps für Interviews

---

❶ Was? (Zielstellung)

Ein gravierendes Hindernis, Mitbestimmungsgremien zu einem funktionierenden Instrument der schulischen Demokratie werden zu lassen, ist oft die mangelnde Information der Vertreterinnen und Vertreter des Mitbestimmungsgremiums, vor allem aber der Schülerschaft und der Eltern. Besonders für Letztere ist es eine große Herausforderung, dass sie Delegierte sind und die Interessen großer Gruppen vertreten. Sie haben – etwa im Vergleich zu den Lehrpersonen – wenig Möglichkeiten zu einem Meinungsbildungsprozess mit den von ihnen Vertretenen. Daher ergibt sich die Notwendigkeit, die Elternarbeit an der Schule im Hinblick auf Verbesserungsmöglichkeiten zu analysieren, u.a. in folgenden Bereichen:

- *Informationen über die Schule*: Wie bekommen Eltern Informationen über die Schule, wenn sie eine für ihr Kind geeignete Schule suchen?
- *Einführung der Eltern*: Wie werden die Eltern(teile) eines/einer aufgenommenen Schülers/Schülerin zum ersten Mal kontaktiert bzw. begrüßt?
- *Kommunikation mit den Eltern*: Welche Kommunikationsformen werden im Elternkontakt verwendet?
- *Einbeziehung der Eltern*: Welche Maßnahmen setzt die Schule, um die Eltern stärker in das Schulleben einzubeziehen?
- *Bedürfnisanalyse*: Wie lernt die Schule die Sichtweisen der Eltern kennen?
- *Unzufriedenheit und Beschwerden*: Wie geht die Schule mit Elternbeschwerden um?

❷ Wozu? (Herausforderung)

Mit der Zunahme der Mitbestimmung der Bürgerinnen und Bürger im Alltag steigt auch das Bedürfnis und die Notwendigkeit seitens der Eltern, der Lehrerschaft sowie Schülerinnen und Schüler, »ihre« Schule selbst zu gestalten. Mit der Einrichtung von Mitbestimmungsgremien auf Standortebene sind auch die Erziehungsberechtigten in schulbezogene Beratungen und Entscheidungen eingebunden. Dieser Einbindung (neben der von Schülerinnen und Schülern) kommt ein wichtiger Stellenwert zu, weil damit über eine spezifisch ausgestaltete Rechtsposition ein Gegenpol zur staatlichen Unterrichtshoheit geschaffen wird.

Gesetzliche Regelungen können nur so gut funktionieren, wie die Betroffenen sie anwenden. Das Gesetz kann nur konstruktive Rahmenbedingungen schaffen. Die Mitbestimmungsgremien arbeiten daher sehr unterschiedlich: In manchen Schulen wird alle sechs bis acht Wochen eine Sitzung abgehalten, in manchen nur zweimal im Jahr. Darüber hinaus haben die Gremien oft nur strategische Kompetenz, sodass die genannten Angelegenheiten zwar diskutiert und einer Entscheidung zugeführt werden können. Die Durchführung (operative Kompetenz) liegt jedoch in den meisten Fällen in den Händen der Schule. So können beispielsweise Entscheidungen des Mitbestimmungsgremiums »totes Recht« bleiben, wenn in einer bestimmten Sache ein Beschluss gefasst wird, die betroffenen Lehrerinnen und Lehrer diesen aber nicht entsprechend mittragen. Letztere unterstehen in Unterrichts- und Erziehungsbelangen der Methodenfreiheit, sodass eine Einflussnahme in die Unterrichtstätigkeit nicht direkt möglich ist bzw. nur beratenden Charakter hat.

❸ Wann gelingt's? (Förderliche Bedingungen)

Die Arbeit im Mitbestimmungsgremium benötigt eine gewisse Kommunikationsfähigkeit der Gremienmitglieder und die Bereitschaft, auf unterschiedliche Sichtweisen und Standpunkte einzugehen. Konflikte, die sich aus den Interessengegensätzen zwischen den Gruppierungen, die naturgemäß gegeben sind, ergeben, sind eine Herausforderung, sich damit konstruktiv auseinander zu setzen. Daher ist die Schaffung einer förderlichen Kommunikationskultur im Mitbestimmungsgremium ein zentrales Anliegen. Es zeigt sich immer wieder, dass dieses vor allem dort nachhaltige Wirkung zeigt, wo der wechselseitige Informationsaustausch zwischen Schule und Elternschaft intensiv ist. Probleme ergeben sich in einzelnen Schultypen vor allem dadurch, dass die Elternvertretung rasch wechselt. Da die Nachfolger noch nicht eingearbeitet sind, wird der Elterneinfluss erst mit Verzögerung wirksam. Hier zeigt sich besonders, dass ihre Mitbestimmungs- bzw. Mitberatungsqualifikation geringer ist, wenn der Informationsfluss zwischen den einzelnen Vertreterinnen und Vertretern nicht hinreichend funktioniert. Eine besondere Herausforderung stellt sich an jenen Schulen, an denen die Eltern wenig Interesse an einer Mitarbeit in den jeweiligen Mitbestimmungsgremien zeigen, weshalb hier besondere Maßnahmen erforderlich sind.

❹ Wer? (Personen)

Durch die besondere Funktion, welche die Schulleitung im Zusammenhang mit den Mitbestimmungsgremien hat, kommt ihr eine Schlüsselrolle für eine funktionierende Arbeitsweise und ein förderliches Arbeitsklima zu. Von der Art und Weise, wie sie die eigene Stellung auffasst und interpretiert, hängt viel ab. Die Leitung der Sitzung und die Gesprächsführung erfordern die Fähigkeit der Moderation.

Darüber hinaus ist eine »schulpartnerschaftliche« Einstellung des ganzen Kollegiums erforderlich, damit an der Schnittstelle zwischen Elternhaus und Schule eine partnerschaftliche Beziehung gedeiht. Ohne konstruktive Zusammenarbeit zwischen Elternschaft und Kollegium wird die Arbeit an der Schule nur teilweise wirksam. Daher sollte sich das Interesse an der Evaluation von Elternbeteiligung auf möglichst alle Lehrerinnen und Lehrer beziehen.

❺ Wie? (Durchführung)

Wenn die Schule kein spezielles Anliegen bezüglich Evaluation der Elternarbeit hat, empfiehlt sich eine möglichst breite Analyse im Hinblick auf Verbesserungsmöglichkeiten. Dabei könnte an die in ❶ angeführten Bereiche angeknüpft werden.

Ablaufschritte

1) Nachdem (z.B. in einer Konferenz) die Durchführung einer Erhebung über die Wirksamkeit der Elternarbeit an der Schule beschlossen wird, stellt ein Lehrerteam (nach Möglichkeit unter Einbezug von Eltern) eine Checkliste zusammen, welche die Grundlage für die Evaluation darstellt (vgl. die Checkliste in ❽).

2) Wenn eine für die Schule brauchbare Checkliste erstellt worden ist, wird die Erhebung in den einzelnen Bereichen zur weiteren Bearbeitung an kleine Recherchenteams delegiert. Sie gehen in einem festgelegten Zeitraum daran, den Stand der derzeitigen Praxis und die Wunschliste für die Zukunft an der Schule zu erkunden.

3) Die Ergebnisse der schulischen Recherche werden in einer gemeinsamen Veranstaltung (Pädagogische Konferenz, Pädagogischer Tag o. Ä.) präsentiert und diskutiert. Daraufhin wird die Wunschliste aktualisiert.

4) Im nächsten Schritt werden die Ergebnisse den Eltern vorgestellt und weiter bearbeitet. In der Folge sollen auch deren Vorstellungen in einen Bericht über die zukünftig gewünschte Praxis der Elternarbeit eingearbeitet werden.

5) Die Ergebnisse werden dem gesamten Kollegium vorgestellt. Über einen Aktionsplan soll sichergestellt werden, dass die wünschenswerte Praxis in der vereinbarten Zeit erreicht wird.

Wenn im ersten Schritt eine für die Schule brauchbare Checkliste erstellt worden ist, wird eine Version der Elternvertretung übergeben. Sie führt parallel zur Recherche an der Schule in einem festgelegten Zeitraum eine Erhebung innerhalb der Elternschaft durch. Im nächsten Schritt werden die Ergebnisse der beiden Erhebungen über den Stand der derzeitigen Praxis und die Wunschliste für die Zukunft aus der jeweiligen Sicht (Eltern bzw. Schule) verglichen und diskutiert. Für die Durchführung der Interviews von Eltern, die in 5 (*Bedürfnisanalyse*) vorgeschlagen werden, können sich folgende »10 Tipps für Interviews« als hilfreich erweisen.

---

10 Tipps für Interviews

1) Erstellen Sie vor dem Interview einen Leitfaden, der eine Grobstruktur der wünschenswerten Fragen enthält. Führen Sie ein unverbindliches Probeinterview durch, um die Brauchbarkeit des Leitfadens zu erproben. (Beim Interview selbst sollte der Leitfaden nur als Stütze dienen!)
2) Entscheiden Sie sich gemeinsam für einen Ort, an dem das Interview unbelastet in einer entspannten Atmosphäre durchgeführt werden kann!
3) Geben Sie am Anfang den Grund für die Befragung an und sichern Sie gegebenenfalls Vertraulichkeit der Aussagen zu. (Wenn Interviewergebnisse in schriftlicher Form weiterverwendet werden sollen, sollte das Einverständnis der Interviewpartner/innen dazu eingeholt und vor Veröffentlichung Einsichtnahme gewährt werden.)
4) Vermeiden Sie Suggestivfragen oder Fragen, die der interviewten Person wenig Spielraum zum Einbringen der eigenen Sichtweise geben und eher die vorgefasste Meinung des/der Interviewers/Interviewerin erhärten.
5) Suchen Sie eine Balance zwischen den Wünschen nach detaillierter Auskunft aus der Interviewer/innensicht und dem Bedürfnis nach dem Einbringen eigener Schwerpunkte aus der Sicht der interviewten Person.
6) Das Zuhören-Können ist eine der wichtigsten Fähigkeiten eines/einer Interviewers/Interviewerin. Das Zuhören stärkt nicht nur die interviewte Person, sondern bringt auch jene Aspekte ins Gespräch, die ihr ein echtes Anliegen sind.
7) Wenn Sie sehr allgemeine Aussagen über die erfragten Sachverhalte bekommen, fragen Sie nach Beispielen. (Verallgemeinerungen sind für eine Bestandsaufnahme wenig hilfreich!)
8) Wenn sich das Interview als schleppend erweist und die interviewte Person nur sehr kurz antwortet, bringen Sie eigene Erfahrungen zum Thema ein. Bemühen Sie sich dann, ihre/n Interviewpartner/in zur Kommentierung Ihrer Situation zu motivieren (Ähnlichkeiten, Unterschiede …).
9) Wenn Sie Ihre Fragen hinreichend beantwortet finden, geben Sie der interviewten Person auch noch die Möglichkeit, Fragen an Sie zu stellen. (Interviews sind oft eine der wenigen Möglichkeiten, mit einer Person in geschütztem Rahmen über bestimmte Aspekte von Schule und Alltag zu sprechen.)
10) Teilen Sie der interviewten Person nochmals mit, was mit den Antworten weiter passiert und wie Sie mit persönlichen Daten bzw. Aussagen umgehen werden. Geben Sie ihr auch die Möglichkeit, sich nachträglich noch bei Ihnen melden zu können, falls dies aus irgendeinem Grund notwendig sein sollte.

➅ Konkret? (Beispiel)

Aufgrund von zunehmenden Rückmeldungen über Unzufriedenheit einzelner Eltern über den Informationsfluss an der Schule schlägt die Schulleiterin anlässlich einer Konferenz vor, das Thema Elternarbeit an der Schule einer systematischen Analyse zu unterziehen. Dazu fragt sie beim Tagesordnungspunkt »Elternarbeit« nach einer Gruppe von Freiwilligen, die sich in nächster Zeit gemeinsam mit ihr diesem Thema widmen wollen. Es melden sich fünf Lehrerinnen und Lehrer, welche je einen Satz der Checkliste für Elternarbeit erhalten. Sie sollen diese bearbeiten und bei einem vereinbarten Termin mitbringen.

Beim Treffen der Gruppe werden die Ergebnisse der einzelnen Lehrerinnen und Lehrer verglichen, wo sich bereits Unterschiede in der Einschätzung der Ist-Situation ergeben, was einerseits auf die unterschiedliche Praxis in den einzelnen Jahrgängen zurückzuführen ist, andererseits aber auch auf zum Teil mangelnde Information über die Informationspolitik der Schule insgesamt. Überrascht zeigen sich die Gruppenmitglieder insgesamt darüber, dass es viele der angeführten Maßnahmen und Aktivitäten auf der Checkliste an der Schule nicht gibt. Auch wenn sie kein Interesse daran haben, *alle* angeführten Maßnahmen zu setzen, ergeben sich aufgrund der zahlreichen Aktivitäten, die auf der Checkliste aufscheinen, angeregte Diskussionen unter den Lehrerinnen und Lehrern. Da sie sich aufgrund der Analyse nicht sicher sind, entscheiden sie sich auf der Basis von Bereich 5 (Bedürfnisanalyse), eine Befragung von Eltern durchzuführen, um ein differenzierteres Bild über ihre Sichtweise zu erhalten.

In der Konsequenz werden die Klassenlehrer/innen gebeten, jeweils zwei Klassenelternvertreter/innen zu interviewen, um ihre Einschätzung im Hinblick auf die Elternarbeit an der Schule kennen zu lernen. Dazu erhalten sie ebenfalls je einen Satz der Checkliste für Elternarbeit, welche die Grundlage für das Interview darstellen soll. Die Interviews werden jeweils einzeln mit den zwei Elternvertretern/vertreterinnen an einem individuell vereinbarten Ort durchgeführt. (Vgl. dazu *10 Tipps für Interviews* in ➄.)

Die Gruppe der Interviewer/innen trifft sich darauf mit der Schulleiterin zu einer Auswertung der Interviews. Die Ergebnisse werden auf Flipchart zusammengefasst, um sie bei der nächsten pädagogischen Konferenz zu präsentieren. Bei der Konferenz wird beschlossen, dass die Klassenlehrer/innen jeweils persönlich oder telefonisch regelmäßigen Kontakt zu den beiden (interviewten) Klassenelternvertretern/vertreterinnen halten. Es hat sich in den Interviews herausgestellt, dass die Kommunikation via Telefon von den Eltern als besondere Serviceleistung geschätzt wird. Es wird daher auch vereinbart, dass die Lehrer/innen während ihrer Sprechstunde auch telefonisch kontaktiert werden können. Darüber hinaus nimmt der Klassenlehrer bzw. die betreffende Lehrperson anlassbezogen Kontakt zu den Eltern auf. Um eine gewisse Einheitlichkeit und Transparenz auf den einzelnen Schulstufen zu erreichen, wird halbjährlich in Klassenlehrerkonferenzen ein Tagesordnungspunkt zur Elternarbeit eingeführt, bei dem die Erfahrungen mit der Elternarbeit evaluiert werden, um gegebenenfalls neue Maßnahmen zu überlegen.

❼ Mehr dazu? (Literatur)

Bundesministerium für Unterricht und kulturelle Angelegenheiten (Hrsg.): betrifft: demokratie lernen. Ein Handbuch zum Demokratie-Lernen im Schulalltag. Wien: BMUK 1998.

Dokumentation der Enquete SGA: Der Schulgemeinschaftsausschuss – Möglichkeiten und Grenzen. Wien: Verband der Elternvereine an den höheren Schulen Wiens 1991.

Eder, Ferdinand: Schule und Demokratie. Untersuchungen zum Stand der demokratischen Alltagskultur an Schulen. Innsbruck-Wien: Studienverlag 1998.

Pädagogisches Institut des Landes Tirol: Brücke Eltern – Schule: Eltern-Lehrer-Partnerschaft konkret. Innsbruck: Pädagogisches Institut Tirol 1984.

Pädagogisches Institut des Landes Tirol: Gesamtösterreichische Tagung »Eltern-Lehrer-Partnerschaft«. Dokumentation. Innsbruck: vervielfältigt 1989.

Rauscher, Erwin: Schulqualität – Initiativen eines Schulleiters. In: Peter Posch/Herbert Altrichter: Möglichkeiten und Grenzen der Qualitätsevaluation und Qualitätsentwicklung im Schulwesen. Innsbruck-Wien: Studienverlag 1997, S. 156–204.

❽ Womit? (Instrumente)

Checkliste für Elternarbeit (S. 168)

Checkliste für Elternarbeit

1. Informationen über die Schule
Wie bekommen Eltern Informationen über die Schule, wenn sie eine für ihr Kind geeignete Schule suchen?

gibt es an der Schule JA NEIN	Maßnahmen & Aktivitäten	derzeitige Praxis positiv	negativ	in der Zukunft aus-bauen	weg-lassen
❑ ❑	Broschüre der Schule	❑	❑	❑	❑
❑ ❑	Tag der offenen Türe	❑	❑	❑	❑
❑ ❑	andere Eltern (Mundpropaganda)	❑	❑	❑	❑
❑ ❑	Vorstellung der Schule (z.B. bei Elternabend)	❑	❑	❑	❑
❑ ❑	Empfehlung durch andere Schulen	❑	❑	❑	❑
❑ ❑	persönliche (z.B. telefonische) Auskunft	❑	❑	❑	❑
❑ ❑	Werbung (z.B. in Zeitung)	❑	❑	❑	❑
❑ ❑	Informationen der Schulbehörde (z.B. Schulführer)	❑	❑	❑	❑
❑ ❑	Sonstiges: _____	❑	❑	❑	❑
❑ ❑	_____	❑	❑	❑	❑

2. Einführung der Eltern
Wie werden die Eltern(teile) eines/einer aufgenommenen Schülers/Schülerin zum ersten Mal kontaktiert bzw. begrüßt?

gibt es an der Schule JA NEIN	Maßnahmen & Aktivitäten	derzeitige Praxis positiv	negativ	in der Zukunft aus-bauen	weg-lassen
❑ ❑	Einzelgespräche mit Eltern	❑	❑	❑	❑
❑ ❑	Treffen aller Eltern am ersten Schultag	❑	❑	❑	❑
❑ ❑	Kennenlernveranstaltung mit den Eltern nach Schulbeginn	❑	❑	❑	❑
❑ ❑	Eltern treffen Eltern	❑	❑	❑	❑
❑ ❑	Vorstellung des Schulgebäudes (Rundtour)	❑	❑	❑	❑
❑ ❑	Besuche bei den Eltern	❑	❑	❑	❑
❑ ❑	Sonstiges: _____	❑	❑	❑	❑
❑ ❑	_____	❑	❑	❑	❑

3. Kommunikation mit den Eltern

Welche Kommunikationsformen werden im Elternkontakt verwendet?

gibt es an der Schule JA / NEIN	Maßnahmen & Aktivitäten	derzeitige Praxis positiv	derzeitige Praxis negativ	in der Zukunft aus-bauen	in der Zukunft weg-lassen
❏ ❏	Schriftliche Informationen über das Schulprogramm *(Wofür steht die Schule?)*	❏	❏	❏	❏
❏ ❏	Elternrundschreiben (anlassbezogen)	❏	❏	❏	❏
❏ ❏	Programmvorschau (z.B. wichtige Termine im Semester)	❏	❏	❏	❏
❏ ❏	Sprechstunden der Lehrerinnen und Lehrer	❏	❏	❏	❏
❏ ❏	Elternsprechtage	❏	❏	❏	❏
❏ ❏	Klassenelternabende	❏	❏	❏	❏
❏ ❏	Besuche bei den Eltern	❏	❏	❏	❏
❏ ❏	Schülerbeurteilungen	❏	❏	❏	❏
❏ ❏	Telefonate	❏	❏	❏	❏
❏ ❏	Sonstiges: _____	❏	❏	❏	❏
❏ ❏	_____	❏	❏	❏	❏

4. Einbeziehung der Eltern

Welche Maßnahmen setzt die Schule, um die Eltern stärker in das Schulleben einzubeziehen?

gibt es an der Schule JA	NEIN	Maßnahmen & Aktivitäten	derzeitige Praxis positiv	negativ	in der Zukunft aus-bauen	weg-lassen
❏	❏	Teilnahme der Eltern(vertreter/innen) an Konferenzen	❏	❏	❏	❏
❏	❏	Offene Klassentüren (Eltern sind im Unterricht willkommen	❏	❏	❏	❏
❏	❏	regelmäßige (Klassen-)Elterntreffen	❏	❏	❏	❏
❏	❏	Einladung zu Schulveranstaltungen	❏	❏	❏	❏
❏	❏	Elternabende	❏	❏	❏	❏
❏	❏	Kultur-/Sportveranstaltungen für/mit Eltern	❏	❏	❏	❏
❏	❏	Eltern bringen ihre Expertise ein	❏	❏	❏	❏
❏	❏	Eltern helfen im Schulalltag mit (z.B. Aufsicht)	❏	❏	❏	❏
❏	❏	Teilnahme der Eltern an (schulbezogenen) Fortbildungsveranstaltungen	❏	❏	❏	❏
❏	❏	Mitbestimmungsgremien	❏	❏	❏	❏
❏	❏	Elternverein	❏	❏	❏	❏
❏	❏	Ausflüge mit den Eltern	❏	❏	❏	❏
❏	❏	Eltern als externe Konfliktlöser bei verfahrenen Schüler-Lehrer-Konstellationen	❏	❏	❏	❏
❏	❏	Sonstiges: _____	❏	❏	❏	❏
❏	❏	_____	❏	❏	❏	❏

5. Bedürfnisanalyse

Wie lernt die Schule die Sichtweisen der Eltern kennen?

gibt es an der Schule JA NEIN	Maßnahmen & Aktivitäten	derzeitige Praxis positiv negativ		in der Zukunft aus- weg- bauen lassen	
❏ ❏	regelmäßige Treffen mit Eltern	❏	❏	❏	❏
❏ ❏	Eltern werden bei Bedarf vorgeladen	❏	❏	❏	❏
❏ ❏	Mitbestimmungsgremien	❏	❏	❏	❏
❏ ❏	Einbezug der Eltern in Aktivitäten (z.B. Päd. Tage, Schulprogrammerstellung u.Ä.)	❏	❏	❏	❏
❏ ❏	Interviews mit Eltern	❏	❏	❏	❏
❏ ❏	Besuche bei den Eltern	❏	❏	❏	❏
❏ ❏	Sonstiges: _____	❏	❏	❏	❏
❏ ❏	_____	❏	❏	❏	❏

6. Unzufriedenheit und Beschwerden

Welche Maßnahmen setzt die Schule, um die Eltern stärker in das Schulleben einzubeziehen?

gibt es an der Schule JA NEIN	Maßnahmen & Aktivitäten	derzeitige Praxis positiv negativ		in der Zukunft aus- weg- bauen lassen	
❏ ❏	Eltern werden schriftlich darüber informiert, wie sie Unzufriedenheit und Beschwerden ausdrücken können	❏	❏	❏	❏
❏ ❏	Es gibt eine Ombudsperson für Elternbeschwerden	❏	❏	❏	❏
❏ ❏	Mitbestimmungsgremien sind Ansprechpartner	❏	❏	❏	❏
❏ ❏	Schulleitung ist Ansprechpartnerin	❏	❏	❏	❏
❏ ❏	Klassenlehrer/in ist Ansprechpartner/in	❏	❏	❏	❏
❏ ❏	Beschwerdebriefkasten für Eltern	❏	❏	❏	❏
❏ ❏	Eigener Tagesordnungspunkt bei Elternabenden	❏	❏	❏	❏
❏ ❏	Sonstiges: _____	❏	❏	❏	❏
❏ ❏	_____	❏	❏	❏	❏

Q 8   Absolventinnen und Absolventen befragen

Auf einen Blick

❶	**Was?**	Nachhaltige Wirksamkeit der Schule
❷	**Wozu?**	Unmittelbare Rückmeldung Betroffener
❸	**Wann gelingt's?**	Kontakt zu Absolventen/Absolventinnen halten
❹	**Wer?**	Abgänger/innen der Schule
❺	**Wie?**	Befragung von Absolventen/Absolventinnen
❻	**Konkret?**	Ehemalige Schüler/innen kontaktieren
❼	**Mehr dazu?**	Literatur
❽	**Womit?**	Fragebogen, Checkliste für Interviews
		Tipps für Fragebogen

---

❶ Was? (Zielstellung)

Das Einholen von Rückmeldungen der Absolventinnen und Absolventen ist eine Möglichkeit, die Wirksamkeit von Schule und Unterricht im Hinblick auf die weitere Laufbahn der Schülerinnen und Schüler zu evaluieren. Die Brauchbarkeit des erworbenen Wissens und Könnens sowie die Erprobung der Fähigkeiten und Fertigkeiten sind ein wichtiger Erfolgsindikator für eine Schule. Rückmeldungen von Absolventinnen und Absolventen können die Schule bei ihrer Entwicklung unterstützen, indem sie Auskunft darüber geben,

- ob die schulautonomen Angebote für die weitere Laufbahn der Schülerinnen und Schüler relevant sind,
- ob die autonom gewählten Lehrplaninhalte für die Absolventinnen und Absolventen an weiterführenden Schulen oder im Beruf »passen«,
- ob die angewendeten Unterrichtsmethoden zur fachlichen, persönlichen und sozialen Entwicklung der Schülerinnen und Schüler im Hinblick auf ihre weitere Tätigkeit beitragen.
- Darüber hinaus schaffen die Kontakte zu den Absolventinnen und Absolventen der Schule über den Schulabschluss hinausgehende Verbindungen, die auch zu einer stärkeren Identifikation mit der Schule als wertvoller Partner in der Lebensplanung von Menschen im Bewusstsein bleiben.

❷ Wozu? (Herausforderung)

»Nicht für die Schule, sondern für das Leben lernen wir« heißt es so schön in Abänderung des klassischen Zitats »Non vitae, sed scholae discimus« von Seneca. Das Wissen darüber, wie gut die Schule tatsächlich für das »Leben« der Schülerinnen und Schüler vorbereitet, wenn sie die Schule verlassen, ist meist außerhalb der Reichweite, denn es gilt, sich bereits für den nächsten Jahrgang zu rüsten.

Wenn eine Schule Interesse daran hat, wie sie ihre Schülerinnen und Schüler auf ihren künftigen Lebensweg vorbereitet, muss sie Möglichkeiten suchen, Rückmeldungen von ihren Absolventinnen und Absolventen zu erhalten. Aufgrund ihrer aktuellen Erfahrungen in weiterführenden Schulen, an der Universität, in der Lehre oder im Beruf können sie am besten Auskunft darüber geben, wieweit ihre schulische Ausbildung dafür förderliche Voraussetzungen geschaffen hat.

❸ Wann gelingt's? (Förderliche Bedingungen)

Die Rückmeldung von Absolventinnen und Absolventen kann dann am besten gelingen, wenn die Schule bereits im letzten Schuljahr darum bemüht ist, das Interesse an weiterem Kontakt mit dem letzten Jahrgang zu deponieren. Ansonsten ist es oft sehr schwierig, die ehemaligen Schülerinnen und Schüler postalisch oder telefonisch zu erreichen. Wenn die Absolventinnen und Absolventen merken, dass die Schule auch tatsächlich Interesse an ihrem weiteren Werdegang hat, werden sie auch in der Zukunft eher bereit sein, ihre diesbezüglichen Erfahrungen rückzumelden.

Wenn die Schülerinnen und Schüler bereits vor Verlassen der Schule ein Rückmeldeinstrument über ihre weitere Erreichbarkeit erhalten (etwa in Form einer vorgedruckten Postkarte), können sie zu einem vereinbarten Zeitpunkt ihre Erreichbarkeit (Adresse, Telefon etc.) bekannt geben. Dadurch ist es in der Folge viel leichter, mit den Absolventinnen und Absolventen zu einem späteren Zeitpunkt Kontakt aufzunehmen. Darüber hinaus kann über die Einladung zu Schulfesten u.Ä. eine weiterführende Bindung an die Schule aufgebaut werden, die z.B. über einen Absolventen/Absolventinnenverein eine hilfreiche Organisationsstruktur erhalten kann.

❹ Wer? (Personen)

Wünschenswert ist natürlich die vollständige Erfassung der Absolventinnen und Absolventen, was aber nicht immer möglich sein wird. Wie bereits erwähnt, trägt die vorbereitende Sensibilisierung für das Anliegen eines weiterführenden Kontakts nach dem Verlassen der Schule zu einer stärkeren Identifikation bei, was wiederum die Bereitschaft der ehemaligen Schülerinnen und Schüler erhöht, ihre Erfahrungen für den Unterricht der nächsten Schülergenerationen zur Verfügung zu stellen.

In der Schule wird üblicherweise der/die jeweilige Klassenlehrer/in für das Anliegen der künftigen Kontaktnahme werben, da er/sie auch während der Schulzeit die Bezugsperson für die Klasse darstellt. Zur Erfassung der Daten des abgehenden Schülerjahrgangs ist jemand erforderlich, die/der die künftige Erreichbarkeit verwaltet und in der Folge auch eine entsprechende Datenpflege vornimmt. Die EDV-Unterstützung ist hier besonders zu empfehlen (siehe auch **❺ ❻**).

❺ ❻ Wie konkret? (Durchführung und Beispiele)

Die Möglichkeit, ehemalige Schülerinnen und Schüler über ihre Erfahrungen mit dem, was sie in der Schule gelernt haben, zu befragen, kann aber nur dann systematisch wahrgenommen werden, wenn die Absolventinnen und Absolventen an ihrem künftigen Wohnort erreichbar sind. Die Systematik der Erfassung und Pflege der Daten ist ein wichtiger Indikator für eine erfolgreiche Arbeit mit ehemaligen Schülergenerationen. Daher sollte bereits vor Abgang des letzten Schülerjahrgangs eine »Kommunikationsschiene« in die Zukunft gelegt werden, sodass die Absolventinnen und Absolventen auch nach Wohnortwechsel noch erreichbar sind. Dazu werden zunächst die Daten des bisherigen Wohnorts in eine Adressendatei aufgenommen, darüber hinaus erhalten alle Abgängerinnen und Abgänger mit ihrem Abgangszeugnis eine Karte, mittels der sie die Schule über ihre künftige Erreichbarkeit informieren sollen. Dazu ein Beispiel:

Rückmeldungen von ehemaligen Schülerinnen und Schülern können auf unterschiedlichem Weg in Erfahrung gebracht werden. Daher wird in der Schule zunächst eine Vorbereitungsgruppe damit beauftragt, die für die Schule infrage kommenden Formen der Kontaktnahme mit Absolventinnen und Absolventen zu überlegen und dem Kollegium vorzustellen. Einige der möglichen Formen werden im Folgenden vorgestellt. Sie können abgeändert und den eigenen Bedürfnissen an der Schule angepasst werden.

Rückmeldung durch schriftliche Befragung

Die üblichste Form, Rückmeldung von ehemaligen Schülerinnen und Schülern zu erhalten, ist eine postalische Befragung mittels Fragebogen. Ein Beispiel dafür findet sich in **❽**.

Bei der Erstellung eines Fragebogens sind einige Aspekte zu berücksichtigen, die in den auf S. 176 folgenden »10 Tipps für Fragebogen« zusammengefasst sind.

[Schuladresse]   [Schullogo]

[Datum]

Liebe Frau [Name]!
bzw.
Lieber Herr [Name]!

Sie haben einige wichtige Jahre Ihres Lebens an unserer Schule verbracht. Wir wissen natürlich nur ausschnittweise, was Ihnen diese Schulzeit gebracht hat, denn die Zeugnisse sind ja nur ein Teil dessen, was wir Ihnen auf Ihren weiteren Lebensweg mitgeben. Das ist nur der formale Teil, der vom Gesetz vorgeschrieben wird. Wir hoffen, Sie sind Ihnen auf dem weiteren Berufsweg behilflich.

Hinter den Zeugnisnoten verbirgt sich aber mehr als die formale Qualifikation: nämlich das, was Sie auch tatsächlich beherrschen und für Ihren weiteren Lebensweg brauchen können. Vieles werden Sie wohl nie mehr benötigen, auch wenn es im staatlichen Lehrplan vorgeschrieben ist, anderes wird Ihnen möglicherweise fehlen. Wir haben uns bemüht, unsere Möglichkeiten zu nutzen, um Ihnen möglichst viel »Brauchbares« für Beruf und Leben mitzugeben, und wir wissen, dass uns das nur in unterschiedlicher Weise gelungen ist. Das wissen Sie besser als wir!

Gerade deshalb wollen wir mit Ihnen auch weiterhin im Kontakt bleiben. Uns ist es wichtig zu erfahren, was Sie mit dem an unserer Schule Vermittelten auch tatsächlich anfangen können. Daher wollen wir nach einiger Zeit wieder mit Ihnen in Kontakt treten, um darüber mehr erfahren zu können, wenn Sie auch schon Abstand zum Unterricht haben, und dazu benötigen wir auch Ihre Erreichbarkeit. Wir legen Ihnen dazu eine Rückmeldekarte bei, auf der wir Sie bei einem Adressenwechsel kontaktieren können. Bitte lassen Sie uns Ihre neue Adresse wissen, wenn Sie Ihren Lebensmittelpunkt an einen Studienort oder Arbeitsplatz verlegen.

Wenn wir Sie künftig kontaktieren, wollen wir zweierlei:

1. Sie von der künftigen Entwicklung der Schule unterrichten (etwa durch unseren Newsletter/unseren Absolventenverein …);
2. Sie gelegentlich über die Brauchbarkeit des Gelernten für Ihren weiteren Berufsweg befragen, um unseren Unterricht stärker an das anzupassen, was unsere Schülerinnen und Schüler später für Leben und Beruf benötigen.

Dafür danken wir bereits heute und verbleiben
mit den besten Wünschen für die Zukunft,

Klassenlehrer/in   Schulleitung

10 Tipps für Fragebogen

1) Am Beginn jeder Fragebogenerstellung steht eine präzise Fragestellung, über welche die Antworten eine zufrieden stellende Auskunft geben sollen.
   Beispiel: Wie zufrieden sind die ehemaligen Schülerinnen und Schüler im Hinblick auf ihre derzeitige Situation (Schule, Studium, Beruf, Alltag) mit dem, was sie (und wie sie es) an unserer Schule gelernt haben?

2) Die Fragen sollten ein möglichst breites Antwortspektrum auf die Ausgangsfrage erlauben. Dazu sind unterschiedliche Frageformen hilfreich:

   a) Alternativfragen
   Bei Alternativfragen sind zwei Antwortmöglichkeiten gegeben, wovon eine auszuwählen ist. Die Optionen sind meist zwischen zwei Alternativen, gewöhnlich Gegensätzen, zum Beispiel:

   ja ❏   ❏ nein   richtig ❏   ❏ falsch   stimme zu ❏   ❏ stimme nicht zu

   Der Vorteil von Alternativfragen liegt in ihrer Praktikabilität: Auch bei einer großen Anzahl von Fragebögen können die Ergebnisse rasch ausgewertet werden. Der Nachteil liegt in der beschränkten Aussagekraft. Nur einfach strukturierte Fragen können in dieser digitalen Art beantwortet werden, wenn es keine weiteren Optionen als diese beiden Alternativen gibt.

   b) Auswahlfragen
   Aus einer Anzahl von vorgegebenen Aussagen soll(en) jene ausgewählt werden, die für die beantwortende Person am ehesten zutrifft. Anstelle von verbalen Vorgaben können auch visuelle verwendet werden, wie folgendes Beispiel zeigt:

   Wie haben Sie damals Ihre Klassengemeinschaft wahrgenommen? Welche der nebenstehenden Zeichnungen (1–4) stellt sie am zutreffendsten dar? Falls keine zutrifft, zeichnen Sie Ihre eigene Interpretation in 5. Bitte haken Sie die zutreffende Nummer ab ✔.

   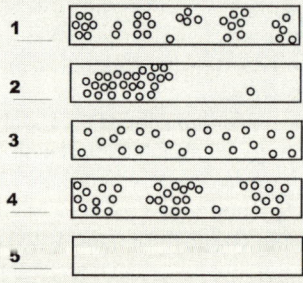

   c) Schätzskalen
   Sie sind eine spezielle Form von Auswahlantworten. Die vorgegebenen Aussagen bzw. Darstellungen können in einer unterschiedlichen Ausprägungsform eingeschätzt werden. Diese Einschätzung kann entweder darüber erfolgen, dass die zutreffende Form ausgewählt wird, was folgendes Beispiel aufzeigt:

   Kreuzen Sie jenes Symbol an, das Ihrer Antwort am besten entspricht.

Welches Gesicht charakterisiert am besten Ihr Gefühl über die Erfahrungen an der Schule?	

Die Einschätzung kann aber auch dadurch erfolgen, dass eine Skalierung zwischen zwei vorgegebenen gegensätzlichen Polen ausgewählt wird:

An der Schule habe ich gelernt, wie ich neue Herausforderungen möglichst produktiv meistern kann.

Kreuzen Sie jenen Kreis an, der Ihrer Antwort am besten entspricht.

| trifft vollständig zu | ○ | ○ | ○ | ○ | ○ | trifft überhaupt nicht zu |

Der Vorteil der Schätzskala liegt darin, dass gewisse Informationen vorgegeben sind, es aber an der befragten Person liegt, welche Einschätzung sie selbst vornimmt. Das hat den Vorteil, dass die Antworten bei der Auswertung in gewisser Weise »standardisiert« werden können. Allerdings liegt darin auch ihr Nachteil, da die Bedeutung der Abstufung zwischen den einzelnen Polen jeweils subjektiv zugeordnet wird, wodurch sich in der Interpretation ein Unterschied zwischen den einzelnen Antwortenden ergeben kann. Die Schätzskala täuscht den Eindruck vor, dass die »Messung« sehr präzise wäre, was allerdings nicht der Fall ist. Daher muss diese vorgetäuschte Präzision bei der Auswertung und Interpretation der Daten berücksichtigt werden. Je komplexer oder abstrakter eine Skalierung ist, desto weniger kann man sicher sein, dass die Befragten in ihren Antworten dasselbe meinen.

3) Formulieren Sie einfache, klare und verständliche Fragen. Die Verständlichkeit richtet sich natürlich an der Zielgruppe der Befragung aus.
4) Formulieren Sie die Fragen so konkret wie möglich. Manchmal kann auch ein Beispiel hilfreich sein, damit klar ist, was gemeint ist.
5) Vermeiden Sie Doppelfragen oder Fragen, bei denen mehrere Antworten auf einmal gegeben werden sollen. (Die Lehrer/innen sind auf die Schülervoraussetzungen eingegangen und haben ihren Unterricht gut strukturiert.)
6) Lassen Sie sich von anderen Fragebogen anregen, erstellen Sie Ihr Instrument aber auf der Basis Ihrer eigenen Ausgangssituation.
7) Fordern Sie die Befragten auf, am Ende des Fragebogens selbst noch Aussagen, Kommentare und Hinweise zu machen, auch wenn Sie nicht direkt erfragt worden sind. Dieser Punkt dient der Kommunikation über den Fragebogen hinaus und kann wertvolle Zusatzinformationen bringen.
8) Passen Sie die Länge des Fragebogens einerseits an Ihren Frage*bedarf*, aber auch an die Bereitschaft der Befragten, sich Ihrem Anliegen zu widmen, an. Die Zahl sollte 15–20 Fragen üblicherweise nicht übersteigen.
9) Setzen Sie dem Fragebogen eine Einleitung vor, der über den Zweck der Befragung informiert und die befragten Personen auch persönlich anspricht. Hier sollten auch die Adresse für die Rücksendung und der Termin angeführt sein.
10) Erproben Sie den Fragebogen mit einer Person, die der Zielgruppe entspricht, bevor Sie ihn aussenden. Ihre Rückmeldungen können zu einer Überarbeitung einzelner Fragestellungen, Unschärfen u.Ä. führen.

Die eingetroffenen Fragebogen werden gesammelt und mittels EDV erfasst. Durch Computerunterstützung lassen sich die Antworten am leichtesten statistisch verarbeiten. Die offenen Antworten werden gesondert zusammengefasst, damit sie in der Auswertung als ergänzendes Datenmaterial zur Verfügung stehen. Die Präsentation und Auswertung der Daten lässt sich in folgender Schrittabfolge durchführen (vgl. V 6):

1. Schritt: Im Rahmen einer Konferenz oder eines pädagogischen Halbtags werden die Daten aus der Befragung im Überblick (möglichst visualisiert) so vorgestellt, dass alle einen ersten Eindruck von den Ergebnissen der Absolventen/Absolventinnenbefragung haben.

2. Schritt: Es werden *Kleingruppen* (à drei bis fünf Mitglieder) gebildet, die jeweils einen Teil der vorgestellten Auswertung (z.B. die Gesamtergebnisse zu einem Fragebogen-Item) erhalten. (In kleinen Kollegien wird eine Kleingruppe mehrere Datensätze zur Auswertung erhalten, damit alle Ergebnisse ausgewertet werden können.)

3. Schritt: Jede Analysegruppe (aus Schritt 2) interpretiert den ihr zugeteilten Datensatz. Folgende Fragen können dabei hilfreich sein:

– Was sagen uns diese Daten aus der Sicht der Absolventen/Absolventinnen?
– Was heißt das für die Erziehungs- und Bildungsarbeit in den einzelnen Fächern bzw. an der Schule als Ganzes?
– Was überrascht? Weshalb?
– Welche Vermutungen können wir anstellen?
– Welche zusätzlichen Informationen brauchen wir?

4. Schritt: Die Ergebnisse aus der Gruppenarbeit werden im Plenum zusammengetragen, damit die Teilergebnisse wieder miteinander in Beziehung gesetzt werden können. Die *fish bowl*-Methode (Innenkreis-Außenkreis-Arrangement) bietet eine gute Möglichkeit dazu: Jede Kleingruppe bestimmt ein Mitglied, das sie bei der Berichterstattung im Plenum vertritt. Die Berichterstatterinnen und -erstatter bilden einen Innenkreis, während die übrigen Gruppenmitglieder in einem Außenkreis Platz nehmen. Im Innenkreis bleiben zusätzlich zwei bis drei Sessel leer, auf denen kurzfristig Personen aus dem Außenkreis Platz nehmen, wenn sie etwas in die Diskussion einbringen wollen.

5. Schritt: Die Ergebnisse aus den einzelnen Gruppen (Schritt 4) werden von einer Gruppe schriftlich zusammengefasst, damit sie für die weitere Bearbeitung zur Verfügung stehen (siehe V 7). Der Bericht soll allen Fachbereichen bzw. Lehrerinnen und Lehrern mit der Aufgabe übergeben werden, für ihre Arbeit im Fach mögliche Maßnahmen zu überlegen, welche Konsequenzen aus der Befragung ziehen. Diese werden in der nächsten Konferenz vorgestellt, wo auch Maßnahmen für die Schule als Ganzes besprochen werden, um auf die Rückmeldungen der ehemaligen Schülerinnen und Schüler zu reagieren.

Die Ergebnisse und Maßnahmen können beim nächsten Absolventen/Absolventinnen-Treffen präsentiert und diskutiert werden.

Rückmeldung durch persönliche Befragung

Wenn die ehemaligen Schülerinnen und Schüler nach wie vor in der näheren Umgebung der Schule anzutreffen sind, kann eine persönliche Befragung wichtige Hinweise über ihre Erfahrungen an der Schule bringen. Eine solche Befragung kann entweder durch die Lehrpersonen erfolgen, besonders motivierend ist sie, wenn die derzeitigen Schülerinnen und Schüler diese Befragung durchführen. Denn im Gespräch mit Vertreterinnen und Vertretern früherer Schülergenerationen können sie den Blick über den schulischen Horizont hinaus ausweiten.

Dazu wird gemeinsam mit den Schülerinnen und Schülern in einer Unterrichtsstunde nachgeforscht, wer jemanden kennt, die/der die Schule früher besucht hat. Darüber hinaus bringt die Lehrperson aufgrund der Schülerstatistik eine Liste ehemaliger Schülerinnen und Schüler mit. Daraus werden jene Personen ausgewählt, deren Erreichbarkeit aufgrund persönlicher Kenntnis oder der Kenntnis von Familien, Bekannten u.a. recherchiert werden kann. Jede/r Schüler/in übernimmt eine/n Absolventen/Absolventin und nimmt mit der betreffenden Person Kontakt auf.

Gemeinsam mit der Lehrperson wird ein Interviewleitfaden erarbeitet, der eine Zusammenstellung der wichtigsten Fragen enthält, die von allen Schülerinnen und Schülern gestellt werden sollen. Der Leitfaden kann entweder Stichworte für die Steuerung des Gesprächs enthalten, aber auch eine Checkliste, in welche die Antworten in Stichworten eingetragen werden können. In ❽ findet sich eine Checkliste für Interviews, die an einer Schule für eine Absolventen/Absolventinnen-Befragung entworfen wurde[1].

Nach der Erarbeitung der inhaltlichen Fragen studieren die Schülerinnen und Schüler gemeinsam die *10 Tipps für Interviews* (S. 165), um sich auf die Durchführung der Interviews vorzubereiten. Da die Interviews zu zweit durchgeführt werden, bilden die Schüler/innen Paare, die sich gemeinsam auf das Interview der von ihnen kontaktierten Absolventen/Absolventinnen vorbereiten. Diese Vorbereitung erfolgt zunächst in einem Rollenspiel, in dem die Lehrperson die Rolle eines/einer Absolventen/Absolventin einnimmt. Dieses Rollenspiel wird gemeinsam ausgewertet. Die Schülerinnen und Schüler üben darauf das Interviewen, indem jede/r Schüler/in ein Probeinterview in der Gruppe durchgeführt hat. Wichtig ist, dass nach den Interviews schriftliche Daten vorliegen, wofür die Arbeit zu zweit entlasten soll.

Nach der Durchführung der Interviews werden die Ergebnisse zusammengetragen. Dafür kann die schriftliche Form adaptiert werden. Die aus der Befragung gewonnenen Erkenntnisse sollten der ganzen Schule zur Verfügung gestellt werden. Dies kann im Rahmen einer größeren Veranstaltung erfolgen, aber auch durch die Vermittlung in Form eines Berichts. Wichtig ist allemal, dass die Daten nicht nur präsentiert werden, sondern dass damit auch eine weiterführende Auseinandersetzung erfolgt. Dies kann einerseits auf der Klassen- bzw. Jahrgangsebene erfolgen, wünschenswerterweise auf der Ebene der ganzen Schule.

---

1   Sie wurde uns von Maria Haindl (BG/BRG Stainach), zur Verfügung gestellt.

Rückmeldung durch persönliche Einladung an die Schule

Eine weitere Möglichkeit, Rückmeldungen über die Erfahrungen ehemaliger Schülerinnen und Schüler zu erhalten besteht darin, einzelne Absolventen/Absolventinnen an die Schule einzuladen. Dadurch können sie direkt mit der Schule in Kontakt treten und zu Rückfragen unmittelbar Stellung nehmen. Hier kann aber nur eine begrenzte Zahl gleichzeitig eingeladen werden. Zunächst stellt sich die Frage, welcher Personenkreis an der Schule mit den Rückmeldungen der ehemaligen Schülerinnen und Schüler konfrontiert werden soll. Daran richtet sich das soziale Arrangement aus. Soll beispielsweise ein/e ehemalige/r Schüler/in der ganzen Schule zur Verfügung stehen, wird eine intensive Auseinandersetzung mit allen nur beschränkt möglich sein. Hierzu eignet sich u.a. die Form eines Round-Table-Gesprächs, zu dem Absolventinnen und Absolventen in unterschiedlichen Bereichen von Alltag und Beruf eingeladen werden, um plenar ihre eigene Einschätzung zu präsentieren. Dazu ist eine Moderation erforderlich, welche die für die Schule wichtigen Fragen stellt. Diese kann auch von einem Schüler bzw. einer Schülerin übernommen werden, wozu allerdings eine Vorbereitung in der Klasse erforderlich ist (vgl. auch ❷).

Werden ehemalige Schülerinnen und Schüler nur in einzelne Klassen (z.B. Jahrgangsstufe) eingeladen, ist ein kommunikativeres Arrangement möglich. Die auf Seite 178 beschriebene *fish bowl*-Methode ist eine brauchbare Form, möglichst viele Sichtweisen in die Diskussion einzubringen. Es besteht aber auch die Möglichkeit, dass einzelne Schülergruppen im Vorhinein Fragen zusammenstellen, welche in Anwesenheit von Absolventen/Absolventinnen dann gestellt werden. Während des Aufenthalts von Gästen ist es ratsam, möglichst viel zu dokumentieren. Die Aufzeichnung auf Tonkassette bzw. Video kann dabei entlasten, allerdings wird in der Folge eine Nachbereitung erforderlich sein.

Auch bei dieser Vorgangsweise ist es bedeutsam, dass die Ergebnisse aus der persönlichen Rückmeldung von Eingeladenen dazu dienen, Konsequenzen für Schule und Unterricht zu erarbeiten. Dazu ist die Einbeziehung möglichst vieler Lehrerinnen und Lehrer erforderlich, die mit den Ergebnissen konfrontiert werden. (Vgl. dazu auch die Anmerkungen in ❶ und ❷).

❼ Mehr dazu? (Literatur)

Kleinespel, Karin: Schule als biografische Erfahrung. Die Laborschule im Urteil ihrer Absolventen. Weinheim: Beltz 1990.

❽ Womit? (Instrumente)

Absolvent/innen-Befragung (S. 181)
Checkliste Absolvent/innen-Befragung (S. 186)

Absolvent/innen-Befragung

Sehr geehrte/r Absolvent/in unserer Schule,

wie wir bereits bei Ihrem Abgang von der Schule angekündigt hatten, möchten wir gerne Kontakt zu Ihnen halten, um unsere Unterrichtsarbeit im Hinblick auf die Brauchbarkeit des Vermittelten für »das Leben« von Zeit zu Zeit zu überprüfen.

Die Ergebnisse dieser Befragung wollen wir in einer Konferenz besprechen, um daraus Schlüsse für die weitere Arbeit an unserer Schule zu ziehen. Damit helfen Sie künftigen Schülergenerationen, möglichst jene Lernangebote zu erhalten, die sie für die Bewältigung von künftigen Aufgaben in ihrer weiteren Berufslaufbahn benötigen.

Die Angaben werden natürlich vertraulich behandelt. Ergebnisse, welche in die Auswertung aufgenommen werden, scheinen nur in anonymer Form auf, sodass kein Rückschluss auf Einzelpersonen möglich sein wird.

Zur Zuordnung der Ergebnisse bitten wir Sie, hier einige Daten über Ihren Hintergrund auszufüllen.

Abgänger/in der Schule im Jahr: _____

besuchter Schulzweig: ◯ [im Vordruck einfügen]
                           ◯ [im Vordruck einfügen]

Schulen, die Sie nach unserer besuchten: ◯ keine

Schule(n): _____

Studien, die Sie belegen bzw. absolviert haben:

_____

_____

an der ◯ Universität   ◯ Fachhochschule   ◯ Akademie

Bezeichnung: _____

derzeitige berufliche Tätigkeit (Position):

_____

Besten Dank für Ihre Mühen und herzlichen Dank für die Rückmeldung!

1   *Kreuzen Sie bitte das für Sie Zutreffende*
☒ an:

a) Wie oft hatten Sie direkten
Kontakt mit der Schule, seit Sie
diese verlassen hatten?

☐ nie	☐ 3×
☐ 1×	☐ 4×
☐ 2×	☐ 5× und öfter

b) Würden Sie sich mehr Kontakt
wünschen?

☐ ja

☐ nein

2   Wenn Sie an Ihre damalige Schulzeit zurückdenken, welche Gefühle haben Sie dabei
(insgesamt gesehen)?
Kreuzen Sie bitte das Zutreffende ☒ *zwischen den Polen an:*

äußerst positiv   ☐ ☐ ☐ ☐ ☐ ☐ ☐   äußerst negativ

3   Wie schätzen Sie rückblickend die Wirksamkeit des Unterrichts im Hinblick auf folgende Bereiche für Ihre jetzige Situation ein?
Bitte jeweils Zutreffendes ☒ *ankreuzen:*

Wissen und Kenntnisse	Persönlichkeitsbildung (Umgang mit sich selbst)	Soziale Kompetenz (Umgang mit anderen)
☐ sehr hoch	☐ sehr hoch	☐ sehr hoch
☐ hoch	☐ hoch	☐ hoch
☐ gering	☐ gering	☐ gering
☐ sehr gering	☐ sehr gering	☐ sehr gering

4   Wie sehr hat Ihnen die Schule geholfen, Ihren weiteren beruflichen und privaten Lebensweg zu bewältigen?

*Markieren Sie bitte jeweils auf der Scheibe jene Ziffer, die Ihrer Meinung nach zutrifft
(größte Wirksamkeit innen, geringste Wirksamkeit außen):*

berufliches Leben   privates Leben

10 9 8 7 6 5 4 3 2 1   10 9 8 7 6 5 4 3 2 1

5   Wenn Sie rückblickend den Unterricht in einzelnen Fächern beurteilen, wie schätzen Sie jeweils die Wirksamkeit im Hinblick auf das *Wissen* (die Kenntnisse, die vermittelt worden sind) und das *Können* (die Fähigkeiten und Fertigkeiten, die Sie erworben haben) ein?

Kreuzen Sie bitte jeweils das für Sie am ehesten zutreffende Symbol zwischen den beiden Polen auf den beiden Seiten an:

höchst wirksam	++ + o – ––	überhaupt nicht wirksam

WISSEN ▼		KÖNNEN ▼
++ + o – ––	Deutsch	++ + o – ––
++ + o – ––	Mathematik	++ + o – ––
++ + o – ––	1. Fremdsprache: _____	++ + o – ––
++ + o – ––	2. Fremdsprache: _____	++ + o – ––
++ + o – ––	Physik	++ + o – ––
++ + o – ––	Chemie	++ + o – ––
++ + o – ––	Geographie und Wirtschaftskunde	++ + o – ––
++ + o – ––	Geschichte und Sozialkunde	++ + o – ––
++ + o – ––	Musikerziehung	++ + o – ––
++ + o – ––	Bildnerische Erziehung	++ + o – ––
++ + o – ––	EDV/Informatik	++ + o – ––
++ + o – ––	Psychologie und Philosophie	++ + o – ––
++ + o – ––	Biologie und Umweltkunde	++ + o – ––
++ + o – ––	Werkerziehung	++ + o – ––

6   Wie beurteilen Sie rückblickend Ihre Schulzeit im Hinblick auf folgende Aussagen?
Kreuzen Sie bitte jeweils das für Sie am ehesten Zutreffende ⊠ an!

trifft voll zu	☐☐ ☐☐☐	trifft überhaupt nicht zu

1 Die Lehrerinnen und Lehrer bemühten sich, uns als Personen ernst zu nehmen.   ☐ ☐ ☐ ☐ ☐

2 Ich hatte als Schüler/in viel Freiraum, um Selbstständigkeit zu erwerben.   ☐ ☐ ☐ ☐ ☐

3 Die Lehrerinnen und Lehrer haben mich bei Lernproblemen mit professionellem Know-how unterstützt.   ☐ ☐ ☐ ☐ ☐

4 Meine Leistungen wurden gerecht beurteilt.   ☐ ☐ ☐ ☐ ☐

5 Der Unterricht war interessant und abwechslungsreich.   ☐ ☐ ☐ ☐ ☐

6 Ich hatte oft die Möglichkeit, in Projekten (auch außerhalb des Unterrichts) zu arbeiten.   ☐ ☐ ☐ ☐ ☐

7 Die Lehrerinnen und Lehrer hatten Vorbildcharakter für meinen weiteren Lebenslauf.   ☐ ☐ ☐ ☐ ☐

8 Der Unterricht hat in der Regel meinem Leistungsniveau entsprochen.   ☐ ☐ ☐ ☐ ☐

9 Ich bin insgesamt gerne an diese Schule gegangen.   ☐ ☐ ☐ ☐ ☐

10 Ich habe an der Schule außerhalb des Unterrichts viel für meinen weiteren Lebensweg gelernt.   ☐ ☐ ☐ ☐ ☐

7   Welche der folgenden Einstellungen, Fähigkeiten und Fertigkeiten finden Sie für Ihr privates und berufliches Leben aus heutiger Sicht wichtig und wie wichtig wurden sie damals von Ihren Lehrerinnen und Lehrern im Unterricht genommen?

Kreuzen Sie bitte jeweils das für Sie am ehesten zutreffende Symbol zwischen den beiden Polen an:

höchst wirksam	++ + o – ––	überhaupt nicht wirksam

JETZT ▼		IN DER SCHULE ▼
++ + o – ––	Selbstständigkeit	++ + o – ––
++ + o – ––	Selbstvertrauen	++ + o – ––
++ + o – ––	flexibles Arbeiten	++ + o – ––
++ + o – ––	Kommunikationsfähigkeit	++ + o – ––
++ + o – ––	Konfliktfähigkeit	++ + o – ––
++ + o – ––	Toleranz gegegenüber anderen	++ + o – ––
++ + o – ––	Innovationsfähigkeit	++ + o – ––
++ + o – ––	Weltoffenheit	++ + o – ––

8   Was ich meiner ehemaligen Schule sonst noch mitteilen möchte.

Führen Sie hier weitere Anmerkungen an, die Ihnen als Rückmeldung an Ihre Schule wichtig erscheinen! (Bitte setzen Sie auf der Rückseite fort.)

Checkliste Absolvent/innen-Befragung

Welche Fähigkeiten haben sie an der Schule erworben? *(Geben Sie bitte Beispiele dafür!)*

Fähigkeit											
Fachwissen											
Fremdsprachen											
Allgemeinbildung											
Vernetztes Denken											
Urteilsvermögen											
Artikulationsfähigkeit											
Selbstständigkeit											
Flexibilität											
Weltoffenheit											
Selbstüberwindung											
Selbstvertrauen											
Kritikfähigkeit											
Konfliktlösungsfähigkeit											
Kommunikationsfähigkeit											
Teamfähigkeit											
Umgangsformen											
Toleranz											

Q 9   Dokumentenanalyse

Auf einen Blick

❶	**Was?**	Dokumente an der Schule analysieren
❷	**Wozu?**	Außenbeziehungen klären
❸	**Wann gelingt's?**	Transparenz, Vertraulichkeit
❹	**Wer?**	Kleingruppe (Schulpartner/innen)
❺	**Wie?**	Dokumente analysieren
❻	**Konkret?**	Analyse der Beschlüsse
❼	**Mehr dazu?**	Literatur

---

❶ Was? (Zielstellung)

In jeder Organisation werden zahlreiche Schriftstücke eingesetzt, die einerseits die interne, nicht zuletzt aber auch die externe Kommunikation erleichtern sollen. So gibt es auch an der Schule zahlreiche schriftliche Dokumente, die im Hinblick auf ihre Wirksamkeit der Außenkommunikation evaluiert werden können. Je nach Zielsetzung der Analyse eignen sich u.a. folgende Materialien dafür:

- Konferenzprotokolle,
- Berichte (z.B. an die Schulbehörde),
- Statistiken (demographische Verteilungen, soziokulturelle Bedingungen, Geschlechterverteilung …),
- Schulprogramm,
- Jahresberichte,
- Rundschreiben,
- Ton- und Bilddokumente,
- elektronische Medien (z.B. Homepage, elektronischer Newsletter),
- Korrespondenz (z.B. mit Wirtschaftsbetrieben, Medien etc.),
- Schulkalender (Jahresprogramm),
- Protokolle der Mitbestimmungsgremien.

Die Dokumentenanalyse kann dazu beitragen, Informationen über das »Funktionieren« der Organisation Schule im Hinblick auf ihre Außenbeziehungen zu geben.

➋ Wozu? (Herausforderung)

Da der Einzelstandort zunehmend autonome Handlungsspielräume erhält, rückt die »Schnittstelle« zwischen Schule und Umfeld stärker in den Vordergrund: Das schulische Angebot soll den regionalen Gegebenheiten entsprechen, Wünsche von Eltern, Wirtschaft u.a. erhalten ein höheres Gewicht, öffentliche Einrichtungen (Jugendfürsorge, Fördereinrichtungen u.Ä.) und private Unternehmen (Werbeagenturen u.Ä.) werden zu Verhandlungspartnern, die Medien berichten vermehrt über (Miss-)Erfolge von Schulen (vgl. Abbildung 22).

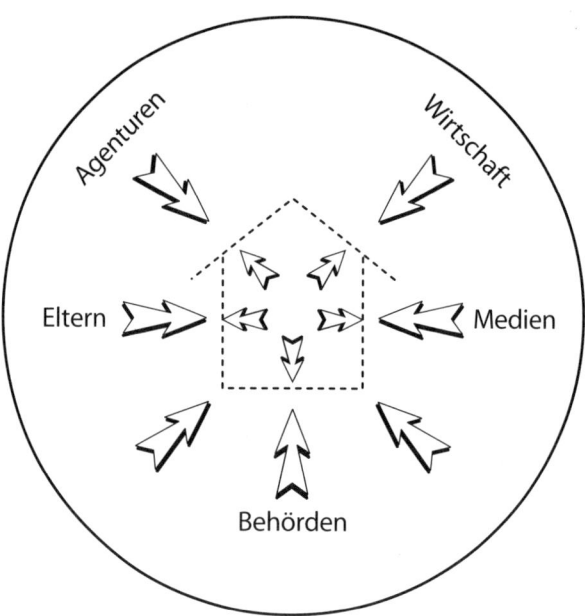

Abbildung 22: Schnittstellen von Schule

Für die Schule ergibt sich daher die wichtige Aufgabe, die unterschiedlichen Anforderungen an den Schnittstellen zwischen System Schule und Umwelt so zu steuern, dass diese als Anregung und Chance für Entwicklung gesehen werden. Da der bewusste Umgang mit den Schnittstellen ein wichtiges Qualitätsmerkmal einer *lernenden Organisation* darstellt (vgl. Schratz/Steiner-Löffler 1998a, 98–110), benötigt sie diesbezüglich eine Vereinbarungskultur, die klare Regeln setzt: Je klarer die Nahtstellen der möglichen Interaktionen definiert sind, desto besser können sich die Betroffenen orientieren und damit umgehen. Dieses Denken von den Nahtstellen des Systems aus schafft Klarheit und setzt dadurch Energien frei für die Inhalte, die kommuniziert werden.

Diese Klarheit wird über entsprechende Verfahrensregelungen hergestellt, die von den Beteiligten auch ernst genommen werden. Wenn sie mündlich festgelegt werden, besteht die Gefahr, dass sie rasch an Verbindlichkeit verlieren. Werden sie schriftlich festgehalten, lassen sich Vereinbarungen über einen bestimmten Zeitraum verfolgen, seien dies Beschlüsse der Schulpartnerschafts-Vereinbarungen oder Schulkalender über die Termine des Unterrichtsjahres, nach denen sich die Eltern frühzeitig ausrichten können. Diese schriftlichen Unterlagen lassen sich in Form einer Dokumentenanalyse evaluieren, um deren Wirksamkeit zu überprüfen.

❸ Wann gelingt's? (Förderliche Bedingungen)

Bestimmte Dokumente an der Schule unterliegen dem Datenschutz bzw. anderen Verschwiegenheitsvorschriften, weshalb die Voraussetzungen für eine Analyse bzw. die damit befassten Personen geklärt werden müssen. In gewissen Fällen ist es möglich, durch eine nicht personenbezogene Darstellung (z.B. Anonymisierung) Dokumente öffentlich zu machen, falls dies für die Evaluation erforderlich ist. Daher ist die Klärung immer von der gewählten Textsorte abhängig: Ein Schulprogramm ist ein öffentliches Dokument, das möglichst viele Personen »mittragen« sollen, während Konferenzprotokolle in der Regel nichtöffentlich sind, v.a. wenn es um Entscheidungen über personenbezogene Daten geht. Prinzipiell ist die »Datenhoheit« der Betroffenen zu berücksichtigen, die in irgendeiner Form mit dem entsprechenden Dokument in Zusammenhang stehen.

Es ist immer sinnvoll, wenn eine gewisse Transparenz über die Entscheidung zur Analyse bestimmter Dokumente geschaffen wird, damit auch alle Personengruppen einbezogen sind. Das ist nicht zuletzt auch für die Präsentation der Ergebnisse und das Diskutieren von Konsequenzen hilfreich, weil damit eine größere Identifikation zu erwarten ist.

❹ Wer? (Personen)

Die eigentliche Analysearbeit von Dokumenten kann in der Regel nur eine kleine Gruppe bzw. Einzelperson leisten. In der Phase der Entscheidungsfindung, der Festlegung von Kriterien und sonstigen Vorabsprachen ist es aber wichtig, dass möglichst viele Personen(gruppen) einbezogen sind, welche mit den Dokumenten zu tun haben bzw. für welche die Analyse von Bedeutung für die Arbeit ist.

Bei der Auswahl der Personen, welche die Dokumentenanalyse durchführen, ist zu berücksichtigen, dass jede Person bzw. Personengruppe ihre eigene »Analysebrille(n)« aufhat, d.h., ihre eigene Perspektive zum Ausgangspunkt macht. Daher ist es manchmal sinnvoll, dass eine Gruppe zusammengestellt wird, die unterschiedliche Sichtweisen einbringt (bereits der Geschlechter-Unterschied macht oft schon einen Unterschied, umso mehr die unterschiedliche Perspektive von Schülerinnen und Schülern, Eltern, Lehrerinnen und Lehrern usw.).

❺ Wie? (Durchführung)

Bevor die ausgewählten Dokumente analysiert werden, ist es wichtig, für das jeweilige Interesse Fragestellungen zu überlegen, um
- die zur Beantwortung der Fragestellung erforderlichen Dokumente zu bestimmen,
- eine gezielte Analyse der gewählten Dokumente durchführen zu können.

Auch wenn sich die Dokumentenanalyse in der Vorgangsweise an der Art des Dokuments ausrichtet, lässt sich ein (ideal)typischer Ablauf aufzeigen, der in folgenden Schrittabfolgen zusammengefasst wird.

Ablaufschritte

1) Die Lehrerinnen und Lehrer (eines Faches, einer Klasse, eines Jahrgangs, eines Teams, einer Schule) einigen sich auf eine Fragestellung, die ihnen im Hinblick auf »Schulpartnerschaft und Außenbeziehungen« wichtig erscheint. Dann ist zu prüfen, ob es zur Beantwortung dieser Frage überhaupt Dokumente gibt, die mittels Dokumentenanalyse evaluiert werden können.

2) Wenn sich die Dokumentenanalyse als Evaluationsinstrument für die gewählte Fragestellung eignet, ist zu klären, welche Dokumente dafür hergenommen werden sollen. Einschränkungen können sich aus der Verschwiegenheitspflicht bzw. Beschränkung auf einen bestimmten Personenkreis ergeben. Dann wird entschieden, welche Materialien gesammelt werden sollen (Umfang, Zeitraum etc.) und wer damit beauftragt wird.

3) Die Sichtung bzw. Analyse der Dokumente erfolgt nach bestimmten Kriterien, die für die Beantwortung der Fragestellung hilfreich sind. Dies sollen nicht nur quantitative Kriterien (z.B.: *Wie viele Zugriffe auf die Hompage der Schule sind im Zeitraum x erfolgt?*) sein, sondern auch solche, die eine inhaltliche Analyse des Materials erfordern (z.B.: *Welche Elternwünsche sind in den letzten Protokollen der Schulpartnerschaftsgremien formuliert und wie sind sie bearbeitet worden?*)

4) Wenn die Ergebnisse aus Schritt 3 vorliegen, kann wiederum eine größere Personengruppe damit beauftragt werden, die Interpretation vorzunehmen (*Was bedeuten diese Ergebnisse für uns? Was könnte dahinter stehen?* usw.). Dies kann auch arbeitsteilig bzw. arbeitsgleich in heterogenen Gruppen erfolgen (vgl. die verschiedenen »Brillen«, welche die unterschiedlichen Perspektiven symbolisieren). Bei der Interpretation können u.a. folgende Fragen hilfreich sein:
   - Welche Einsichten geben uns die Daten im Hinblick auf unsere Fragestellung?
   - Was hat sich über einen bestimmten Zeitraum hinweg verändert und warum?
   - Was sagen die Daten nicht aus? Welche Konsequenzen ziehen wir daraus?
   - Was muss aufgrund der Dokumentenanalyse an der Schule geändert werden? Mit welchen Konsequenzen?

5) Die Präsentation der Ergebnisse aus dem vierten Schritt soll dazu dienen, Konsequenzen für die weitere Vorgangsweise im Hinblick auf die gewählte Fragestellung zu gewinnen. Dazu sollten möglichst viele damit befasste und davon Betroffene einbezogen werden, um eine größtmögliche Identifikation mit den vorgeschlagenen Maßnahmen zu erreichen.

Die folgende Übersicht enthält Beispiele, wie die einzelnen Schritte der Dokumentenanalyse anhand von unterschiedlichen Fragestellungen in die Praxis umgesetzt werden können.

Fragestellung	Auswahl der Dokumente	Sichtung	Interpretation	Konsequenzen
Wie wird die Schule in den Medien wahrgenommen?	Regionalzeitungen im Zeitraum der letzten drei Jahre.	Alle Textstellen, in denen die Schule bzw. eine Person erwähnt wird.	Was für Botschaften werden im Material (Texte, Fotos etc.) vermittelt?	Verstärkte positive Darstellung der Schule durch aktive Medienarbeit.
In welchen schulischen Belangen ist es zur Umsetzung von Elternwünschen gekommen?	Beschlüsse der Schulpartnerschaftsgremien der letzten fünf Jahre.	Alle einschlägigen Beschlüsse innerhalb des Zeitraums werden aus den Protokollen zusammengetragen.	Vergleich mit den tatsächlich umgesetzten Anliegen und Interpretation der Ergebnisse.	Maßnahmen zu einer stärkeren Einbindung der Eltern in vernachlässigten Bereichen.
Wieweit werden regionale Anliegen im Schulprogramm berücksichtigt? Wieweit werden sie umgesetzt?	Schulprogramm, Dokumente über regionale Anliegen, Materialien aus einschlägigen Unterrichtsvorhaben.	Aus den diversen Materialien werden die für die Fragestellung relevanten Texte ausgewählt.	Wieweit treffen die Materialien die tatsächlichen Anliegen der Region?	Einbezug der neuen Erkenntnisse in das Schulprogramm bzw. stärkere Berücksichtigung der Anliegen im Unterricht einzelner Fächer.
In welcher Weise und in welchem Ausmaß sind die Schüler/innen im Jahresbericht repräsentiert?	Jahresberichte der letzten Jahre oder ähnliche Dokumente.	*Quantitativ*: wie viele von Schülern/Schülerinnen geschrieben? *Qualitativ*: Themen, bei denen die Schüler/innen aktiv sind?	In welchem Maß sind Schüler/innen tatsächlich in der Darstellung (selbstständig) nach außen vertreten?	Stärkere Einbindung von Schülerinnen und Schülern in schriftliche Außendarstellung.

❻ Konkret? (Beispiel)

Aufgrund der Fluktuation der Mitglieder des Mitbestimmungsgremiums sind sie nur teilweise mit der historischen Entwicklung der einzelnen Beschlüsse vertraut, weshalb zu einzelnen Punkten noch Informationsbedarf erforderlich ist. Dieses geradezu typische Unbehangen von neuen Mitgliedern ballt sich, wenn gleichzeitig mehrere neue Mitglieder kommen. In einer solchen Situation wird an einem Gymnasium die Idee geboren, die Beschlüsse des Mitbestimmungsgremiums zu analysieren, um herauszufinden, wieweit die Eltern und Schülerinnen und Schüler auch tatsächlich in die autonomen Entscheidungen der Schule eingebunden sind. Ein Schulteam (Schulleitung, zwei neu gewählte Lehrervertreter/innen im Schulgremium, der Schulsprecher) legt die Fragestellung fest, mittels der eine Dokumentenanalyse durchgeführt werden soll: *In welcher Richtung wird der von der Autonomie (pädagogisch, finanziell, organisatorisch) gewährte Freiraum genützt und wie weit werden die Beschlüsse von allen Mitgliedern mitgetragen?* Zum Beispiel: Wenn autonom beschlossen wird, Griechisch auch mit drei Schülern/Schülerinnen zu unterrichten (auf Kosten einer Teilung in Englisch), dann ist das ein Hinweis darauf, dass die Autonomie genutzt wird, um das traditionelle Schulprofil zu stützen.

Es wird ein Mitglied des Mitbestimmungsgremiums beauftragt, die Protokolle der Sitzungen der letzten drei Jahre zu sichten und jene Beschlüsse zu erfassen, welche eine mögliche Antwort auf diese Fragestellung geben können. Die derart erstellte Liste wird zunächst vom Schulteam diskutiert und im Hinblick auf die Mitarbeit von Eltern und Schülerinnen und Schülern aufgrund der fast ausschließlich einstimmigen Abstimmungsergebnisse zwar als gegeben angesehen, den einzelnen inhaltlichen Vorgaben soll in der Folge aber nachgegangen werden. Dazu soll das Ergebnis den derzeitigen Eltern- und Schülervertreterinnen und -vertretern vorgelegt und mit ihnen diskutiert werden

❼ Mehr dazu? (Literatur)

Buhren, Claus G./Killus, Dagmar/Müller, Sabine: Wege und Methoden der Selbstevaluation. Ein praktischer Leitfaden für Schulen. Dortmund: IFS-Verlag 1998.
Mayring, Philipp: Qualitative Inhaltsanalyse: Grundlagen und Techniken. Weinheim: Deutscher Studienverlag 1990.

Q 10   Problemen auf den Grund gehen

Auf einen Blick

❶ **Was?**	Neue Lösungsräume erkunden
❷ **Wozu?**	Problemlösungsstrategien finden
❸ **Wann gelingt's?**	Offenheit für Neues, Geduld
❹ **Wer?**	Betroffene als Beteiligte
❺ **Wie?**	U-Prozedur
❻ **Konkret?**	Neues Image gewinnen
❼ **Mehr dazu?**	Literatur
❽ **Womit?**	Raster U-Prozedur

---

❶ Was? (Zielstellung)

Die Qualität von Schulmanagement ist nicht zuletzt daran abzulesen, wieweit die Schulleitung die Voraussetzungen dafür schafft, dass die Ressourcen der Schule von den Betroffenen selbst für innovative Lösungen genutzt werden können, ansonsten landen alle Probleme bei ihm/ihr. Dazu ein Beispiel: Die erste Reaktion einer Schulleiterin, wenn Lehrer/innen mit einem Problem zu ihr kommen, ist gewöhnlich die Frage: »Welche Schritte hast du bereits gesetzt, um das Problem zu lösen?« Damit hat sie im Kollegium bereits eine Orientierung in Richtung Lösungs- und Ressourcenorientierung in Gang gebracht.

Der Lösungs*raum* kann zunächst wörtlich genommen werden, etwa dadurch, dass sich das Kollegium anlässlich einer Klausur an einen Ort der Muße zurückzieht, um neue Lösungsformen zu entwickeln. Darüber hinaus sind darunter alle Bemühungen zu verstehen, welche *neue* Denkmöglichkeiten für die Entwicklung der Schule in die Zukunft eröffnen. Der bekannte Kreativitätsforscher Edward De Bono (1972) hat herausgefunden, dass die Lösung eines Problems nicht in einer (fiktiven) Linie der Projektion der bisherigen Lösungsansätze in die Zukunft liegt, sondern sich in einer Schleife davon wegbewegt. Die grafische Darstellung (Abbildung 23) zeigt auf, dass das Erkennen von Lösungsansätzen verlangt, bisherige gewohnte (Denk-)Bahnen zu verlassen. Das schafft eine neue Orientierung, die wiederum neue Perspektiven eröffnet.

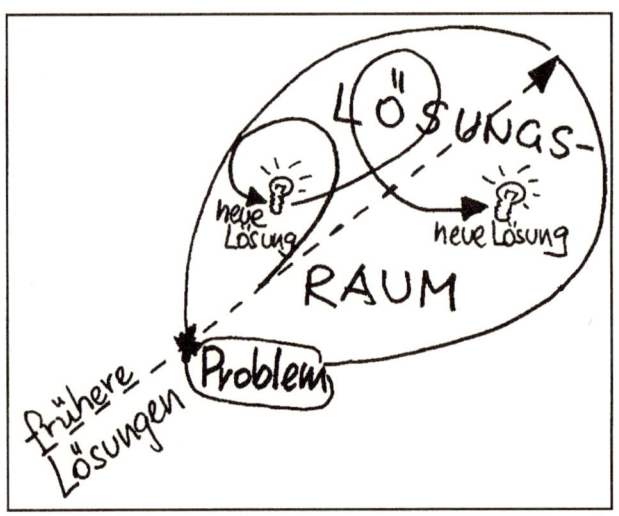

Abbildung 23 : Innovationsschleifen im Lösungsraum

❷ Wozu? (Herausforderung)

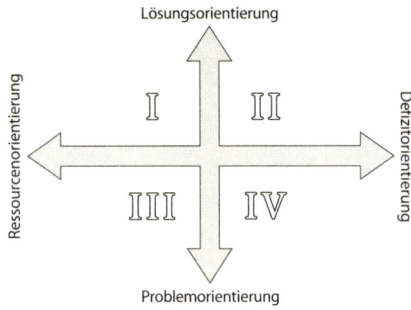

Abbildung 24: Entwicklungspole

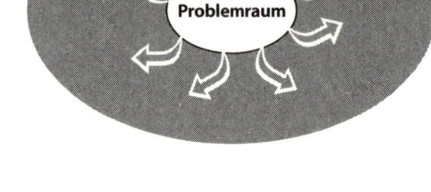

Abbildung 25: Vom Problemraum in den Lösungsraum

Schulleitung ist selten Routinearbeit, was oft bedeutet, sich aktuellen Herausforderungen stellen zu müssen. Für Ad-hoc-Probleme sind schnelle Lösungen gefragt. Für langfristiges Planen und Entwickeln bleiben dementsprechend wenig Zeit, Energie und Kapazitäten übrig. Das Problem steht im Zentrum. Die schnelle Lösung bleibt dann oft in bekannten Mustern und Denkschleifen verhaftet. Um aber zu konstruktiven Denkansätzen und Entwicklungen zu kommen, ist ein Perspektivenwechsel notwendig. Weg von der Problemorientierung hin zur Lösungsorientierung (Quadrant I in Abbildung 24). Das heißt, es werden in der jeweiligen Problemsituation die vorhandenen Stärken und Ressourcen genutzt. Für die Bearbeitung eines Problemfalles bedeutet dies beispielsweise, nicht einfach die Schuldigen eines Vorfalls zu suchen und zu bestrafen, sondern gemeinsam Lösungen für künftige Vorfälle zu erarbeiten. Für die Entwicklung der ganzen Schule heißt dies, nicht nur die Schwächen und Defizite zu bearbeiten, sondern Stärken und Ressourcen zum Ausgangspunkt zu nehmen, um neue Lösungsräume zu erkunden. Der Lösungsraum ist größer, als der Problemraum, hat mehr Handlungsspielräume und Möglichkeiten, als der Problemraum, in dem man auf altbekannte Lösungsmodelle, Handlungen und Verhaltensweisen zurückgreift (vgl. Abbildung 25).

❸ Wann gelingt's? (Förderliche Bedingungen)

Probleme treten scheinbar von selbst auf, sie werden gefürchtet und daher wird gern über sie »hinweggesehen«. Denn sie werden Fehlern gleichgesetzt, die geahndet werden müssen. Gerade in der Schule, die durch eine Kultur des »Richtig« und »Falsch« bestimmt wird, fällt es offenbar allen schwer zuzugeben, wenn Probleme auftreten. Doch Probleme sind auch immer Chancen für Entwicklung. »*Problems are your friends*!«, damit hat ein kanadischer Experte Probleme als Herausforderungen bezeichnet, die entdeckt werden müssen, die aber auch Mut geben, Fehler zu machen und mit eigenen, kreativen Ideen zu spielen.

Bei einem Defizitverständnis von Problemen kommen verdrängte oder unterdrückte Probleme immer wieder. Sie machen deutlich, dass etwas ungelöst ist. Dementsprechend schaffen unerledigte Probleme oder solche, die (noch) nicht als solche wahrgenommen werden – vor allem bei Führungspersonen – Irritationen und Verunsicherung. Man will »gut« sein und »keine Probleme haben«, sie sich oft nicht eingestehen – vor allem nicht gegenüber anderen. Daher ist für ein ressourcenorientertes, »problemfreundliches« Klima eine gewisse Vertrauensbasis erforderlich, in der es möglich wird, neugierig und vorbehaltlos in den Lösungsraum vorzustoßen. In einem solchen Klima kann der Umgang mit Problemen zu einer Entdeckungsreise werden, in der alle vorhandenen Ressourcen aktiviert werden, um an neue Ufer in der Schulentwicklung zu gelangen.

❹ Wer? (Personen)

Eine Problemanalyse mittels U-Prozedur kann in unterschiedlichen Personen-Konstellationen durchgeführt werden. Sie kann von einer Person (z.B. der Schulleitung) allein durchgeführt werden, um Strategien »Aus dem Problemraum in den Lösungsraum« probehandelnd zu durchdenken. In der Regel ist es sinnvoll – nicht zuletzt im Hinblick auf die Umsetzung der zu treffenden Maßnahmen, die »Betroffenen zu Beteiligten« zu machen, d.h., sie in den Prozess einzubeziehen. Allerdings ist hierfür die Bereitschaft erforderlich, sich in einen Prozess des Erforschens von Hintergründen einzulassen, ohne dass gleich das »Richtig«/»Falsch«-Denken den Prozess beeinträchtigt.

❺ Wie? (Durchführung)

Um einem bestehenden Problem auf den Grund zu gehen, ist eine systematische Vorgangsweise erforderlich, da es sonst lediglich zu einer oberflächlichen Auseinandersetzung und möglicherweise zu wenig hilfreichen »Scheinlösungen« kommt. Eine Möglichkeit dazu ist die so genannte U-Prozedur, die ihren Namen aus dem U-förmigen Ablauf hat, wie er aus der Übersicht auf Seite 203 ersichtlich ist. Daraus ergibt sich folgende Schrittabfolge:

Problemaktivierung

Ein Problem wird dadurch zu einem Problem, dass es (von jemandem) als Problem bezeichnet wird. Ein bestimmtes Vorkommnis, etwa eine überaktive Schülerin, kann für einen Lehrer zum Problem werden. Oder eine Gruppe von Lehrerinnen und Lehrern ist nicht daran interessiert, eine Befragung über die Wirksamkeit ihres Unterrichts durchzuführen, deren Ergebnisse beim nächsten »Pädagogischen Tag« diskutiert werden sollen. Für die jeweils betreffenden Personen (Lehrer bzw. Schulleitung) wird durch das Problem ein gedanklicher und emotionaler Prozess ausgelöst, der sich vor allem im Quadranten IV (Problem- und Defizitorientierung) der Abbildung 24 abspielt. Dadurch kommt es schnell zu einem Teufelskreis der Verschärfung der Probleme, was sich mit folgendem Schema (nach Krüger/Ebeling 1991) gut veranschaulichen lässt (siehe Abbildung 26 aus Schratz/Steiner-Löffler 1998a, S. 64).

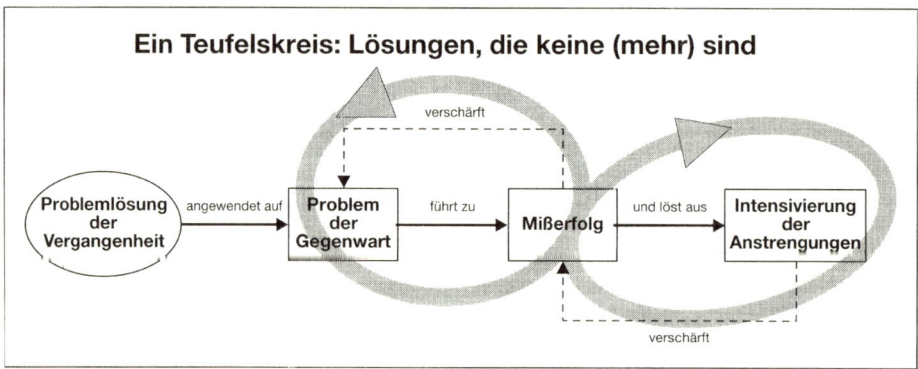

Abbildung 26: Teufelskreis alter Lösungsansätze

Werden die Lösungsansätze aus der Vergangenheit für Probleme der Gegenwart angewendet, führt das oft zu Misserfolg oder kurzfristigen Lösungen. Das wiederum bedeutet neue Probleme und eine Intensivierung der Anstrengungen, womit der Misserfolg noch deutlicher wird und sich das ursprüngliche Problem verschärft. Dieser Schritt entspricht auf der Übersicht (Seite 203) dem Pfeil der *Sofort-Lösung* von ① nach ⑦. Ein Teufelskreis, der oft dadurch »gelöst« wird, dass die Lehrerinnen und Lehrer gemeinsame (Schulentwicklungs-)Aktivitäten meiden und sich in die Rolle des/der Einzelkämpfers/Einzelkämpferin in der Klasse zurückziehen, um ihren Unterricht »solo« zu verbessern, auf die Vertrautheit *Ich und meine Klasse* bauend.

Dieser Schritt lässt sich mit dem vergleichen, den Hartmut von Hentig dem »Verbessern« von Schule zuschreibt: Schule so, wie sie ist, noch besser machen. Verbessern »setzt einen bleibenden Maßstab voraus, den die Wirklichkeit – also die Erscheinungen oder Phänomene – nie erreicht, dem sie sich nur annähert. Darum kann und muss die Schule wie jede andere Institution ständig verbessert werden. Was die Bestimmung der Schule ist, wird dabei als bekannt vorausgesetzt … Verbessern ist beinah das Gegenteil von Verändern, es bringt die Institution sich selber und ihrem Zweck näher.« (Hentig 1993, 169)

Real-Situation

Problemstellungen im Bereich Schule sind meist sehr komplex, weil die Erziehungs- und Bildungsarbeit immer im Spannungsfeld zwischen Bewahren und Verändern abläuft (vgl. Schratz 1996, 23f.) und daher auch die angestrebten Lösungen immer im Netz unauflöslicher Widersprüche verstrickt bleiben. Hilfreich für die Einschätzung der Realsituation ist es, sich ein komplexes Bild vom »Problem« zu machen, wofür folgende Fragestellungen hilfreich sein können:

- Woran äußert sich das Problem (wiederholt)?
- Welche Reaktionen treten (wiederholt) auf?
- Welche Fakten liegen über die Problemstellung vor?
- Wer ist davon betroffen? Wer ist aktiv/passiv daran beteiligt?
- Wie sind die Kompetenzen, Rollen, Verantwortlichkeiten verteilt?
- Wie gehen die Beteiligten/Betroffenen miteinander um?
- …

Die Beantwortung dieser Fragen ermöglicht bereits eine gute Einschätzung des Problemraums. Aufgrund dieser Eingrenzung zeichnen sich Vorschläge für Verfahrenslösungen ab, um möglichst schnell zu den Ideal-Vorstellungen in den Lösungsraum vorzudringen. In der Organisationsentwicklung wird dieser Schritt oft *Vom IST zum SOLL* bezeichnet. Er entspricht auf der Übersicht (Seite 203) dem Pfeil der *Verfahrens-Lösung* von ② nach ⑥. Dafür werden entsprechende Organisationstechniken eingesetzt, die dazu beitragen sollen, die bisherige Praxis zu verändern.

Dieser Schritt lässt sich mit dem vergleichen, den Hartmut von Hentig dem »Verändern« von Schule zuschreibt: »›Verändern‹ ist oft die Folge von ›Verbessern‹, wenn sich nämlich herausstellt, dass für das Gut-Sein oder Gut-Werden eigentlich ganz andere Voraussetzungen geschaffen werden müssen.« Diese neuen Voraussetzungen sind derzeit einerseits die gesellschaftlichen Veränderungen, die neue Herausforderungen an die Schule stellen, andererseits auch die strukturellen Veränderungen innerhalb des Schulwesens aufgrund der zunehmenden Autonomisierung des Schulstandorts. Da die alten Handlungsmuster nicht mehr »greifen«, muss sich die Schule diesen neuen Voraussetzungen anpassen. Für Hartmut von Hentig ist diese Anpassung eigentlich »ein Versuch, durch Veränderung zu Grundverhältnissen zukommen, innerhalb derer wieder Verbesserung möglich ist, die tägliche Arbeit an der guten Schule an Stelle der täglichen Überwältigung durch widrige Umstände« (Hentig 1993, 170).

Hintergrund

Hinter der angeführten Problemdarstellung liegen bestimmte Grundsätze und Wertvorstellungen. Sie bilden sozusagen jeweils die Brille, durch die das wahrgenommen wird – wobei unterschiedliche Beteiligte durchaus unterschiedliche Brillen tragen können! Um grundsätzliche Lösungsorientierung anzustreben, geht es darum, unter die Oberfläche des sichtbaren Teils des Eisbergs (Problem und Real-Situation) zu gehen und die Ebene der »Glaubenssätze«, der Wertvorstellungen und Leitbilder, welche das Handeln der einzelnen Personen(gruppen) bestimmt, zu erkunden. Sie wirken wie unausgesprochene Regeln, die jede/r weiß und nach denen sich alle ausrichten, ohne dass sie explizit vermittelt werden. Solche informelle Regeln können die Kultur an einer Schule in hohem Maß beherrschen und wirken sich dementsprechend auch auf die Schulentwicklungsarbeit aus. Im Bereich Schule findet sich beispielsweise oft der Grundsatz »alle sind gleich«, d.h., Lehrerinnen und Lehrer vermeiden es, zu viel Engagement zu zeigen, um nicht den »Mythos der Gleichheit« zu durchbrechen (etwa dadurch, dass sie über die Unterrichtszeit hinaus an der Schule für Teamsitzungen zur Verfügung stehen).

Bei diesem Schritt geht es darum, die handlungsleitenden Grundsätze, die Wertvorstellungen und Leitbilder, die Glaubenssätze und (heimlichen) Regeln kennen zu lernen. Das ist nicht immer leicht, weil hier der Bereich der »Mikropolitik« von Schule berührt wird, d.h. die Dynamik der Einzelinteressen, welche das Geschehen in einer Organisation bestimmen. Hierbei ist es wichtig, dass diese Interessen ernst genommen werden, da sie die ureigenen Motivationen von Menschen sind, sich für eine Sache einzusetzen. Dass diese Interessen unterschiedlich sind, liegt in der Natur des Menschen: Interessenkonflikte sind ja meistens die Ursache für Probleme in Schulen (z.B. unterschiedliche Vorstellungen von Erziehung, Unterricht, Disziplin und Ordnung etc.). Wenn die zugrunde liegenden Wertvorstellungen thematisiert werden, besteht am ehesten die Chance, sich neu zu orientieren.

Überprüfung der Grundsätze

In dieser Phase, dem unteren Ende des U, erfolgt der wichtige Schritt des »Neu-denkens« von Schule, wie Hartmut von Hentig diese bedeutsame Neubestimmung bezeichnet. Es geht um die Bewertung der in ③ gewonnenen Informationen zu den

Grundsätzen und Wertvorstellungen, die an der Schule (im Hinblick auf das behandelte Problem) vorherrschen. Dazu können folgende Fragen hilfreich sein:

- Welche Grundsätze haben sich bewährt?
- Welche sind unwichtig geworden?
- Welche werden künftig wichtig?
- Ist eine Neubestimmung angebracht?
- Was gewinnen und was verlieren wir?
- Was fehlt uns?

Diese Phase ist entscheidend für die weitere Arbeit. Sie ist stark von Kreativität und Fantasie geprägt, da es ja auch um Visionen, den Wunsch nach Neuem, Unbekanntem geht. Visionen weisen die Richtung, in welche die künftige Entwicklung einer Schule gehen soll. Ähnlich einem Leitstern, der einem immer wieder den Weg weist, den man gehen möchte, an dem sich das Handeln und Denken ausrichtet. Man fühlt sich sozusagen angezogen. Nicht über den Verstand, sondern über das Herz, die Sehnsucht nach etwas Neuem. Daher wird sie oft auch als sehr lustvoll empfunden.

Leitideen

Leitideen sind die Grundhaltung, nach der sich die Schule für künftige Aktivitäten am Weg in den Lösungsraum in ihren Tätigkeiten orientiert. Sie fassen das Wunschbild aus der Vision für die künftige Entwicklung zusammen und bilden eine Art gemeinsame (Veränderungs-)Philosophie. Es handelt sich bei der gemeinsamen Philosophie aber nicht um Regeln im Sinne von Anordnungen und Befehlen, sondern um die Grundhaltung und damit den Wertekonsens der Schule. »Je besser, lebendiger und durchsetzungsfähiger diese Wertekultur ist, umso kraftvoller und damit auch umsetzungsfähiger sind die indirekten Regeln, die in jeder Wertekultur enthalten sind.« (Gerken/Luedecke 1990, 156)

Ideal-Vorstellung

Hier erfolgt das grundsätzliche Einverständnis über die Ziele und strategischen Maßnahmen, die auf der Basis der (neuen) Leitideen getroffen werden sollen. Dabei können folgende Fragen hilfreich sein:

- Was wollen wir?
- Wie wollen wir das erreichen?
- Wer wird davon betroffen sein? Wer wird aktiv beteiligt?
- Wie sind die Kompetenzen, Rollen, Verantwortlichkeiten verteilt?
- Wie sollen die Beteiligten/Betroffenen miteinander umgehen?

Die Arbeit hier soll so offen sein, dass das Design für die Gestaltung des Lösungsraums auch genügend Entwicklungsmöglichkeiten lässt, da dieses den Spielraum für die Umsetzungsphase bestimmt. Peter Senge, der Autor des Bestsellers »Die Fünfte Disziplin«, sieht die Schwäche von Führungspersonen vor allem in der Rolle des Designers bzw. der Designerin. In Analogie zur Schifffahrt argumentiert er: »Niemand hat einen weiter reichenden Einfluss als der Designer oder Konstrukteur des Schiffes. Der Kapitän erteilt vielleicht die Anweisung ›Haltet jetzt dreißig Grad nach Steuerbord‹, aber es nützt ihm wenig, wenn der Konstrukteur ein Ruder gebaut hat, dass sich nur nach Backbord drehen lässt oder das sechs Stunden braucht, um sich nach Steuerbord zu drehen. Eine schlecht geplante Organisation zu leiten ist ein fruchtloses Unterfangen. Ist es nicht interessant, dass kaum ein Manager an den Konstrukteur des Schiffes denkt, wenn er über die Führungsrolle nachdenkt?« (Senge 1996, 412)

Maßnahmen

Bei der Wahl der zu treffenden Maßnahmen ist darauf zu achten, dass sie auch in die herrschende Kultur der Schule hineinpassen. Während die bisherigen Schritte am Weg vom Problemraum in den Lösungsraum sich, um die Metapher des Eisbergs wieder aufzugreifen, mit dem Teil auseinander gesetzt haben, der sozusagen unter der Wasseroberfläche liegt, gilt es, das für alle »Sichtbare«, die konkreten Schritte, die gesetzt werden (müssen), so anzusetzen, dass sie »anschlussfähig« werden. Dazu ist vor allem Transparenz und Vertrauen in das Gelingen erforderlich, ansonsten können sich gleich wieder neue Probleme ergeben, d.h., der Teufelskreis setzt sich in die andere Richtung (von ⑦ zu ①) in Bewegung! Nicht zuletzt deshalb wurde unter ❹ angeführt, dass möglichst viele in den U-Prozess eingebunden werden, die dadurch schon auf dem Weg in den Lösungsraum eingebunden sind.

❻ Konkret? (Beispiel)

Eine kirchliche Schule mit langer Tradition als Mädchenschule kämpft mit sinkenden Schülerinnenzahlen. Eine erste Analyse im Kollegium ergibt, dass sich die Schule an einem Ort befindet, an dem es zahlreiche schulische Angebote gibt, sodass das Interesse der Eltern, ihre Mädchen an eine reine Mädchenschule zu schicken, ständig sinkt. Und Jungen darf die Schule aufgrund ihrer Tradition nicht aufnehmen!

In einer ersten Reaktion wird dementsprechend als *Sofort-Lösung* angestrebt: *»Wir werden eine gemischte Schule und nehmen ab nächstem Jahr auch Jungen auf.«* (Situation verbessert, Problem gelöst!) Diese Sofort-Lösung orientiert sich an einem externen »Kundenmarkt« und der Hoffnung, wenn wir nicht mehr nur die Hälfte der »Kunden« (Mädchen) ansprechen, dann haben wir bei 100% des Marktes (Mädchen und Jungen) mehr Erfolg. Die Rechnung geht allerdings nicht auf, denn ein

Teil der Schülerinnen besucht diese Schule gerade deshalb, weil sie eine Schule nur für Mädchen ist. Diesen Anteil an Schülerinnen würde die Schule dann voraussichtlich verlieren. Darüber hinaus steigt in Mädchenschulen erfahrungsgemäß der Anteil an Jungen nur geringfügig, wenn Mädchenschulen zu gemischten Schulen werden.

Bei einer Analyse der *Real-Situation* kommen andere Details und Blickwinkel dazu. Die Schule besteht schon lange, das Gebäude ist veraltet, das Kollegium identifiziert sich wenig mit der Schule, die Unterrichtsfächer gehen nicht über das Standardangebot hinaus, die Schule wird als altmodisch wahrgenommen, weil sie heute noch immer »nur eine Mädchenschule« ist. Als *Verfahrens-Lösung* bietet sich an: Die Gebäude renovieren, neue Fächer aufnehmen, interessanteres Lehrangebot aufbauen, das altmodische Bild der Mädchenschule ersetzen und koedukativ werden (Schule verändern, Problem gelöst!).

Was ist eine Mädchenschule? Ist sie eine Schule ohne Jungen? Oder ist sie eine Schule für Mädchen? In einem längerfristigen Schulentwicklungsprozess wird dieser Frage im Kollegium nachgegangen. Einige Lehrerinnen sind stolz darauf, dass diese Schule ein Ort der Bildung für Mädchen ist, andere fühlen sich nicht sehr glücklich in der Situation, »nur« Mädchen unterrichten zu »müssen«. Sie haben das Gefühl, dass ihre Schule in den Augen der Kolleginnen und Kollegen anderer Schulen nicht für gleichwertig gehalten wird. Wieder andere finden, dass Jungen leichter zu unterrichten wären, dass sie für viele Fächer mehr Interesse haben würden als die Mädchen dieser Schule.

Erst wenn der *Hintergrund* dieser *persönlichen Grundsätze und Wertvorstellungen* der Beteiligten zum Vorschein kommen kann, wenn die persönliche Position und Positionierung der Einzelnen real und bewusst wahrgenommen wird und von da aus weitergedacht, entwickelt wird, können sich daraus neue *Leitideen*, neue *Idealvorstellungen* und *Maßnahmen* entwickeln. Das heißt, wenn sich die Lehrerinnen und Lehrer dieser Schule mit ihren divergierenden Vorstellungen und Konzepten von Bildung, von einer Schule »nur für« bzw. »für Mädchen« konfrontieren, incl. ihren persönlichen Ängsten und Vorbehalten dahinter, besteht die *Chance*, dass gemeinsam getragene und wirkungsvolle Lösungen entstehen. Dann setzt am ehesten ein Prozess ein, der es ermöglicht, *Schule neu zu denken*. Dieser Prozess führt am ehesten dazu, dass Inhalte, Angebote, Vermittlungsformen und Selbstverständnis der Lehrenden an ihrer Schule so »authentisch« sind, dass die Außenwirkung genauso überzeugend wie das innere Selbstverständnis sein wird und sinkende Schüler/innenzahlen der Vergangenheit angehören – unabhängig davon, ob die Schule weiterhin eine Mädchenschule sein oder aber koedukativ geführt werden wird.

❼ Mehr dazu? (Literatur)

Gamber, Paul: Ideen finden, Probleme lösen. Weinheim: Beltz 1996.

Gerken, Gerd/Luedecke, Gunther A.: Die unsichtbare Kraft des Managers. Die Bedeutung des Inner-Managements für den äußeren Erfolg. Düsseldorf: Econ 1990.

Glasl, Friedrich/Houssaye, L. de la (Hrsg.): Organisationsentwicklung. Stuttgart. Klett 1975.

Gruntz-Stoll, Johannes: Probleme mit Problemen: Ein Lei(d)tfaden zur Theorie und Praxis des Problemlösens. Dortmund: Borgmann 1994.

Gruntz-Stoll, Johannes/Thommen, Beat: Einfach verflixt, verflixt einfach: Paradoxe Situationen – Paradoxe Interventionen. Dortmund: Borgmann 1997.

von Hentig, Hartmut: Die Schule neu denken. München: Hanser 1993.

Krüger, W./Ebeling, F.: Psychologik: Topmanager müssen lernen, politisch zu handeln. In: HARVARDmanager (1991) 2, S. 47–56.

Probst, Gilbert/Gomez, Peter: Die Praxis des ganzheitlichen Problemlösens. Bern: Haupt 1997.

Senge, Peter: Die Fünfte Disziplin: Kunst und Praxis der lernenden Organisation. Stuttgart: Klett-Cotta 1996.

❽ Womit? (Instrumente)

U-Prozedur (S. 203)

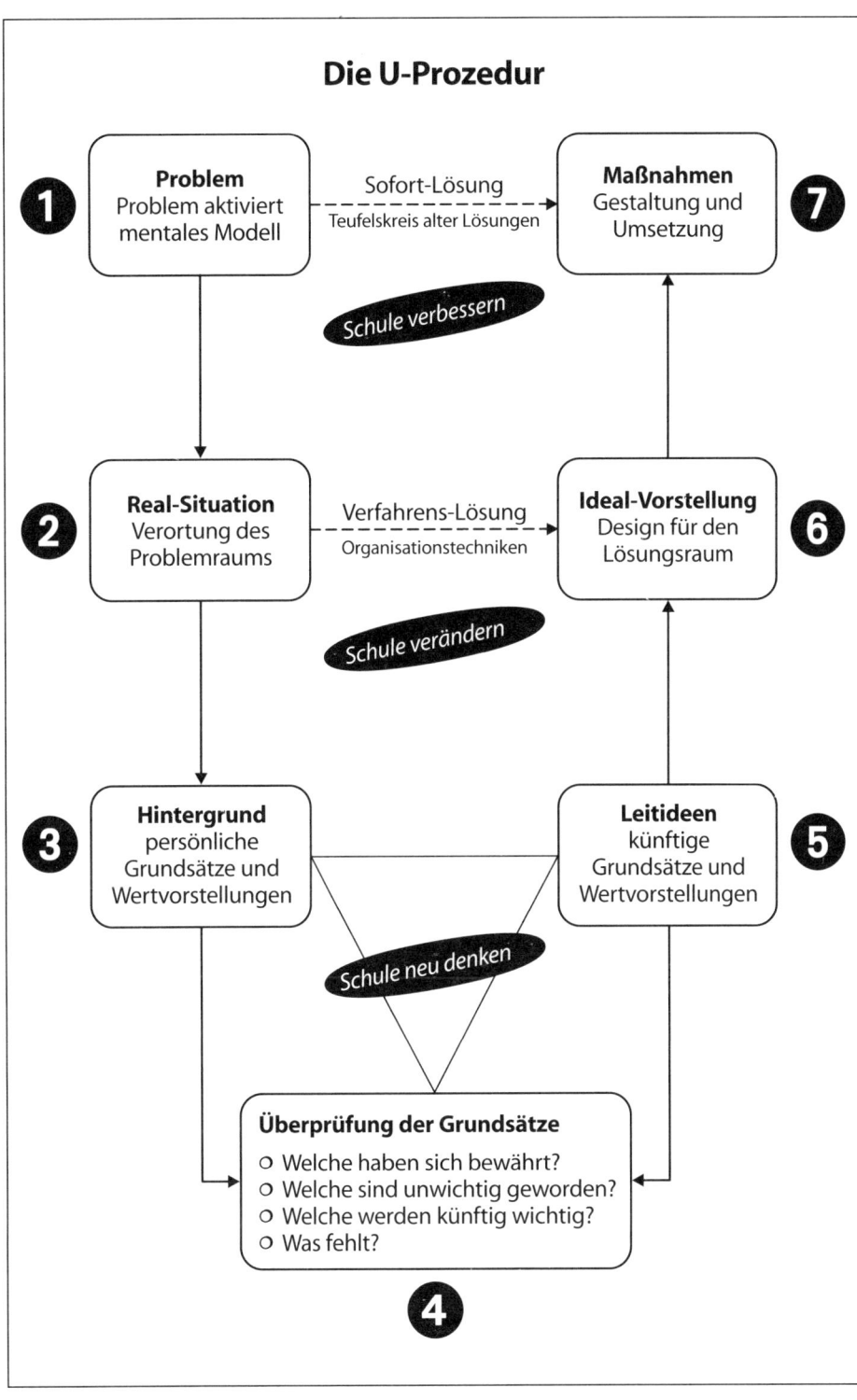

Die U-Prozedur

1 **Problem**
Problem aktiviert
mentales Modell

Sofort-Lösung
Teufelskreis alter Lösungen

Maßnahmen
Gestaltung und
Umsetzung **7**

Schule verbessern

2 **Real-Situation**
Verortung des
Problemraums

Verfahrens-Lösung
Organisationstechniken

Ideal-Vorstellung
Design für den
Lösungsraum **6**

Schule verändern

3 **Hintergrund**
persönliche
Grundsätze und
Wertvorstellungen

Leitideen
künftige
Grundsätze und
Wertvorstellungen **5**

Schule neu denken

Überprüfung der Grundsätze
o Welche haben sich bewährt?
o Welche sind unwichtig geworden?
o Welche werden künftig wichtig?
o Was fehlt?

4

Q 11 Konferenzen effektiver gestalten

Auf einen Blick

❶	**Was?**	Konferenzgestaltung
❷	**Wozu?**	Miteinander organisieren
❸	**Wann gelingt's?**	Rückmeldung, Transparenz
❹	**Wer?**	Kleine Evaluationsgruppe
❺	**Wie?**	Beobachtung des Konferenzablaufs
❻	**Konkret?**	Tagesordnung, Konferenzfeedback
❼	**Mehr dazu?**	Literatur
❽	**Womit?**	Checklisten

❶ Was? (Zielstellung)

Schulkonferenzen leiden oft darunter, dass sie im Hinblick auf das erwartete Ergebnis unzureichend vorbereitet sind, dass die Steuerung in der Hand einer einzigen Person liegt, dass der äußere Rahmen für lebendige Prozesse der Kommunikation und Kooperation wenig förderlich und bei den Beteiligten wenig Know-how über Methoden der Prozessgestaltung vorhanden ist. Die Konferenzgestaltung selbst wird selten evaluiert, um aus deren Analyse entsprechende Konsequenzen ziehen zu können.

Konferenzen werden aus Lehrersicht aufgrund des Zeitaufwands und der routinisierten Abläufe oft als lästige Verpflichtung erlebt. Die Schulleitung, für welche die Schulkonferenz ein wichtiges Instrument der Regelung des Schullebens darstellt, beklagt sich oft über das geringe Interesse und die geringe Beteiligung am Konferenzablauf. Die Verantwortung für das Gelingen einer Konferenz ist an die Schulleitung delegiert, weshalb bei ihr oft der Frust über die als öde, bürokratisch, zeitraubend und unproduktiv empfundene Konferenzgestaltung abgeladen wird – oft wird die Kritik auch nur hinter vorgehaltener Hand geäußert.

Durch die Autonomisierung des Schulwesens erhält die Konferenz als Steuerungsinstrument für die Entwicklung der Schule mehr Bedeutung. Pädagogische Konferenzen werden dabei zum Ort der lebendigen Kommunikation und Kooperation, wenn – etwa bei der Erstellung eines Schulprogramms – entscheidende Weichen für die Zukunft der Schule gestellt werden sollen. In Veränderungsprozessen kann sie zum Marktplatz der Entwicklung werden, wenn es das Kollegium vermag, aus einem ermüdenden Dauerplenum eine lebendige, kreative und ergebnisreiche Konferenzdramaturgie zu machen.

❷ Wozu? (Herausforderung)

Da in der Schule das ganze Kollegium an Entscheidungen direkt beteiligt ist, ist die Konferenzorganisation in der üblichen Struktur überfordert. Es sind daher Veränderungen in den Kooperations- und Beteiligungsformen erforderlich, um das Engagement, d.h. die aktive Einflussnahme und die Veränderungsbereitschaft des Kollegiums, zu ermöglichen. Aus systemischer Sicht von Schule und deren Entwicklung ist eine Verbesserung der Zusammenarbeit im Lehrerkollegium eine Aufgabe aller, wozu sie aber auch die Möglichkeit zur aktiven Einflussnahme haben müssen. Darüber hinaus sind aber auch die Fähigkeiten für die erfolgreiche Dramaturgie einer Schulkonferenz zu erwerben. Dazu gehören u.a.:

- *eine intensive Vorbereitung:*
  - Erarbeitung des Designs durch ein Vorbereitungs-(Konferenz-)Team,
  - thematische Aufbereitung der Inhalte (Sichtung, Gewichtung, Standortbestimmung),
  - *Briefing* (Kurzberichterstattung) durch Information an relevante Kontaktpersonen (*wer muss was vorbereiten?*),
  - Festlegung der Arbeitsformen (Moderationsform, Gruppenaufträge etc.),
  - Vorbereitung einer Tischvorlage (Ablaufplan, Zeitleiste, methodische Hinweise etc.);
- *eine sach-* und *personorientierte Moderation:*
  - Effiziente, aber dennoch persönlich ansprechende Form der Gesprächsleitung,
  - Klärung der inhaltlichen Ziele und Rückkoppelung mit Konferenzmitgliedern,
  - professioneller Umgang mit der vorgegebenen Zeitstruktur (trotz stringenter Abwicklung auch für Atmosphärisches sensibel sein),
  - Klarheit in den getroffenen Entscheidungen schaffen (nicht nur Mehrheiten durchsetzen, sondern auch Minderheitenvoten ernst nehmen),
  - Umsetzung der Beschlüsse sicherstellen (Verbindlichkeit schaffen, Aktionspläne erstellen …);
- *eine ergebnissichernde Auswertung:*
  - Reflexion der Konferenzgestaltung im (Konferenz-)Team (evtl. Evaluationsraster → ❽),
  - Auswertung der Ergebnisse (Entscheidungen und Beschlüsse),
  - Sicherstellung der Umsetzung (Bindung der Aktionspläne an Personen bzw. Teams),
  - Konsequenzen für Folgekonferenz(en) formulieren.

❸ Wann gelingt`s? (Förderliche Bedingungen)

Strukturen, die über Jahre in einer bestimmten Form gewachsen sind, können nicht von heute auf morgen verändert werden. Sie bieten in gewisser Weise auch Sicherheit, was eine wichtige Voraussetzung für eigenständiges Handeln darstellt. Daher können zu rasche Eingriffe in das bisher übliche Konferenzdesign auch zu Verunsicherung, Abwehr und gegenläufiger Solidarisierung führen, wie das z.B. ein Schulleiter erlebte, als er die in einem Fortbildungsseminar gewonnenen Erfahrungen umsetzen wollte. Zur »Stärkung des Wir-Gefühls« an der Schule führte er gleich bei der nächsten Konferenz den Sitzkreis (anstatt der gewohnten Tischaufstellung in U-Form) ein, was bei den Lehrerinnen und Lehrern zu einer noch größeren Distanz führte, als sie im alten Sitzarrangement vorgeherrscht hatte …

Daher sollten sich mit dem ersten Schritt zur Veränderung von eingespielten Abläufen bei der Durchführung von Konferenzen möglichst viele Mitglieder des Kollegiums identifizieren. Dies ist etwa dann der Fall, wenn »Belege« für die Unzufriedenheit mit der bisherigen Durchführung gesammelt und diskutiert werden auf der Grundlage einer Checkliste (siehe ❽). So lassen sich Neuerungen anbahnen, die zunächst von einem kleinen Team, dann aber von der Gesamtkonferenz getragen werden.

❹ Wer? (Personen)

Die Evaluation der Konferenzgestaltung sollte dem ganzen Kollegium ein Anliegen sein, allerdings sind die ersten Schritte für Veränderungen – besonders in großen Kollegien – aufgrund der flachen Hierarchie schwer in der Gesamtgruppe zu leisten. Daher empfiehlt es sich, wie bereits erwähnt, mit einer kleinen Zahl von Konferenzmitgliedern zu beginnen, welche eine bestimmte Evaluationsaufgabe übernehmen; am besten beim Aushang der Tagesordnung eine Liste dazuhängen, auf der sich Interessentinnen und Interessenten für die Konferenzbeschreibung und -beurteilung melden! Wenn sich im Vorhinein keine Freiwilligen melden, kann der Rückgriff auf bestehende Strukturen sinnvoll sein. Es ist nicht ratsam, erst am Beginn der Konferenz mit der Frage nach freiwilligen Evaluatorinnen und Evaluatoren zu beginnen; die betreffenden Personen sollten sich vorher absprechen, um ihre Beobachtungen möglichst gezielt vornehmen zu können.

❺ Wie? (Durchführung)

Die Schulleitung hängt rechtzeitig die Tagesordnung für die Konferenz aus und fügt einen Hinweis bei, dass einerseits Beitragswünsche für spezielle Tagesordnungspunkte bis spätestens eine Woche vorher, Änderungswünsche für die Tagesordnung bis zwei Tage vor der Konferenz eingebracht werden müssen, andererseits dass sie die Wirksamkeit der Konferenz evaluieren möchte. Dazu sucht sie vier Freiwillige aus dem Kollegium, welche den Ablauf anhand einer Checkliste beobachten und die Konferenz mit ihr gemeinsam auswerten. (Falls sich niemand freiwillig meldet, spricht die Schulleitung noch vor der Konferenz vier Kollegiumsmitglieder an und bittet sie, beim ersten Evaluationsversuch diese Aufgabe zu übernehmen.) Sie erhalten die beiden Checklisten 1 und 2 (siehe ❽), welche ihnen als Grundlage für die teilnehmende Beobachtung dienen. (Sie können problemlos an die jeweilige Situation angepasst werden.) Bei vier beobachtenden Mitgliedern ist eine Aufteilung in Tandems zielführend, die jeweils eine Checkliste übernehmen (»Wer …?« und »Wie …?«). Vor Beginn der Konferenz sprechen sich die beiden Tandems ab, auf welche Weise sie Antworten auf die einzelnen Fragen erhalten können.

Zu Beginn der Konferenz weist die Schulleitung auf die Durchführung der Evaluation hin, Begründung: Hoffnung auf größere Effizienz und auf mehr Zufriedenheit im Kollegium. Die beiden Beobachtungs-Tandems werden kurz vorgestellt und skizzieren, was ihr Schwerpunkt bei der Beobachtung sein wird. Die Schulleitung weist darauf hin, dass alle Mitglieder des Kollegiums eingeladen sind, bei der Auswertung der Checklisten und vor allem bei der Planung der nächsten Konferenz auf der Basis der gewonnenen Erkenntnisse mitzuarbeiten. Diese Einladung wird am Ende der Konferenz nochmals ausgesprochen und ein Termin dafür bekannt gegeben.

10 Tipps für die Konferenzgestaltung

1) Informieren Sie bereits vor Konferenzbeginn jene Personen, welche bei einzelnen Tagesordnungspunkten eine tragende Rolle spielen (sollen), damit sie sich entsprechend vorbereiten (»*ownership*«).
2) Formulieren Sie die Ziele, die mit der Konferenz (bzw. einzelnen TOP-Punkten) erreicht werden sollen. (Welche zeitlichen, sachlichen, personellen Möglichkeiten stehen überhaupt zur Verfügung?)
3) Minimieren Sie in der Vorbereitung die Zeit für das Gesamtplenum! Was lässt sich anders an alle vermitteln? Was kann bereits vorher (außerhalb der Konferenz oder durch jemand anderen) erledigt werden?
4) Eröffnen Sie die Konferenz mit einer Visualisierung (Übersicht, Schwerpunkte, Zielstellung u.Ä.), die bereits am Anfang zur Transparenz und Identifikation beitragen soll.
5) Verwenden Sie unterstützende Medien, wenn Sie die Meinung von möglichst vielen Mitgliedern kennen lernen wollen (Moderationskarten, Flipchart u.a.m.).
6) Delegieren Sie die Moderation einzelner Tagesordnungspunkte, um Verantwortung zu verteilen und Identifikation zu stärken.
7) Halten Sie sich an den vereinbarten Zeitplan, halten Sie aber nicht starr daran fest, wenn es »Störungen« gibt: Achten Sie auf die Kommunikation auf der Beziehungsebene! (Was »sagt« die Person außer dem Inhaltlichen noch?)
8) Setzen Sie – wie im Unterricht – flexible Methoden ein (Partnergespräch, Kleingruppenarbeit, Blitzlicht, Kurzinfos auf Moderationskarten).
9) Verwenden Sie bei der Meinungsbildung Klebepunkte auf einer gemeinsamen Vorlage. (Das Aufstehen bringt Bewegung in die Gruppe und das gemeinsame Ergebnis schafft Transparenz.)
10) Sichern Sie die Ergebnisse durch das Festhalten von Terminvorgaben und Verantwortlichkeiten etc.

Nach Beendigung der Konferenz tauschen zunächst die beiden Tandems ihre Beobachtungen jeweils intern aus und stimmen gegebenenfalls ihre Erfahrungen ab. Wo sie noch nicht während der Beobachtung Kommentare anfügen konnten, ergänzen sie sie in dieser Phase. Wenn sie bereits Vorschläge haben bzw. auf mögliche Konsequenzen hinweisen wollen, fügen sie diese ebenfalls in die Checkliste ein. Darauf erfolgt eine Aussprache der beiden Tandems mit der Schulleitung (und gegebenenfalls anderen Interessierten, die sich dafür gemeldet haben). In diesem Gespräch werden die Aufzeichnungen ausgetauscht und vor allem Konsequenzen für die Vorgangsweise bei der künftigen Konferenzen vorgeschlagen. Die Beobachterinnen und Beobachter werden Mitglieder der Vorbereitungsgruppe der nächsten Konferenz, um aufgrund der mit der Evaluation gemachten Erfahrungen entsprechende Vorschläge umzusetzen.

❻ Konkret?(Beispiele)

Die Schulleitung einer großen Schule bereitet mit einem Konferenzteam die Pädagogische Konferenz vor und erstellt dazu folgende Tagesordnung (siehe S. 209).

Die vorgesehenen Zeiten können großteils eingehalten werden. Am Schluss der Konferenz (TOP 9) wird ein Feedbackbogen[1] an alle Konferenzmitglieder ausgeteilt und von diesen zum Abschluss ausgefüllt (siehe S. 210).

---

1   Wir danken Maria Haindl, BG/BRG Stainach, dass sie uns diesen Feedbackbogen zur Verfügung gestellt hat.

Tagesordnung

für die Pädagogische Konferenz am … um 14.00 Uhr

WAS?	WER?	ZEIT
1. Eröffnung und Begrüßung	Dir.	3 min
2. Schulentwicklung aktuell Vertreter/innen der drei Arbeitsgruppen berichten über: Mitarbeiter/innen Ziel Erste Arbeitsergebnisse	Br, Ha, Se	15 min
3. Mitteilungen des Direktors	Dir.	20 min
4. Mitteilungen des Administrators Allgemeine Mitteilungen Arbeitsplan des 1. Semesters	Ha	15 min
5. Autonome freie Tage im Schuljahr Information Diskussion und Konferenzbeschluss	Ra	5 min 15 min
6. »Sponsorentage« (z.B. Schitag über Fa. X.) Vorschlag (und Abstimmung darüber) – Delegation an den SGA	La, Br	5 min
Pause		20 min
7. »Schülerverhalten in der Schule und in der Öffentlichkeit« Pädagogischer Hauptpunkt der Konferenz Information Präsentation bereits eingegangener Vorschläge für Maßnahmen Gruppenarbeit zu b) (Gruppenmoderation und Schriftführung) Diskussion der Gruppenergebnisse und Beschluss von Maßnahmen	Gl, Fu Im, Ig Fn	5 min 5 min 40 min 25 min
8. Wünsche, Beschwerden und Anfragen, die von allgemeinem Interesse sind	Fn	7 min
9. Feedback Vorstellung des Feedback-Instruments Ausfüllen der Feedback-Vorlage	Th	2 min 8 min

Dauer: 190 min

Ende der Konferenz: 17.10 Uhr

Vorbereitungsteam: Fn, Th, Gl, Br, dir.

Protokollführung: La

Moderation: Br

ACHTUNG!
Änderungswünsche zu dieser Tagesordnung mögen bitte bis spätestens Montag, …, 8.45 Uhr bei Br deponiert werden!

Konferenzfeedback

.... Konferenz am: ....

Ihre Beurteilung, bitte!

Wir haben uns bemüht, ein neues Konzept für Ablauf und Inhalt von Konferenzen zu erstellen. Die Teilnahme an Konferenzen ist verpflichtend und sollte daher für die Teilnehmer/innen vom Ablauf her abwechslungsreich und bezüglich der Informationen Gewinn bringend sein. Ob es uns gelungen ist, dieses Ziel zu erreichen, möchten wir gerne von Ihnen wissen.
Ordnen Sie Ihr Urteil zwischen den beiden Polen ein und kreuzen Sie dort an, wo Sie glauben, dass es für Sie persönlich zutrifft.

1. Sind Ihre Erwartungen in diese Konferenz erfüllt worden?
   vollständig   1 2 3 4 5   überhaupt nicht

2. Entsprach die Zeiteinteilung Ihren Vorstellungen?
   vollständig   1 2 3 4 5   überhaupt nicht

3. Vermissten Sie wichtige Themen, die nicht zur Sprache kamen?
   nein, keine   1 2 3 4 5   ja, viele

   Wenn ja, welche?

   ....

4. Welchen Programmpunkt fanden Sie besonders gut?

   ....

5. Welchen Programmpunkt fanden Sie besonders schlecht?

   ....

6. Zum Abschluss bitten wir Sie um eine Gesamtbewertung der Konferenz.
   ausgezeichnet   1 2 3 4 5   miserabel

Wir danken herzlichst für die Mühe!
Ihre Antworten tragen dazu bei, die Konferenzgestaltung zu verbessern.

Die Ergebnisse dieser Kurzbefragung unmittelbar am Konferenzende werden vom Vorbereitungsteam ausgewertet. Die Ergebnisse bringen u.a. kritische Anmerkungen aus der Perspektive einiger Konferenzteilnehmerinnen und -teilnehmer, was eine intensive Auseinandersetzung mit Möglichkeiten und Grenzen lebendiger Konferenzkultur ins Rollen bringt. Um Anregungen für die künftige Arbeit zu erhalten, fordert die Schule beim Pädagogischen Institut eine externe Beratung an, die ihr bei der Vorbereitung, Durchführung und Auswertung der nächsten pädagogischen Konferenz zur Verfügung stehen soll.

❼ Mehr dazu? (Literatur)

Philipp, Elmar: Teamentwicklung in der Schule. Konzepte und Methoden. Weinheim und Basel: Beltz 1996, S. 47ff.

Pieper, Andreas/Schley, Wilfried: Viele Wege führen nach Rom: Planungsschritte für pädagogische Konferenzen. In: Pädagogik (1991) 1, S. 4–9.

❽ Womit? (Instrumente)

Checkliste 1 für Konferenzgestaltung (S. 212)
Checkliste 2 für Konferenzgestaltung (S. 213)

Checkliste 1 für Konferenzgestaltung

Wer	nie-manc	Schul-leiter/in	Mitglieder des Kollegiums (wer?)	weshalb (gerade diese Person/en?)	Kommentar und Konsequenzen
bereitet die Konferenz vor?					
erstellt die Tagesordnung?					
eröffnet?					
protokolliert?					
moderiert?					
trifft Entscheidungen?					
schaut auf das Einhalten der Zeit?					
sorgt für eine förderliche Atmosphäre?					
achtet darauf, dass alle gehört werden?					
fasst zusammen und schafft Klarheit?					
sorgt für die Umsetzung der Ergebnisse?					
verhindert eine effiziente Durchführung?					
setzt seine/ihre Interessen durch?					

Beobachter/innen: _____

Datum: _____

Checkliste 2 für Konferenzgestaltung

Wie …	Kommentar und Konsequenzen
förderlich sind die Arbeitsweisen für die Produktivität der Konferenz?	
wird die Aufmerksamkeit während der Sitzung gefördert?	
werden die Interessen der Schüler/innen und Eltern vertreten?	
wird dafür gesorgt, dass die Ergebnisse umgesetzt werden?	
wird mit Störungen umgegangen?	
wird mit Kritik am Konferenzablauf umgegangen?	
unterscheiden sich Äußerungen von Kolleginnen und Kollegen?	
Sonstiges:	

Beobachter/innen: _____ Datum: _____

Q 12 Entscheidungen argumentieren

Auf einen Blick

❶ **Was?**   Entscheidungsprozesse bewusst einsetzen
❷ **Wozu?**   Autonomie braucht Entscheidungen
❸ **Wann gelingt's?**   Entscheidungskultur schaffen
❹ **Wer?**   Von der Entscheidung Betroffene
❺ **Wie?**   Entscheidungskaskaden
❻ **Konkret?**   Offenes Lernen im Team einführen
❼ **Mehr dazu?**   Literatur
❽ **Womit?**   Checkliste, Q-Sort

---

❶ Was? (Zielstellung)

Da Schulen die Möglichkeit erhalten, innerhalb des vorgegebenen Rahmens schulautonom Maßnahmen selbst zu treffen, werden vermehrt Entscheidungen über das Schulgeschehen an die Basis »delegiert«. Dadurch ergeben sich nicht nur neue Aufgaben für das Schulmanagement, sondern auch die Mitbestimmungsgremien werden aufgewertet, indem sie wichtige Weichen für die Zukunft stellen können. Eine demokratische Einrichtung dieser Art kann aber nur dann ihrer Aufgabe voll gerecht werden, wenn im Vorfeld von endgültigen Entscheidungen die im Mitbestimmungsgremium vertretenen Personengruppen in die Entscheidungsprozesse eingebunden werden. Die Einigung auf eine von möglichst vielen mitgetragene Entscheidung bedarf eines Beteiligungsprozesses, der eine lebendige Mitbestimmung ermöglicht.

❷ Wozu? (Herausforderung)

Aufgrund der an den meisten Schulen vorhandenen »flachen« Hierarchie (im Regelfall Schulleiter/in und Kollegium) werden viele Personen auf der gleichen Ebene in Entscheidungen eingebunden. Dies ist Vorteil und Nachteil zugleich: Einerseits können und sollen alle mitbestimmen, andererseits werden die Entscheidungsverfahren sehr kompliziert und damit zeitaufwendig.

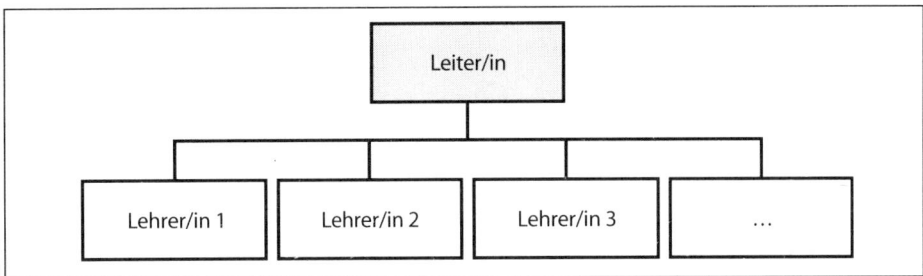

Wenn es in einem größeren Kollegium aus irgendwelchen Gründen zu einem Zeitpunkt nicht möglich ist, einen Entscheidungsprozess so auszubalancieren, dass alle einbezogen sind, kommen Emotionen ins Spiel, die sich negativ auf das Arbeitsklima auswirken können. Etwa wenn die Physiklehrer/innen als autonome Maßnahme zwei zusätzliche Wochenstunden für »Laborunterricht« beanspruchen möchten, um den Schülerinnen und Schülern die Möglichkeit der praktischen Umsetzung physikalischer Inhalte zu geben: Wollen sie dieses Anliegen umsetzen, benötigen sie zwei Wochenstunden aus anderen Fächern. Wenn es hier zu früh zu einer Entscheidung durch Abstimmung kommt, kann es zu Enttäuschungen und Frustrationen kommen, sei es, dass in anderen Fächern die üblicherweise vorgesehene Stundenzahl verringert werden muss oder dass die Physiklehrer/innen ihr Anliegen nicht »durchkriegen« und die anderen als unkollegial empfinden. Daher sind zum Umgang mit Entscheidungssituationen Formen zu finden, welche eine ausgewogene Dynamik zwischen Inhalt und Beziehung ermöglichen.

❸ Wann gelingt's? (Förderliche Bedingungen)

Jede Entscheidung kostet Energien. Je weniger Kraft und Zeit zur Verfügung stehen, desto schwieriger ist es, über etwas zu entscheiden, d.h., unter verschiedenen Möglichkeiten auszuwählen bzw. abzuwägen, um die Alternativen werten und gewichten zu können. Daher sollte im Rahmen von Schulentwicklung genügend Zeit zur Verfügung stehen, wenn wichtige Entscheidungen getroffen werde. Ein pädagogischer Tag beispielsweise bietet eine gute Möglichkeit, sich mit der Vielschichtigkeit von Entscheidungsprozessen zu befassen. In manchen Fällen kann es hilfreich sein, eine externe Unterstützung als »kritische/n Freund/in« von außen beizuziehen, die bei der Moderation hilft.

❹ Wer? (Personen)

Ein wichtiges Prinzip besteht darin, dass möglichst alle Schulpartner/innen, die von der Entscheidung betroffen sein können, anwesend und in die Entscheidungsfindung eingebunden sind. Bei der Entscheidung über schulautonome Maßnahmen soll eine kreative Kooperation zwischen allen Beteiligten zustande kommen. Wer A (für *Autonomie*) sagt, muss als Schulleitung auch für B (für *Beteiligung*) sorgen. Macht sich ein Kollegium auf den Weg, um ein Schulprogramm zu erstellen, an dem die Schülerinnen und Schüler, die Elternschaft und sonstige Anspruchsberechtigte nicht mitgedacht werden, kann sie ihre wichtigsten Bündnispartner in der Umsetzung verlieren, welche nicht zuletzt im Zuge der Autonomisierung des Schulwesens eine zunehmend wichtigere Rolle spielen werden. Die Beteiligung bei der Erstellung eines Schulprogramms ergibt sich beispielsweise aus vier Einflüssen, die in V 11, S. 86, aufgeführt sind.

❺ Wie? (Durchführung)

Wenn eine Schule noch keine konkreten Vorhaben für die Formulierung von Zielsetzungen hat, welche die gemeinsame Arbeit in den nächsten Jahren bestimmen sollen, kann es hilfreich sein, sich mit wünschenswerten Kriterien dafür auseinander zu setzen. Wird diese Fragestellung in einer offenen Diskussion zu bearbeiten versucht, kann es zu langwierigen Auseinandersetzungen kommen, ohne dass sich eine befriedigende Lösung ergibt. In diesem Fall kann es nützlich sein, auf Erkenntnisse aus der Schulqualitätsforschung zurückzugreifen, die in ❽ in 66 Aussagen zur »guten Schule« zusammengefasst sind (Q-Sort). Sie können helfen, eine Entscheidungsfindung an der eigenen Schule zu reflektieren. Damit die Diskussion möglichst strukturiert verläuft, werden die Argumente auf einzelnen Kärtchen präsentiert und im Laufe der Auseinandersetzung an der Schule in eine Prioritätenreihung gesichtet. Sie sind so zusammengestellt, dass sie zur leichteren Handhabung ausgeschnitten werden können.

Ablaufschritte

1) Alle, die mitmachen, erhalten je eine Kopie aller 70 Karten (siehe ❽), wobei sie die letzten (leeren) Kärtchen selbst noch ergänzen können, falls sie ihr Kriterium für eine »gute Schule« in den Vorgaben nicht vorfinden. Zur Bearbeitung ist es am besten, wenn jede/r die Karten ausschneidet, um sie auch physisch reihen zu können. Die individuelle Reihung sollte möglichst bereits vor der gemeinsamen Arbeit erfolgen, ansonsten in der ersten Phase der Zusammenarbeit. Jede/r Teilnehmer/in sucht jene zehn Karten aus, die ihm/ihr für die Qualität der eigenen Schule am wichtigsten erscheinen.

2) Es werden Gruppen gebildet, die nicht mehr als zehn Mitglieder haben sollten, um eine möglichst intensive Diskussion zu ermöglichen. (Eine gerade Zahl an Gruppenmitgliedern ist für die weitere Vorgangsweise hilfreich.) In den einzelnen Gruppen werden jeweils die Reihungen der einzelnen Mitglieder vorgestellt. Da sich dabei voraussichtlich auch Doppelnennungen ergeben, werden

die mehrfach genannten Aussagen zusammen aufgelegt. Dadurch ergibt sich in jeder Gruppe eine neuerliche Reihung, beginnend mit den am meisten vorhandenen Kärtchen mit derselben Aussage, bis zu jenen, die nur einfach vorhanden sind.

3) Die gemeinsam ausgewählten (am Tisch, Boden … liegenden) Karten werden im Hinblick auf ihre Bedeutung für die Gruppenmitglieder diskutiert: Sind die mehrfach vorhandenen Karten wirklich die wichtigsten? Warum sind die bereits ausgesonderten Aussagen *nicht* in die Wahl gekommen (sind sie nicht wichtig?) Welche Bereiche decken die ausgewählten Kärtchen ab? Die fünf Qualitätsbereiche eignen sich als Checkliste:

Qualitätsbereiche	Zahl der Kärtchen
I. Lehren und Lernen	
II. Lebensraum Klasse/Schule	
III. Schulpartnerschaft und Außenbeziehungen	
IV. Schulmanagement	
V. Professionalität und Personalförderung	

Die Gruppe soll aus den vorliegenden Karten die für sie insgesamt zehn wichtigsten Kärtchen aussuchen, welche in der nächsten Phase den anderen Gruppen präsentiert werden sollen. Dabei sollen nicht von vornherein nur diejenigen ausgewählt werden, welche am öftesten vorhanden sind. Es sollte auch die Verteilung auf die einzelnen Qualitätsbereiche Berücksichtigung finden. Bei der Suche nach einem Konsens sollte möglichst ausführlich für bzw. gegen einzelne Aussagen auf den Kärtchen argumentiert werden.

4) Dann bilden jeweils zwei Gruppenmitglieder ein Paar, das von den zehn Kärtchen jeweils eines aussucht, mit dessen Aussage sich beide Personen identifizieren können. Die von ihnen ausgewählten Aussagen sollen im Plenum präsentiert werden, wozu in den Paaren möglichst viele Argumente gesammelt werden, welche diese unterstützen.

5) Nach 15 Minuten treffen sich die einzelnen Paare wieder in ihrer 10er-Gruppe, wo jedes Paar seine Aussage vorstellt und deren Bedeutung für die Schule argumentiert und begründet. Beispiel: »Wir haben die Karte mit der Aussage ›Die Lehrer/innen führen öfters gemeinsame Unterrichtsprojekte durch‹ gewählt, weil wir an unserer Schule zu wenig zusammenarbeiten. Wenn wir *gemeinsam* Schule entwickeln wollen, ist eine solche Zusammenarbeit eine große Hilfe, da wir dadurch uns und unsere Arbeitsweise besser kennen lernen können.« Die anderen Gruppenmitglieder unterstützen die jeweilige Argumentation, indem sie noch weitere Argumente für diese Karte nennen bzw. ergänzen.

6) Wenn alle Paare ihre Aussagen präsentiert und darauf von den anderen Paaren der Gruppe eine Rückmeldung erhalten haben, bereiten die ursprünglichen Paa-

re die Präsentation vor den anderen Gruppen vor. Diese Phase dient vor allem dem Coaching, d.h. der persönlichen und inhaltlichen Unterstützung des Partners bzw. der Partnerin, wozu auch die Rückmeldungen aus der Gruppe dienen sollen.

7) Im Plenum treffen sich alle Gruppen, um ihre jeweiligen Ergebnisse zu präsentieren. Diese Präsentation erfolgt in einem Innen-/Außenkreis-Arrangement, wobei jeweils ein/e Partner/in der ursprünglichen Paare in den Innenkreis geht, die/der andere im Außenkreis Platz nimmt. Dann stellen die Mitglieder des Innenkreises ihre ausgewählten Kärtchenaussagen vor und argumentieren, weshalb die (ursprüngliche) Gruppe glaubt, dass dies für die Schule eine wichtige Aussage darstellt. Da sich dabei voraussichtlich auch Doppelnennungen ergeben, werden die mehrfach genannten Aussagen zusammen aufgelegt. Dadurch ergibt sich in der Großgruppe eine neuerliche Reihung, beginnend mit den am meisten vorhandenen Kärtchen mit derselben Aussage, bis zu jenen, die nur einfach vorhanden sind.

8) Nach dem Ergebnis der Vorstellrunde aus 7) tauschen die Mitglieder von Außen- und Innenkreis ihre Plätze. Die neuen Innenkreis-Vertreter/innen sollen jene fünf Kärtchen auswählen, die sie für die weitere Arbeit an der Schule am wichtigsten finden. Dabei greifen sie auf die Argumentationen zurück, die sie in Phase 7 als Beobachter/innen im Außenkreis erlebt haben, um möglichst viele Argumente in die Entscheidungsfindung einzubringen. Dabei sollten sie auch die fünf Qualitätsbereiche mitdenken (siehe 3), auch wenn sich die Reihung nicht auf alle beziehen muss.

9) Wenn die Innenkreis-Mitglieder einen Konsens erreicht haben, treffen sich die ursprünglichen Paare wieder und tauschen sich über das bisherige Ergebnis aus. Hierzu bringen die Beobachter/innen aus 8) ihre Meinung zum bisherigen Ergebnis ein und machen Vorschläge, was sie ändern würden. Wichtig ist, dass es nunmehr nicht mehr darum geht, die ursprüngliche Kartenaussage durchzusetzen, sondern eine für die Schule als Ganzes befriedigende Lösung zu finden.

10) Nach dem Austausch in den Paaren gehen die Innenkreis-Mitglieder wieder zurück und bringen die Vorschläge aus der Partnerarbeit ein. Aufgrund dieser Hinweise wird neuerlich an einem Konsens gearbeitet, der die Meinungen der Außengruppe nach Möglichkeit mit berücksichtigen soll. Dabei soll es aber zu keiner vollständigen Neuzusammenstellung der Karten kommen, sondern zu einer möglichst allen Argumenten zugänglichen Weiterentwicklung. Gibt es dabei unvereinbare Standpunkte, werden diese als solche festgehalten (z.B. durch entsprechende Markierung der betreffenden Kärtchen).

11) Wenn das Ergebnis des Innenkreises vorliegt, tauschen Innen- und Außenkreis nochmals den Platz. Die Mitglieder des nunmehrigen Innenkreises tauschen ihre Sichtweise zu dem in 10) erarbeiteten Konsens aus. Nur wenn es zur völligen Ablehnung kommen sollte, wird der Prozess (durch Weiterarbeit im Innen-/Außenkreis nach dem vorhergegangenen System) weitergeführt. Ansonsten wird lediglich das vorliegende Ergebnis kommentiert, wobei noch letzte Umlegungen

vorgenommen werden können. Gegensätzliche Sichtweisen werden wie in 10) (durch entsprechende Markierung der betreffenden Kärtchen) festgehalten.

12) Die nunmehr vorliegenden fünf Aussagen (incl. der markierten Anmerkungen) werden im Plenum so verteilt, dass sich zur jeweiligen Aussage jene zuordnen können, die Interesse an der Bearbeitung des Themas haben. Diejenigen, die sich von keinem der fünf Themen angesprochen fühlen, bleiben am Ausgangspunkt zurück und tauschen sich darüber aus, was ihnen am Herzen liegt, indem sie sich auf den vorherigen Entscheidungsprozess beziehen. Dazu können Fragen beitragen wie *Warum konnte die favorisierte Aussage nicht berücksichtigt werden? Welche Gemeinsamkeit zeigt sich in dieser Gruppe? Wie lässt sich eine konstruktive Mitarbeit finden?*

13) In den einzelnen Themengruppen wird die gewählte Aussage von den einzelnen Mitgliedern kommentiert (*Warum mir dieses Thema für unsere Schule sehr wichtig ist!*). Dann werden auf dem Arbeitsblatt in ❽ die aufgrund der Zielvorgabe in der Kartenaussage erforderlichen Veränderungsvorschläge (Spalte 1) gesammelt, mögliche Auswirkungen auf Unterrichts- bzw. Schulebene (Spalte 2) eingetragen. In Spalte 3 wird der erforderliche Handlungsbedarf (für wen?) und in Spalte 4 der Zeitpunkt angeführt, wann es passieren muss.

14) Die ausgefüllten Arbeitsblätter werden in einem Schlussplenum vorgestellt und diskutiert. Sie sollen das Ergebnis des Entscheidungsprozesses in eine Arbeitsperspektive setzen, welche bei der Erstellung des Schulprogramms berücksichtigt bzw. in Aktionspläne umgesetzt werden soll.

15) Zur Reflexion des Entwicklungsprozesses ist es empfehlenswert, noch Zeit zur Aufarbeitung des Entscheidungsverlaufs zu investieren. Dazu treffen sich zunächst die ursprünglichen Paare, um ihre Reflexion durchzuführen. Anschließend berichten diese in der 10er-Gruppe, um die Ergebnisse zusammenzufassen und den Erkenntnisgewinn herauszuarbeiten.

❻ Konkret? (Beispiel)

Eine Gymnasiallehrerin, die während ihres Mutterschaftsurlaubs über den Unterricht ihrer Tochter an der Grundschule offene Lernformen kennen gelernt hat, verspürt nach der Rückkehr an die Schule ein Unbehagen, wieder von Kapitel zu Kapitel nach vorgegebenem Textbuch zu arbeiten. In der Grundschule hatte sie beeindruckt, mit welcher Freude kleine Kinder lernen, stolz darauf sind, was sie schon rechnen können, und physikalische »Forschungen« anzustellen, bevor sie das Wort Physik überhaupt gehört hatten.

Während sie ihren eigenen Unterricht zu verändern versucht, nimmt sie an, dass doch die anderen Mathematik- und Physiklehrer/innen ebenso wie sie darunter leiden müssten, dass diese Gegenstände eher unbeliebt sind, obwohl sie sie doch selbst aus Interesse studiert hatten. In eher zufälligen Gesprächen mit einigen Fachkollegen/Kolleginnen stößt sie aber auf sehr konträre Meinungen über das Lernen. Die

Meinung, dass Medizin bitter sein muss, um zu wirken, scheint ihr doch sehr verbreitet zu sein. Sie ist enttäuscht, will aber nicht aufgeben.

Als anlässlich des Pädagogischen Tages an der Schule die Möglichkeit geboten wird, mittels einer Gruppenmethode 66+4 Kärtchen über die künftige Entwicklung der Schule zu bearbeiten, sieht sie die Möglichkeit, ihr Anliegen in den Entscheidungsprozess einzubringen. Bei der Durchsicht sticht ihr Karte 10 ›*Die Lehrer/innen fördern ›forschendes‹ (reflexives) Lernen, Selbsttätigkeit und Selbstbeurteilung der Schüler/innen und beteiligen diese an wichtigen Entscheidungsprozessen*« ins Auge, denn das ist genau das, was sie bei ihrer Tochter in der Grundschule so beeindruckt hatte. Sie bringt die Aussage 10 in die Diskussion ein und schildert ihre Erfahrungen in der Gruppe. Im Gespräch stellt sich heraus, dass es einigen ähnlich ging, weshalb die Karte in der Gruppenreihung einen vorderen Platz erhält. Im Austausch mit ihrem Gruppenpartner, der sie in der Argumentation unterstützt, erhält sie weitere Hinweise, wie sich ihr Anliegen innerhalb der Schule vertreten lassen kann. Allerdings wird in der Gruppendiskussion deutlich, dass vom Kollegium nicht alle Teile der Aussage mitgetragen werden, weshalb der zweite Teil der Aussage (»Selbstbeurteilung und Beteiligung an wichtigen Entscheidungen«) wegfällt.

In der Plenumsgruppe ist die Lehrerin zunächst im Innenkreis und argumentiert die gekürzte Fassung von 10. Diese Karte war von den anderen zwar nicht ausgewählt worden, doch finden sich einige andere im Innenkreis, die meinen, dass sie die Karte mit der gekürzten Formulierung auch unterstützen, da sie daran interessiert sind, dass ihre Schülerinnen und Schüler im Unterricht selbstständiger arbeiten. Durch diese Unterstützung hält sich die Karte 10 bis in die Endreihung. Sie wird in der letzten Entscheidungsrunde mit der Karte 8 »Der fächerübergreifende Unterricht hat einen wichtigen Stellenwert« zusammengelegt und soll gemeinsam weiterbearbeitet werden. In der Themengruppe finden sich zahlreiche Lehrerinnen und Lehrer unterschiedlicher Fächer, die Interesse an diesem Thema haben. Auch hier werden die Erfahrungen mit offenen Lernformen ausgetauscht, von denen Einzelne bereits gehört bzw. über den Unterricht ihrer Kinder kennen gelernt hatten. Daher einigen sie sich als geplante Veränderung auf »Offenes Lernen in einem großen Team durchführen«. Sie füllen das Arbeitsblatt (siehe **❽**) aus, das folgende Eintragungen aufweist.

Gewähltes Thema:

»Die Lehrer/innen fördern ›forschendes‹ (reflexives) Lernen und Selbsttätigkeit.«
(Karte 10)

»Der fächerübergreifende Unterricht hat einen wichtigen Stellenwert.« (Karte 8)

Geplante Veränderung	Was sind die Auswirkungen	Welchen Handlungsbedarf gibt es?	Wer?	Wann muss es passieren?	✔
Offenes Lernen (OL) in einem großen Team durchführen.	Statt eines bunt zusammengewürfelten Lehrer/-innenteams ein Team, das OL machen will	Mit den in Frage kommenden Kolleg/-innen sprechen mit der Schulleitung Möglichkeiten klären	alle E.S.		
	Statt Einzelstunden werden Blockungen benötigt Gemeinsame Planungszeit	Mit Stundenplanmacher sprechen, einen Stundenplanvorschlag mit Minimalanforderungen für sinnvolle Durchführung von OL erstellen	S.A.	Vorgespräche vor Sommerferien, konkrete Abmachungen im September	
	Möglichst viele Kollegen/Kolleginnen, gerade auch die Skeptischen, müssen informiert werden (Abbau von Ängsten!)	Entsprechende Veranstaltung organisieren (Kaffeplausch über OL, TOP bei einer Konferenz, Brief an alle mit Einladung zum Schnuppern)	L.I. S.A. E.S.	Wenn Teambildung sich abzeichnet	
	Eltern müssen informiert und »begeistert« werden	Z.B. Elternabend oder Schnuppermöglichkeiten für interessierte Eltern organisieren	E.S. P.F. S.A.	Sobald die Umsetzbarkeit des Vorhabens realistisch erscheint, nicht zu früh	
	Materialien werden benötigt	Innerschulische und außerschulische Quellen »anbohren« (Elternverein, Päd. Institut, päd. Servicestellen etc.)	E.S. L.I.	So früh wie möglich, laufend	
	Arbeitskraft wird benötigt	Verbündete suchen, die auch konzeptuelle Arbeit übernehmen, eventuell auch Eltern ansprechen	S.A.	So früh wie möglich, laufend und/oder wenn erste Erfolge sichtbar werden	

Wer mit offenen Lernformen arbeitet, merkt bald, dass ein flexiblerer Umgang mit Zeit nötig ist, als es der übliche 50-Minuten-Takt des Fächerunterrichts vorsieht. So werden in der ersten Klasse Doppelstunden im Stundenplan gesetzt, damit ein flexibler Umgang mit der Zeit möglich ist. Darüber hinaus wird der Wunsch der Lehrerinnen und Lehrer erfüllt, Deutsch, Mathematik, Englisch und Biologie gemeinsam in einer ersten Klasse als Team unterrichten zu können. Und wie es das Schicksal so will, hat zu dieser Zeit die Geographielehrerin der Klasse in der Volksschule ihres Kindes offene Lernformen kennen gelernt und will an fächerübergreifenden Phasen teilnehmen. Als Beispiel der Stundenplan der Klasse 5:

MONTAG	DIENSTAG	MITTWOCH	DONNERSTAG	FREITAG	SAMSTAG
Religion	Mathematik	Mathematik	Geographie und Wirtschaftskunde	Mathematik	Bildnerische Erziehung
Deutsch	Werkerziehung	Mathematik	Mathematik	Deutsch	Bildnerische Erziehung
Englisch (geteilt)	Werkerziehung	Biologie- und Umweltkunde	Deutsch	Leibesübungen (geteilt)	Musikerziehung
Englisch (geteilt)	Geographie und Wirtschaftskunde	Biologie und Umweltkunde	Deutsch	Leibesübungen (geteilt)	Verkehrserziehung
Biologie und Umweltkunde	Musikerziehung	Deutsch	Englisch (geteilt)	Religion	
		Englisch (geteilt)			

Durch im Stundenplan von vornherein vorgesehene Blockungen der betreffenden Gegenstände (grau unterlegt) ist es nicht notwendig, den Stundenplan aufzulösen, um über längere Zeiträume hinweg offen unterrichten zu können. Das wiederum erspart dem Team einige Konflikte mit Kolleginnen und Kollegen, die von der Idee noch nicht so überzeugt sind. In dieser ersten Klasse unterrichtet nunmehr ein Team von Lehrerinnen und Lehrern, die einerseits in den Fächern Deutsch, Englisch, Mathematik offene Lernformen regelmäßig in Doppelstunden einsetzen, andererseits auch fächerübergreifende Phasen zu bestimmten Themen, wie z.B. »Tiere«, »Winter«, organisieren, an denen auch die Fächer Biologie und Geographie beteiligt sind. Die an den fächerübergreifenden Phasen mitwirkenden Lehrerinnen und Lehrer entscheiden jeweils, welche der möglichen Stunden dem offenen Arbeiten gewidmet werden.

❼ Mehr dazu? (Literatur)

Antons, Klaus: Praxis der Gruppendynamik. Übungen und Techniken. Göttingen: Verlag für Psychologie Hogrefe 1976.

Birkenbihl, Vera F.: Gekonnt entscheiden. München: Moderne Verlagsgesellschaft 1992.

Pick, Marliese: Wie Freiarbeit die Klassentüren öffnet. In: Lernende Schule 1 (1998) 2, S. 8–11.

Simon, Sidney B./Howe, Leland W./Kirschenbaum, Howard: Values Clarification. A Handbook of Practical Strategies for Teachers and Students. New York: Dood, Mead & Company 1978.

Schratz, Michael/Steiner-Löffler, Ulrike: Orientierungshilfen für die Arbeit im Kollegium: gut gerüstet auf neuen Wegen. In: Lernende Schule 1 (1998b) 2, S. 36–39.

❽ Womit? (Instrumente)

Karten-Set (Q-Sort, S. 224)
Checkliste (S. 231)

1. Der Unterricht wird von Optimismus, Verständnis und Vertrauen zu den Schüler/innen geprägt.

6. Besonders begabte und interessierte Schüler/innen werden gezielt gefördert.

2. Im Kollegium überwiegt eine positive Erwartung hinsichtlich des Weiterkommens der Schüler/innen.

7. Die Lehrer/innen führen öfters gemeinsame Unterrichtsprojekte durch.

3. Es gelten hohe und allen bekannte, klare Leistungsstandards in wichtigen Lernzielbereichen.

8. Der fächerübergreifende Unterricht hat einen wichtigen Stellenwert.

4. Die Lehrer/innen wenden flexible Strategien im Umgang mit heterogenen Schülergruppen an.

9. (Lehrer-)Arbeitsgruppen entwickeln fachspezifische bzw. fächerübergreifende Unterrichtseinheiten und Materialien.

5. Den Schüler/innen – auch leistungsschwächeren – werden beim Erreichen persönlich anerkennenswerter Leistungen Erfolgserlebnisse vermittelt.

10. Die Lehrer/innen fördern »forschendes« (reflexives) Lernen, Selbsttätigkeit und Selbstbeurteilung der Schüler/innen und beteiligen diese an wichtigen Entscheidungsprozessen.

11. An der Schule besteht Konsens bezüglich Fragen des Lehrens und Lernens sowie der Lernorganisation (z.B. Hausaufgabenpraxis, Wiederholung des Stoffs, ...).

16. An der Schule herrscht insgesamt ein positives Klima.

12. Die Lehrer/innen halten die Erfüllung ihres Erziehungsauftrags für ebenso wichtig wie die Wissensvermittlung.

17. Der Alltag der Schule ist durch Toleranz und Demokratiebewusstsein gekennzeichnet, auch Minderheitenstandpunkte werden berücksichtigt.

13. Lehrer/innen holen bei ihren Schülerinnen und Schülern regelmäßig Feedback über ihre Unterrichtsweise ein.

18. Die Schüler/innen fühlen sich in der Schule wohl und identifizieren sich mit ihr.

14. Lehrer/innen sind sich ihrer Verantwortlichkeit für die Qualität ihres Unterrichts bewusst, Schüler/innen sind verantwortlich für ihr Lernen und für das Lernergebnis.

19. An der Schule gibt es einen allgemeinen Konsens über das notwendige Maß an Disziplin und die Methoden zu deren Aufrechterhaltung.

15. Die Mädchen werden im Unterricht systematisch gefördert.

20. An der Schule werden belastende Situationen als Herausforderung begriffen, das Klima ist innovationsfreundlich.

21. Wertschätzung, Einfühlungsvermögen und Offenheit prägen das Miteinander an der Schule.

26. Die Schule kann als eine »Vertrauensorganisation« bezeichnet werden (Merkmal: wertschätzender Umgang miteinander).

22. Die Lehrer/innen nehmen im schulischen Alltag die Bedürfnisse der Schüler/innen ernst.

27. Im Kollegium werden auch Gefühle gezeigt.

23. An der Schule arbeiten die Lehrer/innen zusammen und wissen, wer welche besonderen Stärken hat, um voneinander zu profitieren. (Es herrscht ein »Teamgeist«.)

28. An der Schule werden Konflikte nicht unter den Teppich gekehrt, sondern offen ausgetragen.

24. An der Schule gibt es wertschätzende Beziehungen zwischen den Lehrer/innen, auch über Gruppengrenzen hinweg ist die Kommunikation innerhalb des Kollegiums sehr rege.

29. Das nicht lehrende Personal wird in angemessener Weise in die Schulkultur eingebunden.

25. An der Schule lassen sich die Lehrer/innen gegenseitig in die Karten schauen, hospitieren gegenseitig und geben sich Feedback.

30. Fehler werden als Chance zur Verbesserung/Entwicklung genutzt.

31. Es herrscht Übereinstimmung im Lehrkörper, dass Fächerverteilung und Stundenplan auf faire Weise geregelt sind.

32. Die Organisationsabläufe an der Schule sind berechenbar (Supplierungen, Lehrausgänge, Schulveranstaltungen ...).

33. Das Informationssystem an der Schule ist transparent und bewirkt, dass jede Person die für sie relevante(n) Information(en) erhält.

34. An der Schule werden die Beginn- und Endzeiten von Unterricht exakt eingehalten.

35. Die vorhersehbaren (z.B. durch Fortbildung hervorgerufenen) Absenzen von Lehrer/innen werden nach einem gemeinsam getragenen System behandelt.

36. Die von den besonderen Belastungssituationen von Frauen hervorgerufenen Bedürfnisse der Lehrerinnen werden an der Schule ernst genommen.

37. An der Schule gibt es einen gemeinsam ausgehandelten Fortbildungsplan (wer geht wann auf welches Seminar? etc.).

38. Die Schulleitung gibt den Lehrer/innen das Gefühl, in ihrer Arbeit anerkannt und unterstützt zu werden.

39. Die Schulleitung vermeidet »Kumpelei« und bemüht sich um ständigen guten Kontakt zu allen Mitgliedern des Lehrkörpers (Beratung bei Unterrichtsproblemen etc.)

40. Die Schulleitung gibt Impulse zum Mitdenken, Mitentscheiden und zum Tragen von Verantwortung (z.B. Einbeziehen von Lehrerteams).

41. Die Schulleitung nimmt Einfluss auf das pädagogische Konzept der Schule und setzt sich für die Erfüllung der Unterrichtsziele ein.

42. Die Schulleitung achtet darauf, dass die gemeinsam ausgehandelten Verhaltensregeln (Hausordnung …) eingehalten werden.

43. Bei wiederholtem Fehlverhalten von Lehrer/innen überlegt die Schulleitung gemeinsam mit den Betreffenden Strategien zu deren Verhaltensveränderung.

44. Die Schulleitung animiert die Lehrer/innen zur Teilnahme an Fortbildungsveranstaltungen.

45. Die Schulleitung legt großen Wert auf eine genaue Führung der Amtsschriften.

46. Die Schulleitung verfolgt Ziele mit Geduld und Konsequenz, reagiert aber auch flexibel auf geänderte Situationen.

47. Besuche durch die Schulaufsicht sind durch Fairness und angenehme Atmosphäre geprägt.

48. Die Schulaufsicht unterstützt die Arbeit der Schule, insbesondere neue Entwicklungsschritte, durch regelmäßige Beratung.

49. Die Schule öffnet sich nach außen und kümmert sich um eine wirksame Öffentlichkeitsarbeit.

50. Die Schulpartnerschafts-Gremien nehmen über die formal-gesetzlichen Zuständigkeiten hinaus regen Anteil am Schulleben und gestalten die wichtigen Entscheidungen mit.

51. An der Schule ist die Budgetplanung für die Schulpartner transparent.

52. Die Kommunikation zwischen Lehrer/innen und Eltern (z.B. an Sprechtagen) wird sinnvoll organisiert.

53. Die Schule kennt die Ansprüche und Vorstellungen der Eltern genau und nimmt sie ernst.

54. Die Schulaufsicht hält enge Kontakte mit den Kolleg/innen anderer Aufsichtsbereiche, um Erfahrungen auszutauschen.

55. Die Schule steht in regem Austausch mit ihrer Umgebung (dem Gemeinwesen).

56. Die Schule bietet Lehrer/innen und Schüler/innen einen gut ausgestatteten Arbeitsplatz.

57. Die Schule ist hinreichend mit Arbeitsmaterial und Medien für den Unterricht ausgerüstet.

58. Die Architektur der Schule ist auf die schulischen Bedürfnisse und Notwendigkeiten abgestimmt.

59. Die Schule hat ein schriftlich ausformuliertes, von allen Schulpartnern getragenes Schulprogramm.

60. An der Schule werden die Möglichkeiten der Schulentwicklung aktiv genutzt, etwa durch das Setzen von Innovationen.

61. An der Schule werden Innovationen gründlich diskutiert, um möglichst breiten Konsens für Neuerungen zu finden.

66. Die Schule läßt sich in ihrer Entwicklung manchmal durch externe Beratung begleiten.

62. Problemen wird im Kollegium nicht durch Symptombehandlung begegnet, sondern es wird versucht, die Ursachen zu erkennen und anzugehen.

67.

63. Die alltägliche Arbeit und die Entwicklung der Schule werden von den Beteiligten kontinuierlich evaluiert (überprüft) und reflektiert.

68.

64. An der Schule gibt es ein Konzept zur Organisation von »SCHILF« (d. h. von schulinternen Maßnahmen zur Lehrerfortbildung).

69.

65. Relevante Inhalte von Fortbildungsveranstaltungen, die Lehrer/innen besuchen, werden an das Kollegium weitergegeben.

70.

Checkliste

Gewähltes Thema:

Geplante Veränderung	Was sind die Auswirkungen?	Welchen Handlungs-bedarf gibt es?	Wer?	Wann muss es passieren?	✔

Q 13 Stärke-Schwächen-Analyse

Auf einen Blick

❶	Was?	Analyse der Stärken und Schwächen in Gegenwart und Zukunft
❷	Wozu?	Einschätzung des Schulpotenzials
❸	Wann gelingt's?	Wunsch nach Veränderung
❹	Wer?	Gesamtes Kollegium, Teams
❺	Wie?	SOFT-Analyse
❻	Konkret?	Bestandsaufnahme am Pädagogischen Tag
❼	Mehr dazu?	Literatur
❽	Womit?	Arbeitsblatt (SOFT)

---

❶ Was? (Zielstellung)

Ist sich eine Schule nicht ganz klar darüber, wo sie steht und in welche Richtung sie sich entwickeln soll, dann empfiehlt sich eine Evaluationsmethode, die einerseits offen genug ist, um die jeweilige Situation zu erfassen, andererseits aber auch hinreichend Daten für die Planung der weiteren Arbeit liefert. Die Bestandsaufnahme erfolgt einerseits über die Analyse der gegenwärtigen Situation (Was sind unsere Stärken? Wo liegen unsere Schwächen?), andererseits über die Antizipation künftiger Möglichkeiten (Welche Chancen eröffnen sich?) und möglicher Bedrohungen (Welche ungünstigen Entwicklungen stehen an?).

❷ Wozu? (Herausforderung)

Entscheidungen zur Personalförderung an einer Schule sollten auf der Basis einer Analyse der Stärken und Schwächen erfolgen. Längerfristige Entwicklungsplanung für die Professionalisierung der Lehrerinnen und Lehrer ist davon abhängig, welche Möglichkeiten sie dazu haben, und vor allem auch von der Frage, welche Fähigkeiten sie erwerben müssen, um künftigen Herausforderungen gewachsen zu sein.

Die erste Möglichkeit zur Analyse der Ausgangssituation und des Blicks in die Zukunft bildet eine Ist-Analyse, welche die gegenwärtigen Stärken und Probleme, aber auch die Chancen und Gefahren in der künftigen Entwicklung auslotet. Auf dieser Grundlage lassen sich Strategien für die mittel- und langfristige Zielsetzung in der Schulentwicklung planen und umsetzen. Die hier vorgestellte Untersuchungsmethode eignet sich zur Analyse eines Problemfelds bzw. einer Situation als Einstieg in einen systematischen Schulentwicklungsprozess, aber auch zur Arbeit an einem Schulprogramm.

❸ Wann gelingt's? (Förderliche Bedingungen)

In eine Analyse des Ist-Zustands und der möglichen Entwicklungstendenzen (etwa im Zusammenhang mit der Erstellung eines Schulprogramms) sollten möglichst alle »Schlüsselpersonen« einbezogen werden. An großen Schulen ist es allerdings schwierig, Eltern, Schülerschaft und Kollegium zugleich in einen solchen Prozess einzubeziehen. Daher kann es hilfreich sein, in kleineren Gruppierungen zu beginnen, um eine möglichst intensive Auseinandersetzung zu beginnen. Dazu können, ähnlich der Methode der gemeinsamen Entscheidungsfindung in Q 12 unterschiedliche Teamformationen hilfreich sein (Klassenteams, Jahrgangsteams, Fachteams usw.). Da die einzelnen Gruppierungen die gleichen Vorgaben erhalten (siehe ❺), kann die Zeit dafür innerhalb der einzelnen Teams festgelegt werden.

Die Durchführung der SOFT-Analyse kann auch der Hauptpunkt bei der Durchführung eines Pädagogischen Tages sein, wofür es hilfreich ist, eine externe Begleitung für die Moderation des Prozesses einzuladen, um sich voll auf die inhaltliche Arbeit konzentrieren zu können. Dabei werden die einzelnen Schritte am selben Tag bearbeitet, wodurch es durch die gleichzeitige Beteiligung des gesamten Kollegiums zu einer intensiveren Diskussion der einzelnen Aussagen kommt.

❹ Wer? (Personen)

Bei der Durchführung der SOFT-Analyse sollten alle Personen und Gruppen dabei sein, welche die Ergebnisse mittragen sollen; das sind üblicherweise alle Schulpartner/innen. Bei einer Fragestellung, die nur bestimmte Teile der Schule betrifft (z.B. ein bestimmter Fachbereich), wird nur das Fachlehrer/innen-Team daran teilnehmen. Sie kann aber auch schulübergreifend eingesetzt werden. Letzere Form ist vor allem dann von Interesse, wenn die Qualitätsentwicklung in einem regionalen Bereich erfolgen soll und mehrere Schulen daran beteiligt sind (etwa am Übergang von Grundschule zur Sekundarstufe). Zur Einschätzung der zukünftigen Situation können auch Außenstehende einbezogen werden, um eine möglichst vielfältige Darstellung von Zukunftsszenarien im Hinblick auf Chancen und Gefahren für die Entwicklung der Schule(n) zu erhalten.

❺ Wie? (Durchführung)

Der Name SOFT-Analyse, die hier vorgestellt wird, ist ein Akronym der folgenden Begriffe:

Satisfactions	=	Zufriedenheit bzw. befriedigende Ergebnisse
Opportunities	=	Möglichkeiten, Chancen, Herausforderungen
Faults	=	Fehler, Probleme, Missstände, Unzulänglichkeiten
Threats	=	Bedrohungen, potenzielle Gefahren

Die Situationsanalyse erfolgt mittels eines einfachen Rasters, auf dem – gemäß den vier Kategorien im Akronym – verschiedene Aspekte einer Problemstellung im Hinblick auf die gegenwärtige Situation und die Zukunft inventarisiert werden.

	Gegenwart		Zukunft
☺	Darauf sind wir stolz. Das sind unsere Stärken. Darauf können bauen.	**S O**	Das sind unsere Möglichkeiten. Das sollten wir nutzen. Da lohnt es sich zu investieren.
☹	Hier gibt es bei uns Probleme. Das behindert unsere Arbeit. Daran müssen wir arbeiten	**F T**	Da müssen wir vorsichtig sein. Hier lauern Gefahren. Da müssen wir vorsorgen.

Ablaufschritte

1) Alle, die mitmachen, erhalten je eine Kopie des Arbeitsblatts (siehe ❽), das nach dem Muster der obigen Matrix angefertigt wurde. Zunächst wird die Fragestellung erklärt (was ist das Ziel der Untersuchung) und anhand dieser werden die einzelnen namengebenden englischen Wörter im Hinblick auf diese Fragestellung erläutert. (Die Fragen können sinngemäß adaptiert bzw. ergänzt werden.)
   A) Satisfactions
      – Was läuft befriedigend bzw. gibt befriedigende Resultate? (Tätigkeiten, Arbeitsbedingungen, formale und inhaltliche Aspekte)
      – Warum ist es befriedigend? (Kriterien, Gründe, Maßstäbe)
   B) Opportunities
      – Welche Chancen, Gelegenheiten, Wachstums- bzw. Entwicklungsziele stellen sich?
      – Was sind bekannte, aber noch nicht genutzte Chancen? (Szenarios)
      – Wo bzw. in welcher Richtung sollten systematisch Chancen und Möglichkeiten gesucht werden?

D) Faults
   – Wo liegen Fehler, Unzulänglichkeiten, Schwierigkeiten, Schwachstellen?
   – Was führt häufig zu Spannungen, Enttäuschungen, Konflikten?
   – Was verhindert, dass wir die Situation besser unter Kontrolle haben? (Hintergründe, verborgene Zusammenhänge)
E) Threats
   – Welche ungünstigen oder bedrohlichen Entwicklungen kommen auf uns zu, woher, in welchem Zeitraum und in welcher Form?
   – Was passiert, wenn nichts passiert? (realistisch und als sog. Katastrophenfantasie)
   – Wie können wir annehmen, dass ein als problemfrei oder befriedigend eingeschätzter Bereich nicht doch noch zu einem Problembereich wird?

Zur Bearbeitung ist es am besten, wenn jede/r das Arbeitsblatt für sich ausfüllt, wie sie/er die Fragen im Hinblick auf die gegenwärtige Situation und die künftige Entwicklung der eigenen Schule einschätzt

2) Es werden Gruppen gebildet, die nicht mehr als sieben Mitglieder haben sollten, um eine möglichst intensive Diskussion zu ermöglichen. In den einzelnen Gruppen werden die einzelnen Eintragungen vorgestellt und diskutiert. Daraus erfolgt über Gruppenkonsens eine Zusammenfassung der wichtigsten Aussagen der einzelnen Gruppe. Es soll aber auch darüber geredet werden, warum einzelne Aussagen von Teilnehmerinnen oder Teilnehmern nicht in das Gruppenergebnis aufgenommen werden.

3) Die Ergebnisse der Gruppen können in einem neuerlichen Durchgang (mehr als drei Gruppen jeweils durch eine Person der Gruppe vertreten) in einem Innen-/Außenkreis-Arrangement in eine weiterführende Diskussion über die Stärken und Schwächen in Gegenwart und Zukunft übergeführt werden.

4) Die endgültigen Ergebnisse werden in schriftlicher Form zusammengefasst, da sie eine wichtige Grundlage für die weitere Entwicklung der Schule (Schulprogrammerstellung, Fortbildungsplanung u.a.m.) darstellen. Nachdem der gegenwärtige bzw. zukünftige Zustand ausreichend geklärt ist, lassen sich für die einzelnen Bereiche *Zielsetzungen* erarbeiten, die zunächst der *Stabilisierung des Erreichten* dienen (Motto: »Darauf können wir stolz sein!«). Für den Bereich der *Probleme* gilt es, Lösungsansätze zu suchen, die Wege in die Zukunft eröffnen, welche die Eintragungen im Quadranten *Chancen* und *Gefahren* mit einbeziehen. Auch hier gilt es, Zielsetzungen und Maßnahmen zu erarbeiten, welche der Entwicklung in die Zukunft dienen (Motto: »Darauf lohnt es sich hinzuarbeiten.«).

5) Am Ende der Arbeit sollte eine Prioritätenliste für die weitere Bearbeitung erfolgen, um die Umsetzung der gewonnenen Befunde in die Praxis der Weiterentwicklung zu gewährleisten.

⑥ Konkret? (Beispiel)

Gymnasium M. hat sich auf Anraten einer externen Beraterin dafür entschieden, beim Pädagogischen Tag erstmals ihre Stärken und Schwächen mittels SOFT-Analyse zu erarbeiten, um daraus Entwicklungsmaßnahmen abzuleiten. Im Vorfeld gibt es eine längere Auseinandersetzung darüber, ob daran auch Eltern und Schüler/innen teilnehmen sollten. Während einige sich stark machen, möglichst alle Schulpartner/innen einzubeziehen, ist die Mehrheit der Meinung, dass eine derartige Analyse eine entsprechende Offenheit im Kollegium benötigt, die möglicherweise bei der Teilnahme von Schülerinnen und Schülern sowie Eltern nicht gegeben ist. Daher wird entschieden, dass bei der Durchführung der SOFT-Analyse am Pädagogischen Tag zunächst nur die Lehrerinnen und Lehrer sowie der Schulleiter teilnehmen.

Die Auswertung der einzelnen Quadranten am Arbeitsblatt ergibt, dass die Stärke der Schule u.a. darin besteht, dass in einer der drei Parallelklassen jeweils »offener Unterricht« angeboten wird. Hier unterrichten jene Lehrerinnen und Lehrer, die neue Methoden erproben und gemeinsam Unterrichtsmaterialien entwickeln. Das Problem besteht darin, dass immer mehr Eltern ihre Kinder in die »Offenes-Lernen«-Klasse anmelden wollen, wofür die Kapazität allerdings beschränkt ist. Da die anderen Lehrer/innen kein Interesse haben, ihren bewährten Unterricht zu verändern, lässt sich keine zweite Klasse mit alternativen Lernformen einführen.

Im Hinblick auf die Einschätzung der zukünftigen Entwicklung zeigt sich in der Auswertung, dass die Chancen der Schule darin liegen, trotz abnehmender Schüler/innenzahlen in der Region weiterhin so viele Schülerinnen und Schüler anzuziehen, wenn sie ein attraktives Unterrichtsangebot bietet. Inzwischen hat auch das nahe liegende Gymnasium F. begonnen, mit offenen Unterrichtsformen zu experimentieren, da es in letzter Zeit Schülerinnen und Schüler verloren hat. Wenn das Gymnasium F. ebenso ein attraktives Angebot setzt, muss die Schule befürchten, dass die Eltern ihre Schüler lieber dorthin schicken.

Das Ergebnis dieser Analyse bewirkt, dass es im Kollegium zu Spannungen zwischen den beiden Lehrergruppen kommt, die sich als eine Art Methodenrivalität äußert: Die Lehrerinnen und Lehrer, die nicht in der »Offenes-Lernen«-Klasse unterrichten, fühlen sich durch das Ergebnis unter Druck gesetzt und befürchten, ihr bewährtes Unterrichtskonzept aufgeben und auch in offenen Lernformen unterrichten zu müssen. Die externe Beraterin weist darauf hin, dass hier ein Konflikt aufgetreten ist, der im Kollegium bereits latent vorhanden war, aber nie thematisiert worden ist. Das begann bereits, als die ersten Lehrerinnen und Lehrer eigene Fortbildungsveranstaltungen arrangiert und sich zwei Tage zurückgezogen hatten, um Lehrmaterialien zu erstellen.

Daher wird in der Schlussphase des Pädagogischen Tages ein Plakat angelegt, das nach folgenden Informationen fragt:

- Was ist das Problem?
- Welche Lösungsansätze gibt es?
- Welche Widerstände sind zu erwarten?
- Was sind die ersten Schritte, die zu setzen sind?

Da sich diese Fragen nicht mehr im vorgesehenen Zeitrahmen beantworten lassen, wird beschlossen, dass jeder Lehrer und jede Lehrerin diese Fragen aus eigener Perspektive beantworten soll. Es wird im Abstand von 14 Tagen ein Nachmittag vereinbart, bei dem eine Auswertung dieser Fragen erfolgen soll. Der Schulleiter legt Wert darauf, dass die externe Beraterin wieder anwesend ist, um als »kritische Freundin« den Prozess zu moderieren.

❼ Mehr dazu? (Literatur)

Eck, Claus D.: Rollencoaching als Supervision – Arbeit an und mit Rollen in Organisationen. In: Gerhard Fatzer (Hrsg.): Supervision und Beratung. Köln: Edition Humanistische Psychologie 1990, S. 209–247.

Schley, Wilfried: Change Management: Schule als lernende Organisation. In: Herbert Altrichter/Wilfried Schley/Michael Schratz (Hrsg.): Handbuch zur Schulentwicklung. Innsbruck: Studienverlag 1998, S. 13–53.

❽ Womit? (Instrumente)

Arbeitsblatt SOFT (S. 238)

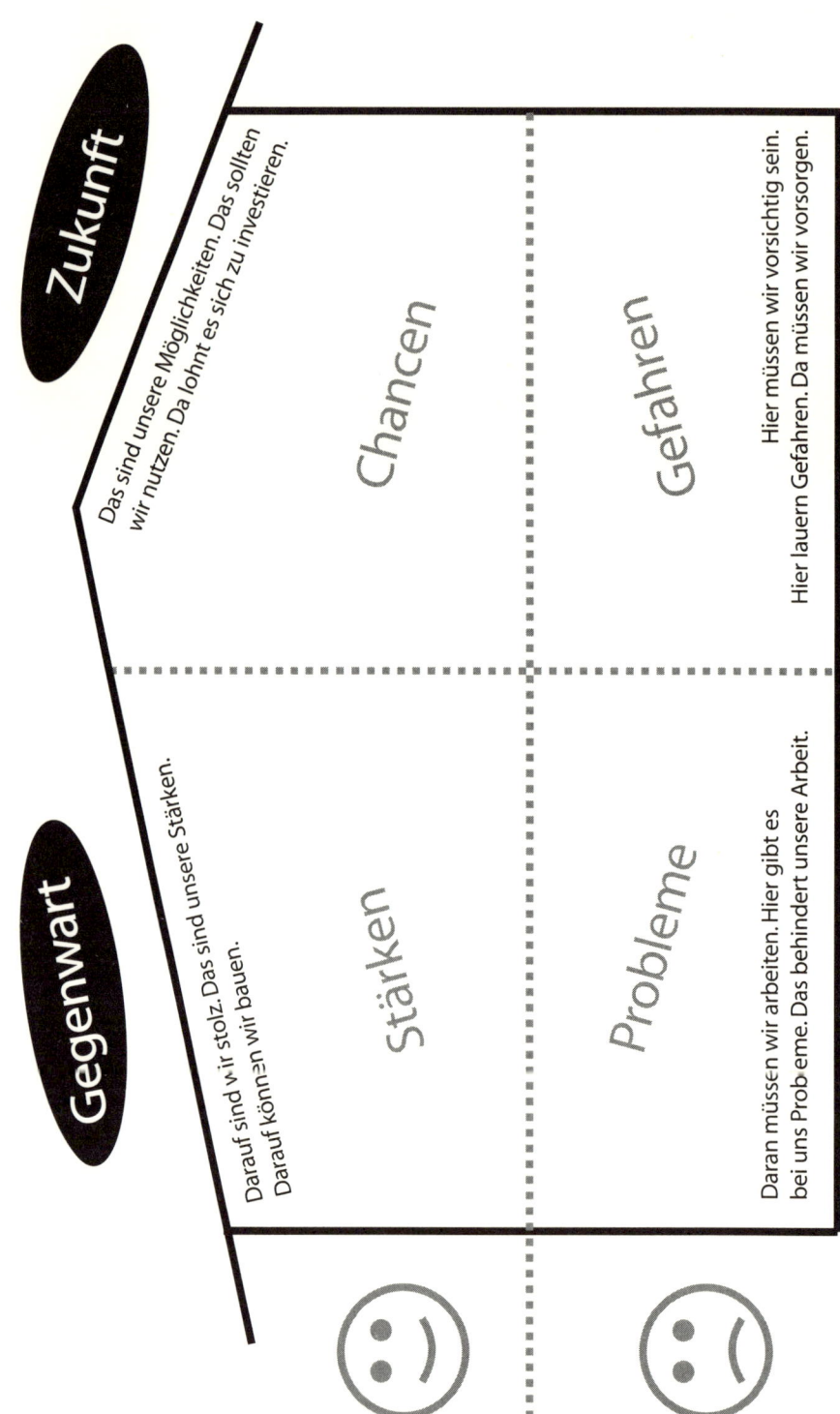

Zukunft

Chancen

Das sind unsere Möglichkeiten. Das sollten wir nutzen. Da lohnt es sich zu investieren.

Gefahren

Hier müssen wir vorsichtig sein. Hier lauern Gefahren. Da müssen wir vorsorgen.

Gegenwart

Stärken

Darauf sind wir stolz. Das sind unsere Stärken. Darauf können wir bauen.

Probleme

Daran müssen wir arbeiten. Hier gibt es bei uns Probleme. Das behindert unsere Arbeit.

Q 14 Teamarbeit

Auf einen Blick

❶	**Was?**	Vom *Ich* zum *Wir*
❷	**Wozu?**	Schulentwicklung braucht Teamarbeit
❸	**Wann gelingt's?**	Vertrauen, Absprachen
❹	**Wer?**	Klasse, Jahrgang, Kollegium
❺	**Wie?**	Maßnahmen zur Teambildung
❻	**Konkret?**	Wie viel vom Gesamten?
❼	**Mehr dazu?**	Literatur
❽	**Womit?**	Absprachen im Team

❶ Was? (Zielstellung)

Teamentwicklung hat ihren Zweck nicht nur in der Förderung der Zusammenarbeit von Lehrerinnen und Lehrern, sondern sie steht in einem engen Zusammenhang mit der Qualität einer Schule, mit ihrer Kultur, und braucht, wie jede Entwicklung, genügend Zeit, gegenseitige Rücksichtnahme, Geduld und Unterstützung. Ihre besondere Wirkung erzielt sie auf zweifache Weise: Einerseits werden *Effektivität und Qualität schulischer Leistung* ganz allgemein gesteigert, da sich in der gemeinsamen Arbeit die Standards und Ansprüche erhöhen; Teams sind nämlich bedeutend produktiver und motivierender als eine Summe von »Einzelkämpfern«. Andererseits trägt Teamentwicklung zur *Humanisierung der Schule* bei. Teammitglieder finden mehr Sinn in ihrer Arbeit und sind aufgrund der sozialen Einbindung zufriedener, was besonders im Hinblick auf die Diskussionen um das *Burnout* bei Lehrerinnen und Lehrern wichtig erscheint.

Da Teamarbeit eine Schlüsselkomponente in der Schul- und Unterrichtsentwicklung einnimmt, werden Teamabsprachen mehreren Zielstellungen gerecht, d.h., sie können im Hinblick darauf evaluiert werden, ob sie

- für alle (Schülerinnen und Schüler, Eltern und Kollegium) mehr Klarheit über die Erwartungen an Schule und Unterricht schaffen;
- eine gezielte Förderung der Schülerinnen und Schüler ermöglichen und Gemeinsamkeit in bestimmten Anliegen (z.B. in Erziehungszielen, Leistungsbeurteilung u.a.) ermöglichen;

- den einzelnen Lehrer bzw. die einzelne Lehrerin entlasten, da das gemeinsame Tragen von Verantwortung ein breiteres Netz der Beteiligung und damit eine größere Arbeitszufriedenheit schafft;
- außerordentliche Leistungen auch unter schwierigen Bedingungen ermöglichen;
- zu einem stärkeren Austausch von Informationen untereinander führen und dadurch der Vereinzelung im Lehrberuf entgegenwirken;
- als Lernmodell für Schülerinnen und Schüler eine wichtige Voraussetzung für die Zusammenarbeit in der Klasse schaffen (»Teamwork«).

❷ Wozu? (Herausforderung)

Teamarbeit wird in einer Zeit zunehmender Komplexität zu einer wichtigen professionellen Kompetenz von Lehrerinnen und Lehrern, um den schwieriger werdenden Voraussetzungen in Schule und Unterricht professionell zu begegnen. Je mehr autonome Entscheidungen den Schulen zugestanden werden, desto mehr Teamleistung ist von Lehrerinnen und Lehrern gefordert. Sie ist eine Arbeitsform, in der die kollektiven Fähigkeiten und Kräfte, die in Einzelnen stecken, für ein gemeinsames Anliegen genutzt werden können. Teamentwicklung stellt eine wesentliche Voraussetzung und integrierende Aufgabe für jede Form von Schulentwicklung dar, auch wenn die Strukturen an Schulen durch den Unterricht in Klassen eher »zusammenarbeitsfeindlich« sind.

Teamarbeit stellt das wichtige – wenn nicht das wichtigste – Verbindungsglied zwischen den Einzelaktivitäten der Lehrerinnen und Lehrer im Klassenzimmer und den Bemühungen um die Entwicklung der gesamten Schule dar. Bleibt diese Form der Kooperation auf einige wenige Engagierte im Kollegium beschränkt, wird die Lebendigkeit der Organisation als Organismus ebenso beschränkt bleiben. Daher stellt die Teamarbeit keinen Luxus dar, den sich nur diejenigen leisten können, die dafür Zeit haben. Vielmehr ist sie ein unverzichtbares Element einer lernenden Schule, die ihre Entwicklung in die eigene Hand nimmt.

Teamarbeit kann auch eine Basis für mehr Vertrauen, gegenseitige Anerkennung und Wertschätzung schaffen. Das bedeutet aktives Mitgestalten der Schulidentität, was für die Schaffung einer förderlichen »Schulkultur« bedeutsam ist. Im Idealfall demonstrieren Lehrerteams durch die vorgelebte Verbindung dieser zweifachen Zielstellung ein Modell des Lernens, das auch für die Zusammenarbeit der Schülerinnen und Schüler untereinander wirksamer ist als belehren und appellieren.

➌ Wann gelingt's? (Förderliche Bedingungen)

Das Vertrauen spielt bei der Teamentwicklung eine große Rolle, damit es zu gegenseitiger Anerkennung und Unterstützung bei der Bewältigung von Arbeitsvorhaben kommt. Zur Anbahnung einer entsprechenden Teamkultur ist eine bestimme Vertrauenskultur erforderlich, in der die gegenseitige Wertschätzung das Klima bestimmt. Damit Interesse und Lernbereitschaft im Team geweckt und erhalten werden, ist es wichtig, dass die Aufgabe jedem Mitglied ein Anliegen ist, dass es sich davon »betroffen« fühlt und dass sie für die/den einzelne/n Sinn macht. Hier liegt die Herausforderung darin, Teamaufgaben so zu stellen, dass sie von Lehrerinnen und Lehrern als »sinnhaft« angesehen werden. Die größte Chance auf Verwirklichung haben im Bereich der Schulentwicklung jene Ziele, die aus einem gemeinsamen Anliegen »von unten« wachsen. Daher sind die Erfolgschancen für eine fruchtbare Teamarbeit dann am größten, wenn sich Lehrerinnen und Lehrer selbst entschließen, bestimmte Arbeitsvorhaben gemeinsam abzusprechen.

Die zentrale Rolle bei der Teambildung spielt wohl das Klassenlehrerteam. Die Perspektiven »*Ich und mein Fach*« bzw. »*Ich und mein Unterricht*« können in der gemeinsamen Arbeit in einem Klassenlehrerteam überwunden werden: Das Team ist nicht so groß, dass man sich auf Dauer entziehen könnte, es ist nicht zu klein, sodass sich immer mindestens ein Kollege finden lässt, »mit dem man kann«. Durch den vielleicht jährlichen Wechsel in der Zugehörigkeit zu verschiedenen Teams überwindet man auch die Grenze der »Klasse« und kann zum »*Wir und unsere Schule*« kommen.

➍ Wer? (Personen)

Eine selbst bestimmte Schule fordert nicht nur die Verantwortung des Einzelnen *für einen guten Unterricht* ein, sondern weit mehr, nämlich die Planung, Koordination und (Selbst-)Evaluation *ihrer gesamten Entwicklung*. Gewiss ein so umfangreiches Vorhaben, dass es (insbesondere bei größeren Schulen) sinnvollerweise nicht vom ganzen Kollegium zu leisten ist! Als viel effizienter hat es sich erwiesen, wenn sich unterschiedliche Teams bilden: etwa solche, die für fachspezifische Aufgabenstellungen verantwortlich sind, beispielsweise Fach(bereichs)teams zur fachinternen Koordination des Lehrangebots, daneben aber auch solche, die kurz-, mittel- oder langfristig an anderen Aufgaben arbeiten, etwa an der Verbesserung des Informationsflusses zwischen den Schulpartnern. Je nach gestellter Aufgabe ergeben sich unterschiedliche Konstellationen von Teams.

Auf übergeordneter Ebene bewährt sich ein zentrales Team als Koordinationsstelle für die ganze Schule, wodurch der Informationsfluss für die gesamte Schule in Gang gehalten wird: Hier weiß man über alle Aktivitäten der Schulentwicklung Bescheid. Das »Schulentwicklungsteam« fungiert als Ideenspender oder Ideensammler, formuliert Aufgaben, bildet neue Teams oder unterstützt Teambildungen, verwirklicht Ideen oder hilft bei der Umsetzung von Maßnahmen und setzt sich mit Evaluation auseinander. Dazwischen lassen sich – je nach Bedarf und Funktion – weitere Teamformationen bilden, die hier nicht weiter beschrieben werden. (Informationen über Steuergruppe, Curriculumteam, Konferenzteam, Evaluationsteam, Team für Öffentlichkeitsarbeit sowie Sonderformen der Teamarbeit finden sich in Schratz 1996.)

❺ Wie? (Durchführung)

Da die Evaluation teambildender Maßnahmen sehr von der jeweiligen Aufgabenfunktion abhängt, gehen wir hier von einem (Klassen-)Team aus, das sich um Absprachen über die Arbeit in *einer* Klasse bemüht. Davon sind möglichst alle die jeweilige Klasse Unterrichtenden betroffen, die üblicherweise nur in Notenkonferenzen über einzelne Schülerinnen und Schüler urteilen, sonst aber relativ unabhängig voneinander ihre Zeit in die individuelle Vorbereitung, Durchführung und Auswertung für diese Klasse investieren.

Eine erste Annäherung an die Teamarbeit kann über die Absprache und Überprüfung in bestimmten Aspekten des Unterrichts erfolgen, etwa jene, die im Arbeitsblatt in ❽ angeführt sind, mit dem Absprachen in den einzelnen Bereichen überprüft werden können.

Jede Lehrperson hat eigene Vorstellungen darüber, wie die auf dem Arbeitsblatt angeführten Aspekte im Unterricht umgesetzt werden können. Eine *gemeinsame* Arbeit wird erst dann wirksam, wenn darüber Absprachen im Team erfolgen. Die folgende Erläuterung soll dafür die Grundlage bilden; die Fragen können die Diskussion im Team anregen und eine erste Evaluationsgrundlage bilden, um in der Folge eine Abstimmung in einzelnen Aspekten zu erreichen.

- **Schulprogramm:** Das Schulprogramm drückt das grundsätzliche Einverständnis über die Ziele der Schule aus. Es beinhaltet also die Werte, auf welchen die schulische Arbeit beruht und die es nach außen transportiert. Das Verhalten der Mitglieder muss sich nach diesen Werten ausrichten, um diese gemeinsame Philosophie lebendig werden zu lassen.
  Fragen im Team:
  – Wer sind wir als Schule? (Eine Haufen von Individualisten? Ein Team? Ein Kollektiv?)
  – Was wollen wir? Wie wollen wir es erreichen?
  – Was sind unsere ethischen Grundwerte?
- **Erziehungsziele:** Jede Lehrperson hat laut Lehrplan auch eine Erziehungsaufgabe, die aufgrund der gesellschaftlichen Entwicklungen in den letzten Jahren immer schwieriger geworden ist. Daher ist ein besonderes Augenmerk darauf zu richten, wie die Schule zur Persönlichkeitsbildung und zur sozialen Entwicklung der künftigen Generation beitragen kann.

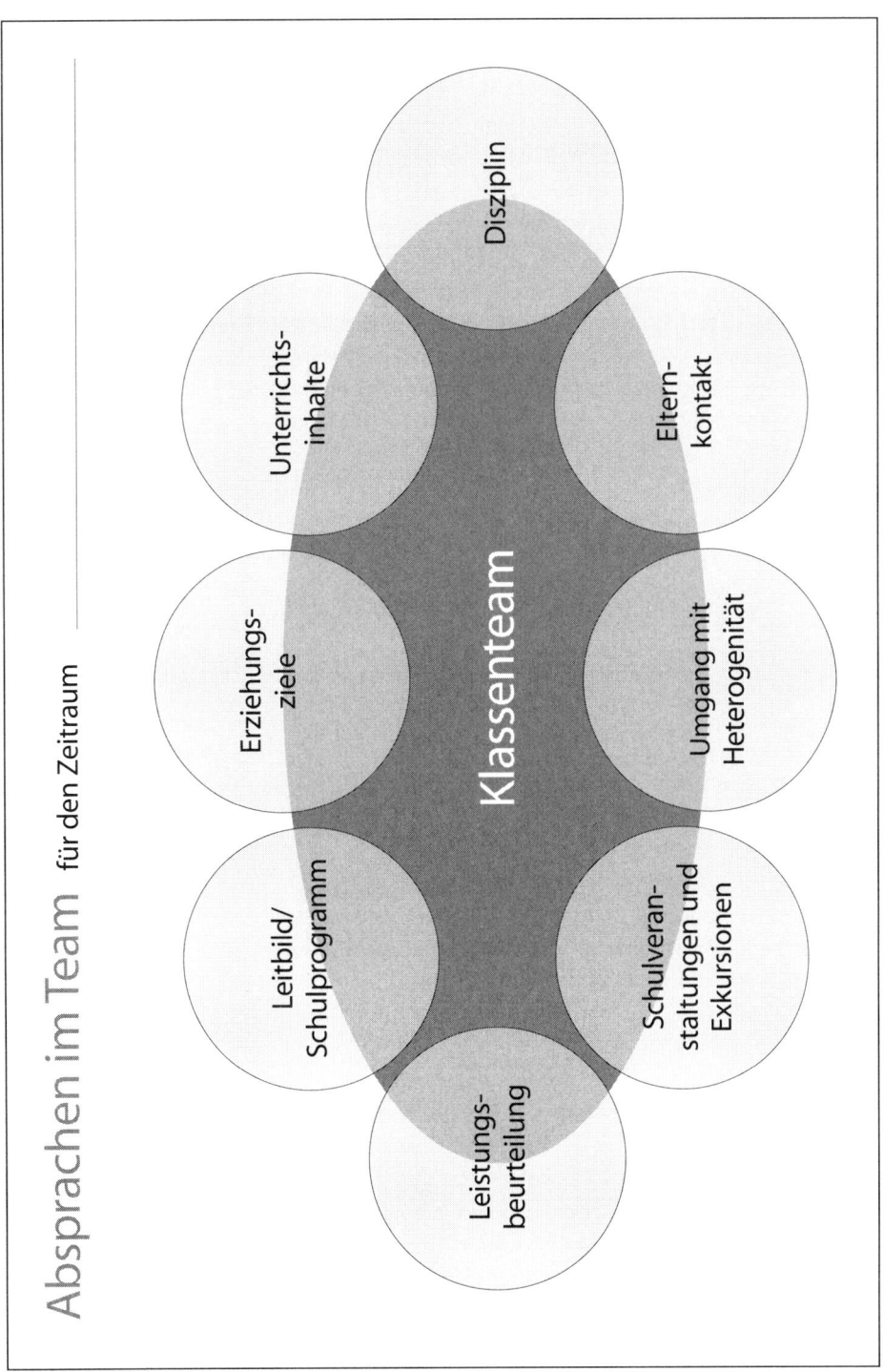

Abbildung 27: Absprachen im Klassenteam

Fragen im Team:
- Für welche Erziehungsaufgaben fühlen wir uns verantwortlich? (Wie setzen wir sie um?)
- Welche Maßnahmen zur Persönlichkeitsbildung setzen wir im Unterricht?
- Was tun wir als Team, dass die Schülerinnen und Schüler der Klasse (des Jahrgangs) soziale Kompetenzen erwerben?

● **Unterrichtsinhalte:** Durch die Aufteilung des zu lernenden Wissens in einzelne Fächer, die üblicherweise im 45-Minuten-Takt vermittelt werden, erleben die Schülerinnen und Schüler den Unterrichtsstoff in isolierten Einheiten, die verhindern, dass Zusammenhänge sichtbar werden. Daher wird die Schule oft dahingehend kritisiert, dass sie nur isoliertes Wissen vermittle, das für die Bewältigung von Alltagssituationen wenig hilfreich sei.

Fragen im Team:
- In welcher Weise lassen sich die Unterrichtsinhalte der einzelnen Fächer in der Unterrichtsplanung so legen, dass für die Schülerinnen und Schüler die Zusammenhänge klar werden?
- Welche organisatorischen Maßnahmen lassen sich setzen, damit die Isolation der Fächer partiell überwunden werden kann? (Etwa über erweiterte Lernformen, Wochenplanarbeit, Projektunterricht u.Ä.)
- Welche Formen der engeren Zusammenarbeit lassen sich unter den Lehrpersonen finden (Team-Teaching u.Ä.) und wann erscheint ihr Einsatz besonders sinnvoll?

● **Disziplin:** Die Disziplin ist eigentlich bei den Erziehungszielen (s.o.) zu berücksichtigen, nimmt im Kontext von Schule aber einen besonderen Stellenwert ein, weshalb sie hier als eigener Aspekt für Absprachen im Team angeführt wird. Denn durch die unterschiedlichen Bezugspersonen im Unterricht erleben die Schülerinnen und Schüler oft sehr unterschiedliche Wertvorstellungen von »diszipliniertem Verhalten«, wonach sie sich ausrichten müssen. Sind diese sehr unterschiedlich, kommt es zu widersprüchlichen Vorgaben, die eine gemeinsame Vorgangsweise unterwandern.

Fragen im Team:
- Welche (Wert-)Vorstellungen über Disziplin haben die einzelnen Lehrerinnen und Lehrer der Klasse (des Jahrgangs)?
- Welcher Minimalkonsens für disziplinarische Maßnahmen besteht, um eine wirksame Umsetzung zu erreichen?
- Wie geht das Team mit unterschiedlichen Wertvorstellungen um, ohne dass die Schülerinnen und Schüler einzelne Lehrpersonen gegeneinander ausspielen können?

● **Leistungsbeurteilung:** Aspekte der Leistungsbeurteilung wurden in Q 2 ausführlich behandelt. Als staatliches Selektionsinstrument hat sie im Unterricht einen zentralen Stellenwert, wodurch sie auch in der Teamarbeit entsprechend berücksichtigt werden sollte.

Fragen im Team:

– Was sind die gemeinsamen (Wert-)Vorstellungen über die Leistungserhebung und -beurteilung im Team?

– Wie tragen Leistungserhebung und -beurteilung zu dem Ziel eines fächerübergreifenden Denkens im Lernprozess bei?

– Wie wird die Wirkung der Leistungsbeurteilung auf die Schülerinnen und Schüler im Team evaluiert?

● **Umgang mit Heterogenität:** In den letzten Jahren hat sich die Schule immer mehr damit auseinander zu setzen, dass die Schülerinnen und Schüler eines Jahrgangs bzw. einer Klasse nicht mehr so homogen sind, da sich auch die gesellschaftlichen Lebensstile pluralisiert haben. Außerdem ist es in der bildungspolitischen Diskussion zu einer größeren Sensibilität für das Spannungsfeld zwischen Unterforderung und Überforderung einzelner Schülerinnen und Schüler gekommen, was im Unterricht entsprechende Maßnahmen erforderlich macht.

Fragen im Team:

– Welche Gemeinsamkeiten und Unterschiede herrschen bei den einzelnen Klassenlehrerinnen und -lehrern in der Einschätzung der Leistungsfähigkeit einzelner Schülerinnen und Schüler?

– Welche Erfahrungen bestehen bei der gleichzeitigen *Förderung* und *Forderung* unterschiedlich begabter Schülergruppen?

– Welche Fortbildungsmaßnahmen können die Lehrerinnen und Lehrer bei der schwierigen Arbeit im Umgang mit heterogenen Schülergruppen wahrnehmen?

● **Schulveranstaltungen und Exkursionen:** Einzelne Schulveranstaltungen sind dazu geeignet, um inhaltliche Anliegen mehrerer Lehrerinnen und Lehrer zu verbinden. Daher sollte der/die Klassenlehrer/in über betreffende Schulveranstaltungen Bescheid wissen und sie gegebenenfalls in der Unterrichtsorganisation berücksichtigen (z.B. durch Terminkoordination).

Fragen im Team:

– Welche Schulveranstaltungen bzw. Exkursionen haben die einzelnen Klassenlehrerinnen und -lehrer im laufenden (bzw. nächsten) Schuljahr vor?

– Welche Veranstaltungen bieten sich an, um das Anliegen mehrerer Unterrichtsfächer berücksichtigen zu können?

– Wie lassen sich Schulveranstaltungen zeitlich so koordinieren, dass sie inhaltlich gut in das Unterrichtsjahr passen?

● **Elternkontakt:** Da sich die Anliegen der Eltern im Hinblick auf die schulische Situation ihrer Kinder meist nicht nur auf ein Fach beziehen, ist eine Koordination der Elternarbeit innerhalb der Klasse sinnvoll. Ausführliche Hinweise zur Elternarbeit (Checklisten u.Ä.) finden sich in Q 7!

Fragen im Team:

– Wie werden die Anliegen der Eltern koordiniert? (Wenden sie sich an die jeweilige Lehrperson? Gibt es eine/n Ansprechpartner/in, z.B. Klassenlehrer/in?)

– Welche Form der Kommunikation wird im Kontakt mit den Eltern von den einzelnen Lehrpersonen gepflegt? (Gibt es beispielsweise eine schriftliche In-

formation an die Eltern, welche von allen Klassenlehrerinnen und -lehrern erstellt wird?)
– Wie werden Feedbacks über die Zufriedenheit der Eltern mit der Arbeit in der Klasse eingeholt? Wie wird mit Beschwerden umgegangen?

Das Arbeitsblatt in ❽ zeigt auf, dass diese Aspekte einerseits in der Verantwortung der einzelnen Lehrperson liegen, dass es aber auch Überschneidungen innerhalb des Klassenteams gibt. Die oben angeführten Fragen im Team sollen dazu beitragen, die Diskussion zu den einzelnen Bereichen anzuregen. Es wird nicht immer möglich sein, sich in allen Bereichen abzustimmen, eine gemeinsame Vorgabe trägt aber zu einer effektiveren Arbeit aufseiten der Lehrenden und der Schülerschaft bei. Welcher Bereich auch immer zur gegenseitigen Abstimmung ausgewählt wird, der Erfolg hängt von der Bereitschaft aller Klassenlehrerinnen und -lehrer ab, ihre eigenen Vorstellungen mit denen der anderen Kolleginnen und Kollegen im jeweils vereinbarten Bereich (überlappender Bereich) abzustimmen. Nach einer vereinbarten Zeit wird es erforderlich sein, die Erfahrungen damit zu reflektieren und gegebenenfalls entsprechende Konsequenzen für die weitere Teamarbeit zu ziehen.

❻ Konkret? (Beispiel)

Da die Schülerinnen und Schüler der ersten Klasse in der Sekundarstufe I von unterschiedlichen Grundschulen kommen, hat der/die Klassenlehrer/in vorgeschlagen, dass alle Lehrerinnen und Lehrer, die im Herbst voraussichtlich in der betreffenden Klasse unterrichten werden, sich an einem Nachmittag der letzten Schulwoche des ausgehenden Semesters treffen. Dort sollen in bestimmten Bereichen Absprachen im Team vorbereitet werden. Als Einstieg in den Nachmittag erhalten alle Lehrerinnen und Lehrer ein Plakat, auf dem ein großer Kreis gezeichnet ist. Zunächst sollen sie sich über folgende Fragen klar werden und die gefundenen Antworten notieren:

- Was sind für mich die wichtigsten Gründe, weshalb mein Fach für diese Klasse wichtig ist?
- Was sind für mich die entscheidenden Inhalte, Fertigkeiten etc., die gerade mein Fach vermittelt? (Hier geht es um die individuelle Sichtweise, nicht um die in Lehrplänen festgeschriebenen Unterrichtsziele und -inhalte!)
- Was würde den Kindern (gleich, aber auch später »im Leben«) abgehen, wenn mein Fach gekürzt/gestrichen würde?
- Wie viel Prozent vom »Gesamtzeitkuchen« beanspruche ich daher für mein Fach?

Auf das eigene Plakat, auf dem bereits der Gesamtzeitkuchen in Form eines großen Kreises aufgezeichnet ist, trägt jede/r das dem eigenen Fach »zustehende« Kuchenstück mit Prozentangabe ein.

Die ausgefüllten Plakate werden nebeneinander aufgehängt, dann präsentiert je-de/r dem Team das Ergebnis ihrer/seiner Nachdenkphase mit möglichst konkreten Beispielen. Die anderen hören zu und fragen nach, ohne eine Diskussion zu beginnen. Nur Verständnisfragen sind erlaubt (z.B. »Was genau meinst du mit »grundsätzlichem naturwissenschaftlichem Verständnis? Ich kann mir nichts darunter vorstellen.« etc.). Die von jedem Fach geforderten Anteile werden addiert: Wie viel Prozent müsste der Gesamtkuchen haben, um alle Wünsche zu erfüllen?

Diese Einstiegsaktivität ist nicht nur ein Impuls für ein besseres Kennenlernen der Mitglieder des Teams, sondern bringt auch die Vorstellungen der anderen Teammitglieder über wichtige Aspekte ihrer Fächer und der Schule überhaupt auf den Tisch. Dabei geht es ihnen nicht so sehr darum, einen Konsens zu erreichen, nach dem die Summe der Anteile 100% des Kuchens haben soll. Vielmehr wird deutlich, dass das, was die/der einzelne Lehrer/in in ihrem/seinem Unterricht vermittelt, immer auch in Beziehung zu dem steht, was die anderen tun – auch wenn dies eine Nicht-Beziehung ist! Wiederum anders sieht das Bild aus der Schüler/innen-Sicht aus, wenn diese ebenfalls gefragt werden, ihren idealen Stundenkuchen zu zeichnen (vgl. Abbildung 28).

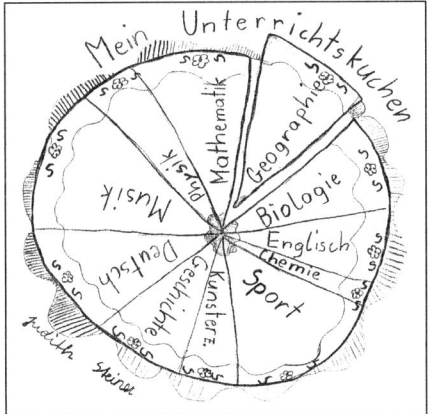

Abbildung 28: Fächerkuchen aus der Sicht einer Schülerin

Im Anschluss an die Vorstellung der einzelnen Unterrichtskuchen und die abschließende Reflexion darüber teilt der/die Klassenlehrer/in das Arbeitsblatt »Absprachen im Team« (siehe ❽) aus. Er erklärt kurz, was die einzelnen Kreise bedeuten und vereinbart mit den Teammitgliedern, dass sie bis zum Schuljahresbeginn individuell für jeden Aspekt (Kreis) aufschreiben, was sie sich als Gemeinsamkeit wünschen. Dazu erhalten sie auch eine Kopie der Beschreibung in ❺. Für die erste Schulwoche wird ein Nachmittagstermin festgelegt, an dem diese Ergebnisse besprochen werden sollen. Aufgrund der Vorschläge der Teammitglieder sollen dann in einzelnen Bereichen Absprachen erfolgen, welche zu einer verstärkten Koordination führen sollen.

Dabei hat es sich als vorteilhaft herausgestellt, nicht zu viel auf einmal vorzunehmen. Ein Team hat sich beispielsweise darauf geeinigt, im Rahmen der Erziehungsziele in allen Fächern die Selbstständigkeit der Schülerinnen und Schüler zu fördern. Dazu hat sich jede Lehrperson verpflichtet, mindestens einmal pro Woche eine Maßnahme im Unterricht zu setzen, von der sie glaubt, dass sie in ihrem Fach zur Selbstständigkeit führt. Es wird ein weiteres Team-Treffen nach vier Wochen vereinbart, bei dem die Erfahrungen mit den Maßnahmen in den einzelnen Fächern besprochen werden sollen. Daraus kann sich auch der Wunsch nach einer kollegialen Unterrichtsbeobachtung entwickeln (vgl. Q 1).

❼ Mehr dazu? (Literatur)

Bachmann, Winfried/Bachmann Fiona: Im Team zum Ziel. Die Entwicklung von Teamfähigkeiten. Paderborn: Junfermann 1997.

Dilts, Robert: Kommunikation in Gruppen und Teams. Paderborn: Junfermann 1997.

Francis, Dave/Young, Don: Mehr Erfolg im Team: Ein Trainingsprogramm mit 46 Übungen zur Verbesserung der Leistungsfähigkeit in Arbeitsgruppen. Hamburg: Windmühle-Verlag 1992.

Gronemeyer, Marianne: Lernen mit beschränkter Haftung. Über das Scheitern der Schule. Reinbek: Rowohlt 1996.

Philipp, Elmar: Teamentwicklung in der Schule. Konzepte und Methoden. Weinheim und Basel: Beltz 1996.

Schley, Wilfried: Teamkompetenz und Teamentwicklung in der Schule. In: Herbert Altrichter/Wilfried Schley/Michael Schratz (Hrsg.): Handbuch zur Schulentwicklung. Innsbruck: Studienverlag 1998, S. 111–159.

Schratz, Michael: Ein Team ist ein Team ist ein Team … Oder: Wie viel Teamarbeit braucht die Schule? In: Michael Schratz: Gemeinsam Schule lebendig gestalten: Anregungen zu Schulentwicklung und didaktischer Erneuerung, Weinheim: Beltz 1996, S. 103–113.

❽ Womit? (Instrumente)

Absprachen im Team (S. 249)

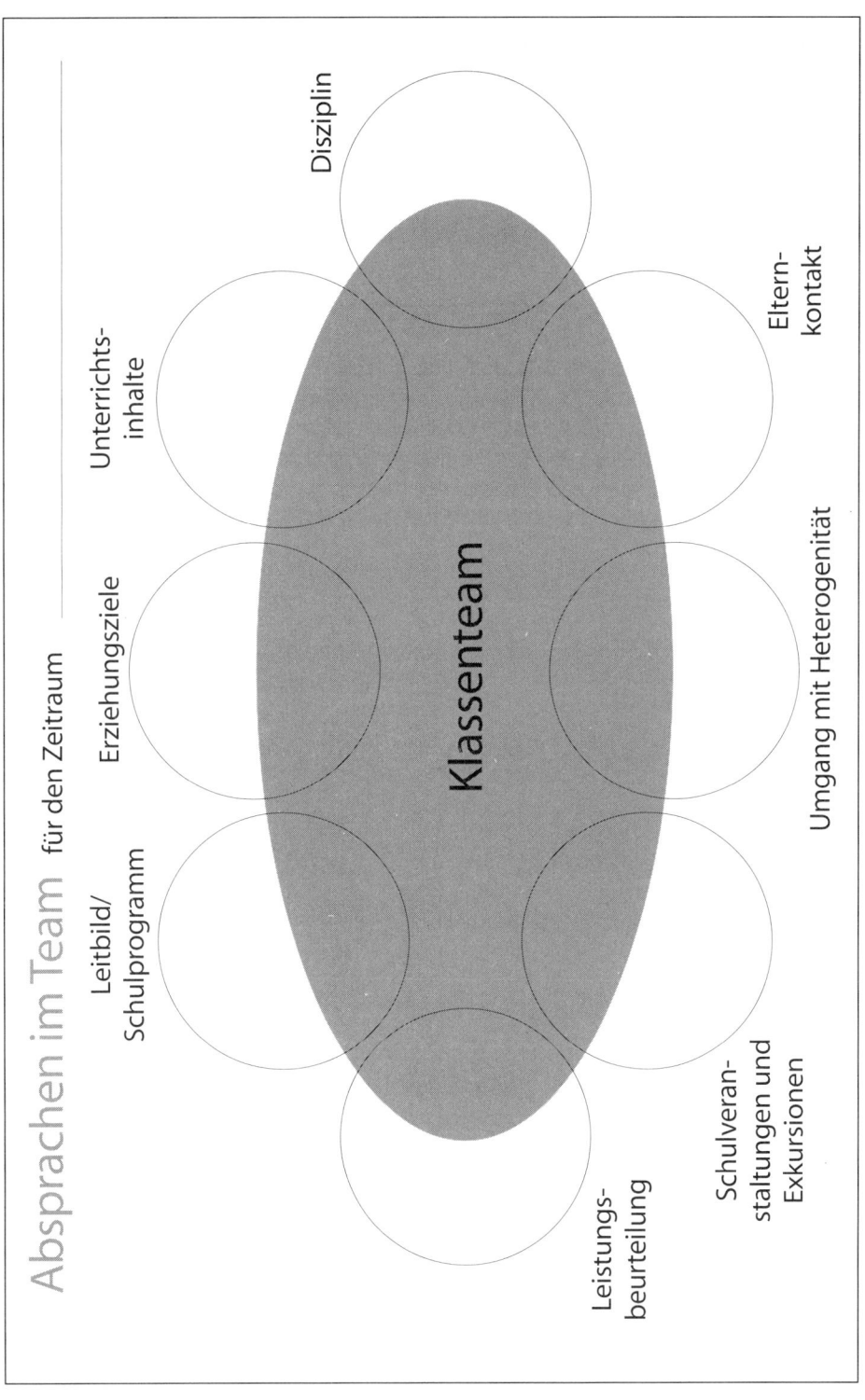

Absprachen im Team für den Zeitraum

Klassenteam

Disziplin

Unterrichtsinhalte

Erziehungsziele

Leitbild/Schulprogramm

Elternkontakt

Umgang mit Heterogenität

Schulveranstaltungen und Exkursionen

Leistungsbeurteilung

Q 15 Persönliche Entwicklungsplanung

Auf einen Blick

❶	**Was?**	Persönliche Entwicklung planen
❷	**Wozu?**	Professionalisierung im Beruf
❸	**Wann gelingt's?**	Vertrauen, Feedbackkultur
❹	**Wer?**	Alle Lehrer/innen, Tandems, Teams
❺	**Wie?**	Eigene Praxis entwickeln
❻	**Konkret?**	Schulinterner Fortbildungsplan
❼	**Mehr dazu?**	Literatur
❽	**Womit?**	Professioneller Entwicklungsplan (PEP)
		Fortbildungsplan

---

❶ Was? (Zielstellung)

Bei der *persönlichen Entwicklungsplanung* geht es darum, einen längerfristigen Entwicklungsprozess zu initiieren und die eigenen fachlichen, persönlichen und sozialen Kompetenzen »on the job« weiterzuentwickeln. Dazu ist es erforderlich, eine strukturierte Form der Vorgehensweise zu finden, welche es der einzelnen Lehrperson ermöglicht, ihre eigene Unterrichtsarbeit zu analysieren und aufgrund der Erkenntnisse neue Kompetenzen zu erwerben.

Die fallweise Zusammenarbeit mit anderen Kolleginnen und Kollegen an der Schule (oder an anderen Schulen) soll der Vereinzelung des Lehrberufs entgegenwirken und – im Sinne einer aufgeklärten Pädagogik – über dialogische Formen des Verstehens zu einer »Qualität durch Kooperation« beitragen. Durch die Zusammenarbeit und den Austausch über die jeweiligen Erfahrungen soll darüber hinaus eine förderliche Netzwerkstruktur für Innovationsprozesse an der Schule geschaffen werden.

❷ Wozu? (Herausforderung)

Die Herausforderungen im Bereich Schule und Unterricht haben in den letzten Jahren stark zugenommen. Sie lassen sich in folgender Übersicht zusammenfassen:

Die SchülerInnen sind herausfordernder geworden	Die Schule ist komplex geworden	Der Lehrberuf ist härter geworden
soziale Vernachlässigung *(lost generation)*	Deregulierung/Autonomisierung erfordert Selbstständigkeit	neue (Erziehungs-) Aufgaben
Individualisierung *(Erlebnismentalität)*	verstärkte Mitsprache der Eltern	geringe Wertschätzung innerhalb und außerhalb der Schule
höhere berufliche Anforderungen/verminderte Berufsperspektiven *(Patchwork-Identität)*	Anforderungen der Abnehmer (Wirtschaft, Universität)	Autoritätsschwund durch *information overload*
(neue) Medienkultur *(Cyberkids)*	Rechenschaftslegung über Qualitätssorge	die Sinnkrise geht um
⇩ **Unterrichtsentwicklung**	⇩ **Schulentwicklung**	⇩ **Professionalisierung**

Abbildung 29: Aktuelle Entwicklungstendenzen im Bereich Schule und Unterricht

Aufgrund der Veränderungen in den Sozialisationsbedingungen junger Menschen von heute und der komplexer werdenden Anforderungen an die Schule als Organisation ist auch der Lehrberuf härter geworden. Daher rückt neben der Unterrichts- und Schulentwicklung die Professionalisierung stärker in den Vordergrund. Da die Lehrer*ausbildung* vielfach für diese neuen Herausforderungen noch nicht vorgesorgt hat, ist es Aufgabe der Schule, Möglichkeiten zu schaffen, damit sich die Lehrerinnen und Lehrer in ihrer eigenen Arbeit weiter professionalisieren.

❸ Wann gelingt's? (Förderliche Bedingungen)

Wenn in der beruflichen Arbeit die eigenen Probleme, Schwierigkeiten und Nöte die Grundlage für die persönliche Weiterentwicklung darstellen, ist eine Atmosphäre der Offenheit und Wertschätzung erforderlich. Zunächst gilt dies für die Lehrperson selbst, die bereit ist, selbstkritisch Rechenschaft über die Wirksamkeit der eigenen Arbeit abzulegen, aber auch bei den Kolleginnen und Kollegen, welche über Formen gegenseitiger Analyse und Reflexion von Erfahrungen eine professionelle »Austauschkultur« erarbeiten. Die Bereitschaft dazu ist am ehesten dann gegeben, wenn dieser Prozess möglichst selbstständig gestaltet und die eigenen Fähigkeiten aufgrund der Analysebefunde entwickelt werden können. Sie steigt außerdem, wenn durch die persönliche Entwicklungsplanung auch der Stellenwert der Profession in der Öffentlichkeit wächst, was wiederum dem Berufsstand ein besseres Ansehen ermöglicht.

❹ Wer? (Personen)

Ständige persönliche, soziale und fachliche Weiterentwicklung gehört zur Selbstverpflichtung in einem Berufsstand, der eine so hohe Verantwortung trägt. Daher sollte jede Lehrperson eine persönliche Entwicklungsplanung initiieren, durch welche sie systematisch an ihrer Weiterqualifizierung arbeitet. Da pädagogische Tätigkeit immer mit Menschen zu tun hat, ist die dialogische Arbeit und das Schaffen einer professionellen Kultur des gemeinsamen Austauschs erforderlich, um persönliche Entwicklungsplanung zu einem Anliegen der ganzen Schule zu machen. Auch wenn sich ihr alle Lehrpersonen im Kollegium unterwerfen sollten, ist der Rahmen dafür möglichst weit zu setzen, sodass die unterschiedlichen Fähigkeiten und Fertigkeiten auch gefördert und entwickelt werden können. Der Schulleitung kommt dabei die wichtige Aufgabe zu, Mitverantwortung für die Entwicklung der Lehrerinnen und Lehrer zu übernehmen und dies auch – etwa in Form von Mitarbeitergesprächen – deutlich zu machen.

❺ Wie? (Durchführung)

Persönliche Entwicklungsplanung baut auf einem von den einzelnen Lehrerinnen und Lehrern jeweils für sich selbst erstellten PEP (persönlicher Entwicklungsplan) auf. Er enthält die Vorgaben für die eigene Entwicklungsplanung in den kommenden zwei Jahren. Die Schwerpunkte darauf können sein:

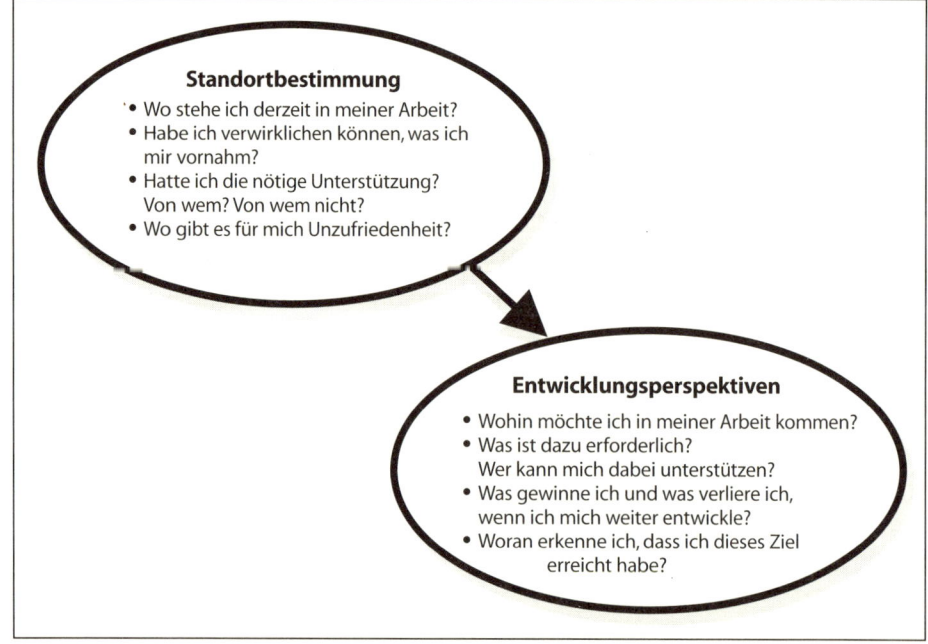

Standortbestimmung
- Wo stehe ich derzeit in meiner Arbeit?
- Habe ich verwirklichen können, was ich mir vornahm?
- Hatte ich die nötige Unterstützung? Von wem? Von wem nicht?
- Wo gibt es für mich Unzufriedenheit?

Entwicklungsperspektiven
- Wohin möchte ich in meiner Arbeit kommen?
- Was ist dazu erforderlich? Wer kann mich dabei unterstützen?
- Was gewinne ich und was verliere ich, wenn ich mich weiter entwickle?
- Woran erkenne ich, dass ich dieses Ziel erreicht habe?

Ablaufschritte

1) Eine Lehrperson erstellt jeweils einen PEP (persönlichen Entwicklungsplan) auf der Basis der vorgegebenen Fragen (vgl. Vorlage in ❽) oder nach eigener Vorlage in schriftlicher Form, in der die Einschätzung der gegenwärtigen Situation, die Entwicklungsperspektiven und die Schwerpunkte der Arbeit in den nächsten zwei Jahren beschrieben werden.

2) Lehrperson X sucht sich einen Partner bzw. eine Partnerin Y, der/die sie in ihrer Entwicklung als kritische/r Freund/in begleitet (»Tandem«).

3) Im ersten Treffen werden der PEP und die weitere Vorgangsweise bei der Begleitung der Entwicklungsarbeit besprochen. Um eine gewisse Verbindlichkeit für die Zusammenarbeit zu schaffen, kann es hilfreich sein, eine Art »Kontrakt« mit Aktionsplan und mit Zeitleiste für die weitere Zusammenarbeit zu erstellen.

4) Lehrperson X arbeitet in den angeführten Entwicklungsbereichen und tauscht in bestimmten Abständen ihre Erfahrungen mit Partner/in Y aus. Y versucht als »kritische/r Freund/in« auf Problembereiche hinzuweisen, bietet Unterstützung an und sorgt durch regelmäßige Konsultationen für konsequente Arbeit an der vorgenommenen Zielstellung.

5) Unterstützung für diese Konsultationen sind Daten, die Auskunft über die Wirkung der Entwicklungsmaßnahme(n) geben sollen. Die Auswahl richtet sich nach der jeweiligen Maßnahme. Möglichkeiten dazu bieten:
   - schriftliche Aufzeichnungen (z.B. Protokolle, Tagebucheintragungen),
   - audiovisuelle Aufzeichnungen (Tonband und Video),
   - Arbeitsdokumente (Vorbereitungen, Schülerarbeiten u.Ä.),
   - Befragungsinstrumente, Interviews etc.

   Partner/in Y kann X dabei unterstützen (etwa durch die Übernahme von Beobachtungsaufgaben, von gezielten Interviews, durch *Shadowing* [shadow = Schatten: eine Person wird »beschattet«, d.h., X wird von Y wie ein Schatten über einen bestimmten Zeitraum hinweg begleitet] u.Ä.).

6) Wenn die persönliche Entwicklungsplanung Anliegen der ganzen Schule ist, kann von Zeit zu Zeit (z.B. halbjährlich) an der Schule (z.B. im Rahmen eines Pädagogischen Tages) ein »Personalförderungstag« durchgeführt werden, bei dem die Erfahrungen der »Tandems« ausgetauscht, gemeinsame Erkenntnisse individuellen gegenübergestellt und weitere Vorgangsweisen besprochen werden (vgl. dazu im Folgenden auch das »Analysegespräch«).

Das Analysegespräch

Beim Austausch von Erfahrungen über die eigene persönliche Entwicklung können Situationen zur Sprache kommen, die von einer Person als verwirrend, überkomplex und emotional belastend empfunden werden, sowie Entscheidungssituationen, länger schwelende Konflikte u.Ä. Zur Auseinandersetzung mit derartigen Erfahrungen eignet sich die Methode des Analysegesprächs, das dem Fallbringer bzw. der Fallbringerin durch gezieltes, streng geregeltes Fragen der Gruppe zu einer vertieften, vielleicht auch neuen Sicht seines bzw. ihres Problems verhilft. Dabei werden das Ratschläge-Erteilen und das Besserwissen vermieden, die gewonnenen Erkenntnisse sind primär eine »Leistung« des Fallbringers bzw. der Fallbringerin. Es werden möglicherweise keine Ad-hoc-Erkenntnisse gewonnen, das Gespräch hat aber oft Langzeitwirkung, weil es neue Denkprozesse in Gang gebracht hat.

Vorbereitung

Die Gruppe sollte höchstens zehn Personen umfassen, eher weniger, eventuell lässt sich diese Methode sogar zu zweit erfolgreich praktizieren (im Sinne eines Coaching-Gespräches). Die wichtigsten Gesprächsregeln sollten, zumindest solange man in der Methode noch nicht sehr geübt ist, für alle deutlich sichtbar aufgeschrieben sein (siehe S. 255); zudem hat es sich bewährt, wenn eine bestimmte Person sich für die Moderation und insbesondere für die Einhaltung der Regeln verantwortlich erklärt – sie muss »eisern« auf deren Einhaltung beharren, ohne allerdings durch das oft nötige Unterbrechen und »Reformulieren« zu großen Frust bei den anderen auszulösen!

Ablauf

1) Zuerst stellt der Fallbringer bzw. die Fallbringerin (= FB) ihren bzw. seinen Fall dar (ca. fünf, höchstens zehn Minuten), um dann die Ressourcen der Gruppe zur Analyse seines bzw. ihres Problems optimal nutzen zu können.
2) Dann werden von den anderen Verständnisfragen gestellt.
3) Nun beginnt die »heiße Phase«: Durch Fragen geben die Gruppenmitglieder (in der Reihenfolge der Wortmeldung) dem/der FB Impulse zum Weiterdenken; dabei sind folgende Arten von Fragen besonders fruchtbar:
   ● Fragen zur Konkretisierung, etwa die Bitte um ein Beispiel, eine Illustration (»Bitte gib ein Beispiel für den Wortlaut einer solchen beleidigenden Äußerung des Schülers!«);
   ● Fragen zum gedanklichen, theoretischen Hintergrund des/der FB (»Was für Überlegungen führen dich dazu, das zu glauben?);
   ● Fragen, die auf eine Ausweitung der Problemsicht abzielen, vor allem die so genannten zirkulären Fragen (aus der systemischen Praxis); das heißt, man fragt etwa »Wie würde X (der Gegenspieler in dem geschilderten Konflikt) deine Haltung ihm gegenüber charakterisieren?« oder »Versetze dich bitte in die Rolle deiner Schulleiterin: Welche Gefühle hegt sie, wenn sie an die letzte Aussprache mit dir über X zurückdenkt?«, oder »Welche Lösung wäre dem Vater der Schülerin am liebsten?«;

- eine Variante sind (oft überraschend wirkende) Fragen nach dem Guten im Schlechten und nach dem Schlechten im Guten, also z.B.: »Was hättest du für Nachteile, was würdest du verlieren, wenn du den angestrebten Leitungsposten bekämst?«, oder aber: »Was würdest du gewinnen, wenn du die Auseinandersetzung mit Y vor dem X-Ausschuss verlieren würdest?«;

- hierher gehört auch die beliebte Wunderfrage: »Stell dir vor, du kommst morgen an deinen Arbeitsplatz und über Nacht ist ein Wunder geschehen, es hat sich dort alles in den Idealzustand verwandelt – wie würdest du diesen Idealzustand beschreiben? Woran würdest du merken, dass das Wunder geschehen ist?«

Bitte unbedingt vermeiden!

- Entscheidungsfragen, das sind Fragen, die man nur mit ja oder nein beantworten kann (wie »Bist/Warst du zornig über den Vorfall?« Besser wäre »Was für Gefühle löst es in dir aus, wenn du an den Vorfall denkst?«)
- Doppelfragen (»Glaubst du, dass …, oder siehst du das eher so …«)
- Suggestivfragen: »Meinst du nicht, dass …«, sowie Ratschläge (auch versteckte!)
- Interpretationen (»Für mich ist die Situation klar: du hast …«)

Dem Moderator bzw. der Moderatorin obliegt es, die Fragemuster genau mitzuverfolgen, im Bedarfsfalle einzugreifen und Hilfestellung für das Umformulieren anzubieten.

4) Abschließend, wenn Zeit ist und wenn es gewünscht wird, sollte zumindest der/die FB Gelegenheit haben, der Runde ein kurzes Feedback zu geben oder sich zu seiner bzw. ihrer Befindlichkeit zu äußern.

Zum Schluss noch drei Hinweise:

- Analysegespräche brauchen natürlich ein gewisses Maß an Vertrauen der Teilnehmenden untereinander, hingegen ist es gar nicht wichtig – mitunter sogar hinderlich – dass die Teilnehmenden den/die FB gut kennen bzw. sich inhaltlich in der Materie genau auskennen. Aber: Achtung, wenn die Situation für den/die FB, aber auch für andere Gruppenmitglieder emotional zu belastend wird! Vorher ausmachen, dass jeder bzw. jede in einem solchen Fall das Recht hat, das Gespräch zu unterbrechen.

- Mitunter ergibt sich nach der Falldarstellung und der ersten Fragerunde eine »Durststrecke«, in der das Gespräch nur dahinplätschert; trotzdem: Weitermachen, denn schon eine einzige, vielleicht unkonventionelle Frage kann die Situation grundlegend verändern!

- Falls nur zwei Personen am Gespräch teilnehmen, muss die fragende Person die Funktion der Gruppenmitglieder wahrnehmen, zugleich aber auch selbst auf die Einhaltung der Frageregeln achten.

⑥ Konkret? (Beispiel)

In der ersten Konferenz des Schuljahres erklärt die Schulleiterin, dass die Verantwortung für die professionelle Entwicklungsplanung bei den Lehrerinnen und Lehrern liege, diese vom Kollegium aber auch angegangen werden soll. Sie wünscht sich einen Fortbildungsplan für die Schule, damit der Besuch von Fortbildungsveranstaltungen gezielt und koordiniert für alle erfolge.

Sie teilt dazu an alle Lehrerinnen und Lehrer die beiden Dokumente in ⑧ aus und erklärt, dass sich jede Kollegin und jeder Kollege mit einer Person ihres Vertrauens abspricht, um im eben begonnenen Schuljahr als *Peers* eine kollegiale Entwicklungspartnerschaft einzugehen. Sie erklärt, was sie sich von dieser Zusammenarbeit erwartet und erwartet bis Ende des Monats eine Mitteilung darüber, wer mit wem diese Entwicklungsarbeit durchführen wird. Sie stellt sich auch selbst zur Verfügung, wenn jemand Interesse hat, mit ihr gemeinsam eine solche durchzuführen.

Lehrerin F. hat sich mit Lehrer S. zusammengetan. Sie beschließen, zunächst individuell den PEP auszufüllen und sich dann außerhalb der Schule in einem Cafe zu treffen. Beim ersten Treffen tauschen sie zunächst ihre Erfahrungen darüber aus, wie schwer sie es gefunden hatten, den persönlichen Entwicklungsplan auszufüllen. Während sie sagen, dass sie sich bei der Beschreibung der Standortbestimmung noch relativ leicht getan hätten, berichten sie, dass sie bisher eigentlich wenig über die Entwicklungsperspektiven nachgedacht gehabt hätten. Ganz schwierig hätten sie es gefunden, die Frage zu beantworten, woran und wann sie erkennen könnten, ob das angestrebte Ziel erreicht worden sei.

Bei diesem ersten Treffen entwickelt sich ein langes Gespräch, das weit über den Austausch der Eintragungen im PEP hinausgeht und den beiden das Gefühl gibt, eigentlich selten in dieser Form über ihre berufliche Situation gesprochen zu haben. Bevor sie auseinander gehen, vereinbaren sie, bis zum nächsten Treffen ein Ziel zu formulieren, das sie im Laufe dieses Schuljahres konkret angehen wollen. Frau F. entscheidet sich, ihre Probleme zum Entwicklungsthema zu machen, die sie damit hat, dass sie eigentlich die Mädchen in ihrem Unterricht stärker fördern möchte, die Jungen aber als jene erlebt, mit denen der Unterricht mehr Spaß macht. Lehrer S. entscheidet sich für die Fragestellung, dass er unzufrieden mit der Form der Leistungsbeurteilung ist, die er gerade im Unterricht mit offenen Lernformen nicht »passend« findet.

Diesen Vorstellungen entsprechend, trägt Frau F. unter »Entwicklungsziele« ein: »Ich werde in meinem Unterricht Möglichkeiten entwickeln, welche den Mädchen mehr Raum schaffen, sich einbringen zu können.« Beim nächsten Punkt, woran wann erkennbar ist, wie das Ziel erreicht worden ist, schreibt sie: »Wenn in meinem künftigen Unterricht die Schülerinnen sich mindestens ebenso oft aktiv in den Unterricht einbringen wie die Schüler.« Herr S. entscheidet sich in den Entwicklungszielen dafür, einen »Notenvertrag« einzuführen, der den Schülerinnen und Schülern eine größere Mitbestimmung, aber auch Mitverantwortung bei der Leistungsbeurteilung bringt. Sein Ziel sieht er dann erreicht, wenn eine Schülerbefragung ergibt, dass sie diese Form akzeptieren und er selbst eine größere Zufriedenheit mit den Ergebnissen findet. Kollegin F. und Kollege S. sind mit dieser Konkretisierung sehr zufrieden und unterschreiben gegenseitig ihre Entwicklungspläne.

Die Schulleiterin bittet, dass die Lehrerinnen und Lehrer bis zur zweiten pädagogischen Konferenz ihre Fortbildungspläne vorlegen, um daraus einen Gesamtplan für die Schule zu erstellen. Dazu hat sie nach dem Muster des individuellen Fortbildungsplans (siehe ❽) ein Plakat angelegt, auf den die einzelnen Eintragungen übertragen werden, wobei die Namen der jeweiligen Lehrerinnen und Lehrer zu den einzelnen Veranstaltungen (incl. Dauer) dazugeschrieben werden. Bei der Fertigstellung der Übersicht fällt auf, dass es kaum Eintragungen in den folgenden Schuljahren gibt, was damit argumentiert wird, dass die Ausschreibungen der Pädagogischen Institute nur mittelfristig Veranstaltungen ausschreiben.

Außerdem fällt auf, dass die meisten Eintragungen im Bereich der fachlichen und fachdidaktischen Themen aufscheinen. Am wenigsten finden sich in der Spalte der pädagogisch-berufswissenschaftlichen Themen. Eine Diskussion bringt zutage, dass die meisten Lehrerinnen und Lehrer mit allgemein-pädagogischen Themen in der Fortbildung wenig positive Erfahrungen gemacht hätten, da sie für die Unterrichtspraxis von zu geringer Relevanz gewesen wären. Da aber fast alle der Meinung sind, dass sie sich nicht zuletzt im Zusammenhang mit der Qualitätssicherung auch damit auseinander setzen müssten, wird beschlossen, im Sommersemester eine schulinterne Fortbildungsveranstaltung zu diesem Thema anzusetzen.

❼ Mehr dazu? (Literatur)

Altrichter, Herbert/Posch, Peter: Lehrer erforschen ihren Unterricht. Bad Heilbrunn: Klinkhardt 1994.

Frost, David: Reflective Action Planning for Teachers – A Guide to Teacher-led School and Professional Development. London: David Fulton Publishers 1997.

Fenkart, Gabriele/Krainz-Dürr, Marlies: »… alles, was der Fall ist.« Professionalisierung von LehrerInnen durch Fallarbeit. In: Michael Schratz/Josef Thonhauser (Hrsg.): Arbeit mit pädagogischen Fallgeschichten. Anregungen und Beispiele für Aus- und Fortbildung. Innsbruck-Wien: Studienverlag 1996, S. 173–201.

Fischer, Walter/Schratz, Michael: Schule leiten und gestalten. Mit einer neuen Führungskultur in die Zukunft. Innsbruck: Studienverlag 1994.

Schratz, Michael/Steiner-Löffler, Ulrike: Das Analysegespräch als Türöffner zum Lösungsraum. In: Lernende Schule 1 (1998c) 2, S. 34–35.

❽ Womit? (Instrumente)

Professioneller Entwicklungsplan (S. 258)
Fortbildungsplan (S. 259)

Professioneller Entwickungsplan (PEP)

Standortbestimmung   *Wo stehe ich?*

Wo stehe ich derzeit in meiner professionellen Entwicklung?
Konnte ich meine Vorhaben verwirklichen? Habe ich die nötige Unterstützung (erhalten)?

Wie zufrieden bin ich mit meinem derzeitigen Entwicklungsstand?
Was fehlt mir? Was brauche ich noch?

Entwicklungsziele   *Wo möchte ich hin?*

Was sind meine Entwicklungsperspektiven?
Wohin möchte ich in meiner Arbeit kommen? Was ist dazu erforderlich? Wer kann mir
dabei helfen?

Woran kann ich wann erkennen, daß ich das angestrebte Ziel erreicht habe?

_____   _____   _____
Unterschrift Lehrer/in   Datum   Unterschrift kritische/r Freund/in

Fortbildungsplan

Name: _____   Datum: _____   Zeitraum: _____

Ordnen Sie auf der Übersicht ein, welche Fortbildung Sie im Schuljahr besuchen werden und tragen Sie jeweils die Dauer ein.

Typ / Schuljahr	pädagogisch, berufs-wissenschaftlich	fachlich	fachdidaktisch	persönlichkeits-bildend	Sonstiges

Literaturverzeichnis

Altrichter, Herbert/Posch, Peter: Lehrer erforschen ihren Unterricht. Bad Heilbrunn: Klinkhardt 1994.

Altrichter, Herbert/Posch, Peter: Wege zur Schulqualität. Studien über den Aufbau von qualitätssichernden und qualitätsentwickelnden Systemen in berufsbildenden Schulen. Innsbruck. Studienverlag 1999.

Altrichter, Herbert/Schley, Wilfried/Michael Schratz (Hrsg.): Handbuch zur Schulentwicklung. Innsbruck: Studienverlag 1998.

Anlanger, Otto/Pirchner, Heidi/Pirstinger, Susanne/Prammer, Wilfried/Reichmayr, Josef: Noten verboten – Alternativen der Leistungsbeurteilung. 2 Bände. Schulheft 75 und 76. Wien: Jugend und Volk 1994.

Antons, Klaus: Praxis der Gruppendynamik. Übungen und Techniken. Göttingen: Verlag für Psychologie Hogrefe 1976.

Bachmair, Gerd: Handlungsorientierte Unterrichtsanalyse – Praxisnahe Anregungen für die Reflexion von Unterricht. Weinheim: Beltz 1980.

Bachmann, Winfried/Bachmann Fiona: Im Team zum Ziel. Die Entwicklung von Teamfähigkeiten. Paderborn: Junfermann 1997.

Beck, Gertrud/Scholz, Gerold: Beobachten im Schulalltag. Ein Studien- und Praxisbuch. Frankfurt/M.: Cornelsen Scriptor 1995.

Becker, Hellmut/von Hentig, Hartmut (Hrsg.): Zensuren. Lüge – Notwendigkeit – Alternativen. Stuttgart: Klett-Cotta 1983.

Bessoth, Richard: Verbesserung des Unterrichtsklimas. Neuwied: Luchterhand 1989.

Beywl, Wolfgang/Faust Angela: Über die Kunst des Berichtschreibens. In: Informationen zur Selbstevaluation Nr. 5 (1998), S. 8–11.

Birkenbihl, Vera F.: Gekonnt entscheiden. München: Moderne Verlagsgesellschaft 1992.

Buhren, Claus G./Killus, Dagmar/Müller, Sabine: Wege und Methoden der Selbstevaluation. Ein praktischer Leitfaden für Schulen. Dortmund: IFS-Verlag 1998.

Bundesministerium für Unterricht und kulturelle Angelegenheiten (Hrsg.): betrifft: demokratie lernen. Ein Handbuch zum Demokratie-Lernen im Schulalltag. Wien: BMUK 1998.

Burow, Olaf-Axel: Zukunftskonferenz als Instrument der Schulentwicklung. In: Journal für Schulentwicklung 2 (1998) 4, S. 79–88.

Clemett, Anthony J./Pearce, John S.: The evaluation of pastoral care. Oxford: Basil Blackwell 1986.

De Bono, Edward: Beyond Yes & No. Harmondsworth: Penguin 1972.

Delors, Jacques: Lernfähigkeit: Unser verborgener Reichtum: UNESCO-Bericht zur Bildung für das 21. Jahrhundert. Neuwied: Luchterhand 1997.

Dilts, Robert: Kommunikation in Gruppen und Teams. Paderborn: Junfermann 1997.

Dokumentation der Enquete SGA: Der Schulgemeinschaftsausschuss – Möglichkeiten und Grenzen. Wien: Verband der Elternvereine an den höheren Schulen Wiens 1991.

Eck, Claus D.: Rollencoaching als Supervision – Arbeit an und mit Rollen in Organisationen. In: Gerhard Fatzer (Hrsg.): Supervision und Beratung. Köln: Edition Humanistische Psychologie 1990, S. 209–247.

Eder, Ferdinand: Schul- und Klassenklima. Ausprägung, Determinanten und Wirkungen des Klimas an höheren Schulen. Innsbruck: Studienverlag 1996.

Eder, Ferdinand: Schule und Demokratie. Untersuchungen zum Stand der demokratischen Alltagskultur an Schulen. Innsbruck-Wien: Studienverlag 1998.

Fend, Helmut: Qualität im Bildungswesen. Schulforschung zu Systembedingungen, Schulprofilen und Lehrerleistung. Weinheim/München: Juventa 1998.

Fenkart, Gabriele/Krainz-Dürr, Marlies: »… alles, was der Fall ist.« Professionalisierung von LehrerInnen durch Fallarbeit. In: Schratz, Michael/Thonhauser, Josef (Hrsg.): Arbeit mit pädagogischen Fallgeschichten. Innsbruck: Studienverlag 1996, 173–201.

Fischer, Walter/Schratz, Michael: Schule leiten und gestalten. Mit einer neuen Führungskultur in die Zukunft. Innsbruck: Studienverlag 1994.

Francis, Dave/Young, Don: Mehr Erfolg im Team: Ein Trainingsprogramm mit 46 Übungen zur Verbesserung der Leistungsfähigkeit in Arbeitsgruppen. Hamburg: Windmühle-Verlag 1992.

Frost, David: Reflective Action Planning for Teachers – A Guide to Teacher-led School and Professional Development. London: David Fulton Publishers 1997.

Gamber, Paul: Ideen finden, Probleme lösen. Weinheim: Beltz 1996.

GEO Wissen: Denken – Lernen – Schule. Hamburg: Gruner & Jahr 1999.

Gerken, Gerd/Luedecke, Gunther A.: Die unsichtbare Kraft des Managers. Die Bedeutung des Inner-Managements für den äußeren Erfolg. Düsseldorf: Econ 1990.

Glasl, Friedrich/Houssaye, L. de la (Hrsg.): Organisationsentwicklung. Stuttgart. Klett 1975.

Gronemeyer, Marianne: Lernen mit beschränkter Haftung. Über das Scheitern der Schule. Reinbek: Rowohlt 1996.

Gruntz-Stoll, Johannes: Probleme mit Problemen: Ein Lei(d)tfaden zur Theorie und Praxis des Problemlösens. Dortmund: Borgmann 1994.

Gruntz-Stoll, Johannes/Thommen, Beat: Einfach verflixt, verflixt einfach: Paradoxe Situationen – Paradoxe Interventionen. Dortmund: Borgmann 1997.

Haenisch, Hans: Wie Schulen ihr Schulprogramm entwickeln. Eine Erkundungsstudie an ausgewählten Schulen aller Schulformen. Soest/Bönen: Verlag für Schule und Weiterbildung, Druck Verlag Kettler 1998.

Haenisch, Hans/Kindervater, Christina: Evaluation der Qualität von Schule und Unterricht. EU-Pilotprojekt zur Selbstevaluation: Ergebnisse der deutschen Projektschulen. Soest/Bönen: Verlag für Schule und Weiterbildung, Druck Verlag Kettler 1999.

Hasche, Marita/Hoffmann, Lothar/Kauth, Felicitas/Massoth, Ursula: Auf dem Weg zu unserem Schulprogramm. Wiesbaden: Hessisches Landesinstitut für Pädagogik 1998.

Hentig, Hartmut v.: Die Schule neu denken. München: Hanser 1993.

Hüholdt, Jürgen: Wunderland des Lernens: Lernbiologie, Lernmethodik, Lerntechnik. Bochum: Verlag für Didaktik 1995.

Kahl, Reinhard: Lob der Unübersichtlichkeit. Schülerorte – Lehrerräume. In: Pädagogik (1992) 4, S. 30–33.

Kleinespel, Karin: Schule als biografische Erfahrung. Die Laborschule im Urteil ihrer Absolventen. Weinheim: Beltz 1990.

Königswieser, Roswita/Exner, Alexander: Systemische Intervention. Architekturen und Designs für Berater und Veränderungsmanager. Stuttgart: Klett-Cotta 1998.

Kösel, Edmund: Die Modellierung von Lernwelten. Ein Handbuch zur subjektiven Didaktik. Elztal-Dallau: Verlag Laub 1993.

Krainz-Dürr, Marlies: Wie kommt das Lernen in die Schule? Zur Lernfähigkeit von Schulen als Organisation. Innsbruck: Studienverlag 1999.

Krüger, Wilfried/Ebeling, Friedrich: Psychologik: Topmanager müssen lernen, politisch zu handeln. In: HARVARDmanager (1991) 2, S. 47–56.

Lefrancois, Guy R.: Psychologie des Lernens. Berlin: Springer 1994.

MacBeath, John: Schools Must Speak for Themselves. The Case for School Self-Evaluation. London: Routledge 1999.

MacBeath, John/Meuret, Denis/Schratz, Michael: Praktischer Leitfaden zur Selbstevaluation. Brüssel: Europäische Kommission 1998.

MacBeath, John/Meuret, Denis/Schratz, Michael/Jakobsen, Lars Bo: Evaluating Quality in School Education – A European pilot project (Final Report). Brüssel: Europäische Kommission 1999.

Markova, Dawna: Wie Kinder lernen. Eine Entdeckungsreise für Eltern und Lehrer. Freiburg im Breisgau: Verlag für angewandte Kinesiologie 1997.

Mayring, Philipp: Qualitative Inhaltsanalyse: Grundlagen und Techniken. Weinheim: Deutscher Studienverlag 1990.

Miller Reinhold: »Das ist ja wieder typisch« – Kommunikation und Dialog in Schule und Schulverwaltung. 25 Trainingsbausteine. Weinheim: Beltz 1995.

Miller, Reinhold: Beziehungsdidaktik. Weinheim: Beltz 1997.

Moore, Carl M.: Group Techniques for Idea Building. Thousand Oaks: Sage 1994.

Nissen, Peter/Iden, Uwe: Kurskorrektur Schule – Ein Handbuch zur Einführung der ModerationsMethode im System Schule. Hamburg: Windmühle 1995.

Pädagogisches Institut des Landes Tirol: Brücke Eltern – Schule: Eltern-Lehrer-Partnerschaft konkret. Innsbruck: Pädagogisches Institut Tirol 1984.

Pädagogisches Institut des Landes Tirol: Gesamtösterreichische Tagung »Eltern-Lehrer-Partnerschaft«. Dokumentation. Innsbruck: vervielfältigt 1989.

Pallasch, Waldemar/Reiners, Heino/Kölln, Detlef/Strehlow, Volker: Das Kieler Supervisonsmodell (KSM) – Manual zur unterrichtlichen Supervision. Weinheim: Juventa 1993.

Philipp, Elmar: Gute Schule verwirklichen. Weinheim: Beltz 1995.

Philipp, Elmar: Teamentwicklung in der Schule. Konzepte und Methoden. Weinheim und Basel: Beltz 1996.

Pick, Marliese: Wie Freiarbeit die Klassentüren öffnet. In: Lernende Schule 1 (1998) 2, S. 8–11.

Pieper, Andreas/Schley, Wilfried: Viele Wege führen nach Rom: Planungsschritte für pädagogische Konferenzen. In: Pädagogik (1991) 1, S. 4–9.

Posch, Peter/Altrichter, Herbert: Möglichkeiten und Grenzen der Qualitätsevaluation und Qualitätsentwicklung im Schulwesen. Innsbruck/Wien: Studienverlag 1997.

Probst, Gilbert/Gomez, Peter: Die Praxis des ganzheitlichen Problemlösens. Bern: Haupt 1997.

Prosser, Jon (Hrsg.): Image-based Research – A Sourcebook for Qualitative Researchers. London: Falmer 1998.

Radnitzky, Edwin/Schratz, Michael (Hrsg.): Der Blick in den Spiegel. Texte zur Praxis von Selbstevaluation und Schulentwicklung. Innsbruck: Studienverlag 1999.

Rauscher, Erwin: Schulqualität – Initiativen eines Schulleiters. In: Posch/Altrichter 1997, S. 156–204.

Rottensteiner, Erika: Fotografie als Instrument der Evaluation bzw. Reflexion. In: Erziehung und Unterricht 148 (1998) 7/8, S. 664–672.

Rutter, Michael/Maughan, Barbara/Mortimore, Peter/Ouston, Janet: Fünfzehntausend Stunden. Schulen und ihre Wirkung auf die Kinder. Weinheim: Beltz 1980.

Sacher, Werner: Prüfen – Beurteilen – Benoten. Theoretische Grundlagen und praktische Hilfestellungen für den Primar- und Sekundarbereich. Bad Heilbrunn: Klinkhart 1994.

Sanger, Jack/Kroath, Franz: Der vollkommene Beobachter? Ein Leitfaden zur Beobachtung im Bildungs- und Sozialbereich. Innsbruck: Studienverlag 1998.

Scheerens, Jaap/Bosker, Roel J.: Foundational studies in school effectiveness. Pergamon press 1997

Schley, Wilfried: Change Management: Schule als lernende Organisation. In: Altrichter/Schley/Schratz 1998, S. 13–53.

Schley, Wilfried: Teamkompetenz und Teamentwicklung in der Schule. In: Altrichter/Schley/Schratz 1998, S. 111–159.

Schratz, Michael: Gemeinsam Schule lebendig gestalten. Anregungen zu Schulentwicklung und didaktischer Erneuerung. Weinheim: Beltz 1996.

Schratz, Michael: Abenteuer Lernen. In: Lernende Schule 2 (1999a) 7, S. 4–9.

Schratz, Michael: Selbstevaluation als Bemühen, Qualität zu verstehen und zu entwickeln. In: Pädagogisches Forum (1999b), S. 219–222.

Schratz, Michael/Steiner-Löffler, Ulrike: Im Dschungel der Gefühle: Fotografie als Medium der (Selbst-)Reflexion. In: Schratz 1996, S. 68–82.

Schratz, Michael/Steiner-Löffler, Ulrike: Die Lernende Schule – Arbeitsbuch pädagogische Schulentwicklung. Weinheim: Beltz 1998a.

Schratz, Michael/Steiner-Löffler, Ulrike: Orientierungshilfen für die Arbeit im Kollegium: gut gerüstet auf neuen Wegen. In: Lernende Schule 1 (1998b) 2, S. 36–39.

Schratz, Michael/Steiner-Löffler, Ulrike: Das Analysegespräch als Türöffner zum Lösungsraum. In: Lernende Schule 1 (1998c) 2, S. 34–35.

Schratz, Michael/Steiner-Löffler, Ulrike: Gut sein, besser werden – und verstehen warum: evaluieren. Themenheft Lernende Schule 2 (1999) 5, S. 4–9.

Senge, Peter M.: Die fünfte Disziplin – Kunst und Praxis der lernenden Organisation. Stuttgart: Klett-Cotta 1996.

Senge, Peter M./Kleiner, Art/Smith, Bryan/Roberts, Charlotte/Ross, Richard: Das Fieldbook zur Fünften Disziplin. Stuttgart: Klett-Cotta 1996.

Senge, Peter/Kleiner, Art/Roberts, Charlotte/Ross, Richard/Roth, George/Smith, Bryan: The Dance of Change. The Challenges to Sustaining Momentum in Learning Organizations. New York: Doubleday 1999.

Siebert, Horst: Pädagogischer Konstruktivismus. Eine Bilanz der Konstruktivismusdiskussion für die Bildungspraxis. Neuwied: Luchterhand 1999.

Simon, Sidney B./Howe, Leland W./Kirschenbaum, Howard: Values Clarification. A Handbook of Practical Strategies for Teachers and Students. New York: Dood, Mead & Company 1978.

Specht, Werner/Thonhauser, Josef (Hrsg.): Schulqualität: Entwicklungen, Befunde, Perspektiven. Innsbruck/Wien: Studienverlag 1996.

Steffens, Ulrich/Bargel Tino: Erkundungen zur Qualität von Schule. Darmstadt: Luchterhand 1993.

Stern, Thomas: Lernzielreflexion und Selbstbeurteilung: Eine Fallstudie. Heft Nr. 28 von PFL-Naturwissenschaften. Klagenfurt: vervielfältigt 1997.

Stewart, David W./Shamdasani, Prem N.: Focus Groups – Theory and Practice. Newbury Park: Sage 1990.

Szaday, Christopher/Büeler, Xaver/Favre, Bernard: Schulqualität und Schulentwicklung. Bern/Aarau: Schweizer Koordinationsstelle für Bildungsforschung (SKBF) 1996.

Themenheft »Dem Lernen auf der Spur« der Zeitschrift Lernende Schule, Heft 7, 2. Jahrgang 1999.

Weiß, Rudolf: Leistungsbeurteilung in den Schulen – Notwendigkeit oder Übel? Problemanalysen und Verbesserungsvorschläge. Wien: Jugend und Volk 1989.